월급 200만 원으로
10억 만드는 투자 공식

ETF로 시작하고 소형아파트로 완성하는
실속만점 최적의 직장인 투자법

월급 200만 원으로 10억 만드는 투자 공식

김동면(겨울잠) 지음

길벗

---- 추천의 글 ----

강환국
대한민국 대표적인 퀀트 투자자이자 파이어족, 《거인의 포트폴리오》 저자

이 책은 월급 200만 원의 평범한 직장인도 10억 원의 자산을 만들 수 있다는 목표를 실현 가능하게 해주는 매우 구체적이고 실질적인 재테크 지침서입니다. 저자는 본인이 월급 146만 원에서 10억 이상의 자산을 만든 경험을 바탕으로 '시드머니를 어떻게 키울 수 있는지'를 단계별로 자세히 설명합니다.

대한민국에서 부자가 되는 방법에는 여러 가지가 있고, 그중 하나가 부동산과 금융 투자를 병행하는 것입니다. 이 책의 저자 역시 그 방법이 부자로 향하는 지름길이라고 봅니다. 그 길을 걸으며 2가지 분야에서 자신이 경험하고 깨달은 투자 지식을 이 책에서 아낌없이 독자들과 공유합니다.

또한 저자는 부자들이 어떻게 돈을 불리는지에 대한 다양한 사례와 방법을 깊이 탐구했습니다. 수백 권의 책을 읽고, 수많은 투자 사례를 연구하며 부자들의 공통된 행동 특성을 파악했습니다. '부자들의 방법을 그대로 따라 한다'는 저자의 전략은 독자들에게 명확한 길을 제시합니다. 미국 ETF와 아파트를 중심으로 한 투자의 강점과 실행법을 소개하고, 취약점과 위험 요소까지 상세하게 분석합니다. 이를 통해 독자들은 자신에게 맞는 투자 방식을 찾고 안전하게 자산을 증식할 수 있는 방법을 배울 수 있습니다.

저는 주로 주식, 채권, 금, 코인 등 금융자산에 투자한 사람으로 이 책의 저자가 부동산 투자를 설명한 방법이 가장 흥미로웠습니다. 어떤 자료를 통해 공부했는지, 어떻게 투자 지역을 선정하고 구체적으로 매수할 아파트를 어떻게 찾아내는지, 언제 사고팔아야 하는지 구체적인 예시를 통해 이해하기 쉽게 설명한 부분이 인상적이었습니다. 특히 '투자 지역&아파트 검증 5단계'를 제대로 실행하면 내 집 마련의 시행착오를 많이 줄일 수 있으리라 생각했습니다.

경제적 자유를 이루는 현실적이고 실천 가능한 방법을 찾고 있는 투자 초보자에게 이 책을 권합니다. 여기 담긴 저자의 솔직한 경험담과 구체적인 전략이 크게 도움되리라 생각합니다. 이미 투자 경험이 많은 사람에게도 투자 방향과 지향점을 점검하는 좋은 기회가 될 것입니다.

개인적으로는 '50세부터 모두 가난해진다', '그러니 지금 당장 투자에 눈을 뜨고 투자를 행해야 한다'는 저자의 강력한 주장이 기억에 남습니다. 여기 담긴 저자의 솔직한 이야기가 독자의 마음에 가닿는다면 이 책은 분명 여러분의 삶을 바꿀 결정적인 터닝포인트가 되어줄 것입니다.

―― 추천의 글 ――

김성일
업라이즈투자자문 연금·투자연구소장
《마법의 연금 굴리기》 저자

투자자문사에서 연금투자연구소장으로 일하며 투자 자문과 재무 상담, 강의 등을 통해 다양한 이들을 만납니다. 월급 200만 원이 채 안 되는 사회 초년생도 있고, 연봉 1억 원을 훌쩍 넘기는 50대도 있습니다.

흥미로운 것은 두 경우 중 후자가 더 안타까울 때가 많다는 점입니다. 곧 퇴직을 앞두고 있는데, 은퇴 이후의 준비가 전혀 안 되어 있기 때문이죠. 회사에서 부장이나 임원급인 이들은 매달 1,000만 원 전후의 월급을 받는 경우도 많습니다만, 저축이나 투자를 할 돈이 없다고 하소연하곤 합니다. 이미 소비수준이 너무 높아 생활비가 많이 나가기 때문입니다. 자녀교육비, 골프, 해외여행, 고급차량 유지비 등 각자의 사연은 다양합니다. 자기 주변의 사람들도 비슷한 모습으로 살아가기에 자신이 특별히 과소비한다고 생각하지도 않습니다. 이런 분들은 은퇴 후 생활비를 위해 저축해놓은 돈도 별로 없고, 금융 투자 지식도 부족하며, 재취업의 기회도 적어 고민이 많습니다.

반면 이 책의 저자처럼 월급 200만 원의 사회 초년생을 대상으로 상담하기도 합니다. 흥미롭게도 이들의 자산·은퇴 설계가 훨씬 쉽습니다. 버는 돈은 적지만 사회생활 경험이 적은 덕분인지 쓰는 돈도 적은 경우가 많습니다. 무슨 차를 타야 하고, 무슨 옷을 걸쳐야 하고, 백화점에서 쇼핑해야 한다는 등의 허례허식이 없습니다. 또 승진이나 호봉 증가 등으로 수입이 늘어날 가능성이 큽니다.

그렇지만 이들도 소비를 통제하지 못하면 아무 의미가 없습니다. 다시 말해 높은 수준의 소비를 하지 않거나 그런 생활에 젖어 있지 않다는 것만으로도 부자가 될 가능성이 있다고 하겠습니다. 무엇보다 이들이 부자가 될 가능성이 높은 이유는, 미래의 부를 위해 가장 중요한 자원인 '시간'을 많이 갖고 있기 때문입니다.

부자방정식

미래의 부 = 종잣돈 × $(1+투자\ 수익률)^{투자\ 기간}$

미래의 부는 종잣돈과 곱하기의 관계를 맺고 있지만, 투자 수익률이나 투자 기간과는 거듭제곱의 관계가 있습니다. 수익률이 복리 효과가 있는 이유가 이 방정식에 설명되어 있습니다.

자산 배분 투자와 같은 간단한 투자법을 이용하면 적절한 노력으로 누구나 5~10% 정도의 수익률을 만들 수 있다고 생각합니다. 여기에 긴 투자 기간이 복리로 적용된다면 부의 크기가 완전히 달라

집니다. 예를 들어 7.2%의 수익률을 낼 수 있다고 가정해보겠습니다. 50세인 투자자가 60세에 은퇴하면 확보할 수 있는 투자 기간은 10년이 됩니다. 종잣돈이 3,000만 원인 이 투자자의 60세 시점의 잔고는 6,000만 원이 됩니다(이 책에서 설명하는 72법칙으로도 간단히 암산할 수 있죠). 7.2% 수익률은 10년의 기간 동안 원금을 2배로 만들어주기 때문이죠.

종잣돈이 1,000만 원인 30세가 같은 7.2%의 수익률을 냈다고 하면 60세에 이 투자자의 잔고는 8,000만 원이 됩니다. 계산 방법은 간단합니다. 30세부터 60세까지 30년이라는 투자 기간이 있죠. 7.2%의 수익률로 원금이 2배가 되는데 10년이 걸린다고 했는데, 30년이면 원금이 2배씩 총 3번 반복되어 원금이 8배(=2×2×2)가 되게 됩니다.

50세 투자자가 3배 많은 3,000만 원의 종잣돈으로 시작했으나, 30세의 투자자가 3배 긴 30년의 투자 기간을 확보한 덕분에 60세 때의 잔고는 2,000만 원이나 더 많아지는 것입니다.

매달 적립하는 경우라면 어떨까요? 네이버 등 포털사이트에서 검색해 나오는 '적금 계산기'를 이용해 계산해볼 수 있습니다. 50세가 매월 100만 원씩 10년 동안, 연수익률 7.2%로 투자하면 총 1억 7,605만 원의 자금을 만들 수 있습니다. 만약 30세 때부터 했다면 60세에 계좌 잔고가 12억 7,684만 원이나 됩니다. 절약을 통해 꾸준히 적립하며 투자로 수익률을 적절히 높이면 은퇴자금으로 12억 원을 만들 수 있다는 얘기입니다.

종잣돈이 부족하다고 부자가 되지 못하는 것이 아닙니다. 적절한 수익률은 조금만 노력하면 달성할 수 있습니다. 무엇보다 부자가 되기 위한 가장 중요한 자원인 '시간'을 많이 갖고 있다면 상당히 유리한 투자를 진행할 수 있는 것이지요.

이 책은 시간의 힘을 가장 잘 활용해 자산을 증식하는 방법이 담겨 있습니다. 종잣돈은 적지만 투자 시간을 많이 확보하고 있는 사회 초년생들에게 이 책의 일독을 권합니다.

본문에 있는 저자의 말로 이 추천의 글을 마무리하겠습니다.

"'돈 걱정 없음'의 의미는 제가 더 큰 자산을 만들 수 있다는, 앞으로 더 잘해 나갈 수 있다는 확신입니다."

당신도 할 수 있습니다.

---프롤로그---

평범한 직장인도
부자가 될 수 있습니다

시작은 창대했으나 실패로 얼룩진 고시 생활

때는 지금으로부터 10년 전, 저는 군대를 전역했습니다. 이제 막 군대를 전역한 터라 세상 무서운 것 하나 없이 모든 일을 해낼 수 있을 것 같았지요. 지금 생각하면 우습지만, 당시 제 친구들보다 빨리 제대했기 때문에 남들보다 앞질러 인생을 사는 듯해 이상한 우쭐함도 느꼈습니다.

저의 목표는 분명했습니다. 애초에 경찰행정학과에 진학했기 때문입니다. 미래에 대한 고민이나 망설임이 없었죠. 크게 내세울 것 하나 없는 평범한 인생이었으나, 목표가 있다는 것만으로도 주변에서 칭찬받고 모범이 되었습니다. 그리고 기대에 부응하기 위해 곧장 노량진 학원에 문을 두드리고 공무원 시험을 준비했습니다. 이때까지만 해도 모든 게 내 생각대로 흘러가 인생이 참 쉽다고 착각했습니다.

졸업하기 전이라 학교생활과 수험생활을 병행했습니다. 재학 중에 수험 준비를 한다고 하면 보통 3, 4학년에 시작하는 경우가 많은데 당시 저는 대학교 1학년, 조금은 이른 시작이었죠. 형법, 형사소송법, 경찰학개론 교재를 들고 학교와 도서관을 오가며 공부했습니다. 스스로 그런 저의 모습이 너무 멋져 보였습니다. 주변에서도 90대 1의 경쟁률이라는, 선망받는 직업인 '공무원'을 이른 나이에 준비하는 저에게 응원과 칭찬을 아끼지 않았습니다.

사실 90대 1의 경쟁률이면 10명을 뽑는 자리에 1,000명의 지원자가 줄을 선다는 뜻입니다. 한 학년 400명 중 1등도 못 해본 제가, 아니 한 반 40명 중 20등을 하던 제가 무슨 생각으로 공무원 시험에 합격할 거라 생각했는지… 지금 돌이켜보면 메타인지가 참 낮았던 것 같습니다.

불행인지 다행인지, 머리가 나빠서 현실 파악을 못 하고 그저 열심히 공부했습니다, '열심히' 했기에 한 번에 합격하리라 생각했죠. 희망 회로를 돌리며, 합격 후 탄탄대로의 삶을 그리며 행복해했습니다. 그렇게 몇 개월이 지나고 저는 첫 시험을 치렀습니다.

불합격

'아! 역시 한 번에 붙기는 어려운 시험이지.' 그때까지도 현실을 제대로 파악하지 못했습니다. 대부분이 경험하는 초시생의 불합격이라 생각하고 넘겼지요. 또 무식하게 열심히 공부하는 나날이 이어졌습니다.

당시 타이머로 '순공 시간(순수 공부 시간)'을 재보니 하루 12시간씩 공부하고 있었습니다. 아침 7시에 도서관에 도착해 밤 10시까지 공부했습니다. 식사 시간을 제외하곤 절대 일어나지 않았죠. 그렇게 또 시간이 흘러 두 번째 시험을 봤고, 또다시 낙방했습니다.

실패의 원인을 나름대로 복기하고 결과를 확인한 바로 다음 날 도서관으로 돌아갔습니다. 다시 아침 7시 시작, 밤 10시 귀가의 삶을 반복했죠. 그러나 결과는 참담했습니다.

2013년, 1차 시험 불합격
2013년, 2차 시험 불합격
2014년, 1차 시험 불합격
2014년, 2차 시험 불합격

이쯤 되자 뭔가 저만 도태되는 것 같았습니다. 공시 공부로 여전히 저는 제자리인데 저보다 늦게 취업 전선에 뛰어든 친구들이 하나둘 취업하고, 심지어 저보다 늦게 시험을 준비한 동기가 공무원 시험에 합격했습니다.

당신은 우리와 함께 갈 수 없습니다

2015년, 1차 시험 불합격

또다시 낙방했습니다. 슬슬 주변에서도 의심 어린 눈길을 보내기 시작했고, 저 또한 그동안 생각해본 적 없던 '실패'에 대한 두려움을 점점 느끼고 있었습니다. 공시생에게 불합격은 곧 인생의 낙오, 그것이 현실로 다가오는 것 같았지요. 두려움이 숨을 조여왔습니다. 그리고 다시 찾아온 2차 시험.

2015년, 2차 시험 합격

몇 년간의 노력이 빛을 발한 걸까요? 드디어 필기시험에 합격했습니다. 그러나 기쁨도 잠시, 필기 이후에는 체력 검정과 인·적성검사, 면접시험이 남아있었죠. 아쉽게도 몇 년 동안 책상 앞에 앉아 공부만 해서인지 체력 검정에서 만족할 만한 성적을 거두지 못했습니다. 이어 나머지 전형을 치르고, 조마조마한 마음으로 결과를 기다렸죠. 그리고 그 결과는….

2015년, 최종 시험 불합격

경찰공무원 시험은 최종 면접에서 떨어지면 첫 단계인 필기시험부터 다시 봐야 합니다. 여태 현실 파악을 하지 못하고 무작정 앞만 보고 달리던 제가 면접까지 보고 떨어지자, 다시 시작할 엄두가 나지 않았습니다. 처음부터 다시 할 생각을 하니 암담했지요. 다시 1~2년을 공시 준비로 보내고 나면 저의 '출발점'은 한참 뒤처지게 될 것 같았습니다. 그렇게 공시 준비를 그만두었습니다.

목표한 바가 있었고 할 수 있는 모든 것을 쏟아냈다고 생각해서인지 후회하지는 않습니다. 하지만 저는 하루빨리 돈을 버는 사회인이 되고 싶었습니다. 군대 시절을 제외하고 대학교 1학년 때부터 공시를 준비했던 이유였지요. 그래서 제 27살의 취업이 왠지 '한참 뒤늦은 출발' 같았습니다.

첫 월급 146만 원, 이것이 현실이다

바로 취업 전선에 뛰어들었습니다. 말이 좋아 뛰어들었다지, 당시 제 상황은 무기 하나 없이 맨몸으로 전장에 뛰쳐나간 것과 흡사했습니다. 취업 준비가 전혀 안 되어 있었기 때문이지요. 경찰공무원이 될 거라는 믿음 하나로 배수의 진을 쳤기에 그 흔한 자격증 하나 없었습니다. 토익 시험 점수도 없었지요.

그나마 공시를 준비하며 제가 얻은 것이 있다면 '무거운 엉덩이'입니다. 공시생 때 그러했듯 '취업'을 공부하기 시작했습니다. 토익, 면접, 자기소개서 쓰기 등 과목을 바꿔 또다시 하루 12시간씩 공부하는 나날이 이어졌지요.

한 학기 동안 수십 곳에 이력서를 넣고, 면접을 보러 다녔습니다. 졸업을 앞둔 마지막 학기, 정규직 전환형 계약직으로 드디어 취업에 성공했지요. 비록 중소기업이었지만, '출발선'에 섰다는 것만으로도 감개무량했습니다.

처음엔 마냥 좋았습니다. 매일 아침 일어나 출근하는 것도, 연일 이어지는 회의도, 끝나지 않는 상사의 조언도 버젓이 사회인이 된 것 같아 싫지 않았어요. 그러나 첫 월급을 받은 날, 통장에 찍힌 숫자 '1,460,000원'을 확인한 순간 한동안 말을 잇지 못했습니다.

이제 와 고백하건대 첫 월급을 받고 조금은 충격이었습니다. 모르겠습니다. 그때는 취업만 되면, 월급을 받으면 탄탄대로의 삶이 펼쳐질 거라고 막연하게 생각했던 것 같습니다. 분명 입사 전에 연봉을 알고 있었는데도 제 통장에 입금된 금액을 보니 실감이 나더군요. 그때는 그냥 '취직' 자체에 취했던 것 같습니다. 그러나 제 통장에 찍힌 그 숫자는 마치 누군가 저의 뒤통수를 친 느낌이었지요.

'정신 차려. 이게 현실이야.'

부자를 따라 하니 부자의 길을 걷고 있습니다

앞으로 이야기할 저의 여정은 그 146만 원에서 시작합니다. 돈을 모으고 돈을 공부하고 돈을 굴린 지 5년, 저는 33살에 1기 신도시 평촌에 아파트 2채, 광명에 1채, 주식과 채권, 금 관련 금융자산에 2억 2,000만 원, 총 15억 6,000만 원의 자산을 보유하게 되었습니다. 여전히 회사는 열심히 다니고, 똑같이 돈을 모으고, 돈을 공부하고 있습니다. 부동산, 주식, 채권, 금 등 다양한 투자를 하고 있지요.

이게 어떻게 가능했을까요? 저의 투자법을 한마디로 말한다면 '부자들의 방법을 따라 한다'입니다. 말 그대로입니다. 부자들의 투자 방법을 연구하고 모방합니다. 다른 생각은 일절 하지 않습니다. '부자들의 방법이 이거야? 오케이 좋았어, 그대로 실행한다!'

취직한 순간부터 월급의 80%를 모았습니다. 부자들이 '시드머니를 만들어야 한다'고 했거든요. 시드머니가 모일 때까지 퇴근 후 저녁 8시부터 12시까지 재테크 책을 읽었습니다. 부자들이 '자본주의와 돈을 공부해야 한다'고 했거든요. 그렇게 부를 획득하는 원리와 방법을 탐색했습니다. 수많은 가설을 세우고 나름의 실험을 반복했습니다.

그리고 마침내 시드머니가 모였을 때, 재테크 책을 100권 넘게 읽으며 터득한 부자들의 투자법을 그대로 실행했습니다. '수많은 가설과 실험 끝에 투자 확신을 얻었다면 실행하라'고 했기 때문입니다. 그렇게 스스로 준비되었다고 생각한 시점에 그간 모았던 돈을 투자해 5년 만에 자산을 780배 불렸습니다.

돈 걱정 없이 살고 싶은
그대들을 응원합니다

'부자들의 투자', 그 방법을 알기 위해 수백 권의 책을 읽었습니다. 한 권을 독파할 때마다 그들의 생각과 행동, 실적과 사례 등을 나름대로 정리하며 기록했지요. 그것들을 한데 모아 보니 부자들에게서 일관되게 목격되는 몇 가지 공통적인 행동 특성이 있었습니다.

저는 그들의 행동 특성을 복사해 그대로 제게 '붙여넣기' 했습니다. 저의 생각까지 개조하고 싶어 암송하듯 책을 찾아 읽었습니다. 이 책은 '부자 따라 하기'를 실천해 성과를 얻은 과정과 노하우에 관한 투자서입니다.

난다 긴다 하는 재테크 저자들과 부자들, 그리고 투자자들 사이에서 제가 거둔 성과는 미미해 보일지도 모르겠습니다. 확실히 그분들에 비하면 제 경험이 부족할 수도 있습니다. 그러나 자신할 수 있습니다. 적어도 '돈 걱정 없이' 살 수 있게 되었다고 말입니다. 10억 자산을 만들었으니 이제 아무것도 안 하고 살 수 있게 되었다는 말이 아닙니다. 뒤에서도 이야기하겠지만 100세 인생, 은퇴 이후 살아갈 날을 생각하면 저는 아직 갈 길이 멉니다. 제가 말하는 '돈 걱정 없음'의 의미는 제가 더 큰 자산을 만들 수 있다는, 앞으로 더 잘해 나갈 수 있다는 확신입니다.

'돈 걱정 없이 살고 싶다', 이 책을 쓰며 돌아보건대 이 평범한 소망이 생각보다 많은 노력이 필요한 것임을, 그러나 노력한다면 생각보다 더 빠르게 거머쥘 수 있는 것임을 느낍니다.

　저와 비슷한 소망을 가진 사람이라면, 더 나은 삶을 위해 분투할 준비가 된 사람이라면 이 책이 작게나마 도움이 될 것입니다. 5년 전의 저를 떠올리며, 그때 내게 누군가가 이렇게 알려주었다면 좀 더 수월하지 않았을까 하는, 가장 필요한 내용만 이 책에 담으려고 노력했습니다.

　이제 막 사회에 처음 발을 디딘 사회 초년생, 무작정 돈을 모으고 있지만 무엇부터 시작해야 할지 모르겠다는 재테크 초보, 특히 이제 막 결혼을 앞둔 예비 신랑과 신부라면 저의 이야기에서 더 많은 공감과 도움을 얻을 수 있으리라 생각합니다. 가진 것 없이 하루 벌어 저희를 먹고 입히느라 고생하신 부모님, 나와 새로운 인생 출발을 결심한 예비 신부에게 힘이 되는 존재가 되고 싶다는 마음 때문에 거침없이 달려올 수 있었거든요.

　어려서부터 '사람은 함께 사는 것, 그에 기여할 수 있도록 살아라'라는 말을 듣고 자랐습니다. 이 책이 함께 사는 이 사회에 조금이라도 보탬이 될 수 있다면 더할 나위 없이 감사하고 기쁠 것입니다.

— 겨울잠 김동면

이 책 사용 설명서

부자 되는 법을 다룬 책은 셀 수 없이 많습니다. 하지만 그거 아시나요? 재테크 책은 정말 수도 없이 읽었는데 뾰족한 성과 없는, 심지어 투자를 한 번도 해본 적 없는 사람이 많다는 사실을요. 이분들은 부동산 고시생, 주식 고시생, 자기계발 고시생, 투자 고시생을 하다 낭인이 된 것이나 마찬가지입니다.

이유가 무엇일까요? 분명 남들 쉴 때 엄청난 노력을 한 것인데 말이죠. 그 이유는 아래의 단계를 차례대로 밟지 않았기 때문이라고 생각합니다. 투자를 실행하고 수익을 올리기 위해서는 아래의 절차를 반드시 하나하나 밟아야 합니다.

마인드 체인지 ➡ 지식 습득과 탐색 ➡ 실행

마인드 체인지

투자를 해야 하는 이유를 명확히 인식하고, 필요성을 느껴야 합니다. 무엇보다 중요한 건 나 또한 내가 롤모델 삼고 있는 사람들처럼 될 수 있다고 믿어야 합니다.

놀랍게도 많은 사람이 책을 읽고 강의를 듣고 유튜브를 보며 공부해도 '나는 할 수 없어'라는 방어기제를 펼칩니다. 예를 들면 부자가 된 사람의 이야기를 보며 '그 사람은 금수저이기 때문에', '그 사람은 대기업에 다니기 때문에', '그 사람은 일류 대학교를 나왔기 때문에'라고 생각하며 자신과 다르다고 구분 짓습니다.

여러분의 마음속에 있는 방어기제를 철저히 부숴야 합니다. 이 책에서는 여러 번 반복해 여러분이 가진 잘못된 신념에 대해 반박할 것입니다.

저는 금수저도 아니고, 대기업 직원도 아니고, 인서울 대학을 나오지도 않았습니다. 중소기업에 다니고 있고, 월급 200만 원으로 투자를 시작했지요. 사실상 무일푼으로 시작해 15억 원의 자산을 만들었습니다.

자신에 대한 믿음이 부족해 투자에 대한 용기가 생기지 않는다면 마인드 세팅이 필요합니다. 1장부터 꼼꼼하게 읽기를 권합니다. 돈 걱정 없이 살고 싶다는 강력한 의지와 마인드가 있다고 생각한다면 1장은 과감하게 건너뛰어도 좋습니다. 이 책을 읽는 당신이 조금이라도 더 빨리 '행동'에 가닿기 바랍니다.

지식 습득과 탐색

투자에서 가장 중요한 건 '돈을 잃지 않는 것'입니다. 어떤 경우에도 잃어서는 안 됩니다. 그러려면 명확한 방법을 알아야 합니다.

이에 대한 내용은 2장부터 다룹니다. 제가 책으로 만난 여러 부자들은 참 다양한 곳에 투자하고 있었습니다만, 저는 ETF(상장지수펀드)와 부동산 투자를 중심으로 정리했습니다. 잃지 않고 일정 수익률을 달성할 수 있는 ETF 포트폴리오 투자, 수요가 많아 비교적 안정적인 매매가·전세가를 확보할 수 있는 부동산 투자 방법을 소개합니다. 투자나 재테크가 처음이라면 이 부분만큼은 놓치지 않길 바랍니다.

4장부터는 주식과 부동산, 투자 공부 등을 병행하는 방법과 팁을 담았습니다.

실행

새로운 마인드를 장착하고, 명확한 지식까지 확보했다면 행동할 차례입니다. 행동하지 않는 마인드, 지식은 아무 소용없습니다. 실천하고 실행해야 '결과'가 나옵니다.

사실 저의 노하우도 엄연히 따지면 '부자들의 노하우를 그냥 따라 한 것'입니다. 여기서 핵심은 '부자들의 노하우'가 아니라 '그냥 따라 한 것'입니다. 이 책에서 제시하는 내용 중 단 하나라도 반드시 실행해보길 권합니다.

지금 우리 자신의 자산과 위치는 과거의 우리 자신이 품은 사고방식과 행동에 대한 결과 값입니다. 얼마 전까지만 해도 1~2년 시간이 지남에 따라 그저 나이만 먹었다면, 이 책을 읽고 난 이후에는 나이뿐 아니라 자산도 함께 쌓이리라 믿어 의심치 않습니다.

차례

프롤로그 | 평범한 직장인도 부자가 될 수 있습니다 ·········· 10
이 책 사용 설명서 ·········· 19

1장
우리가 반드시 투자해야 하는 이유

누구나 그럴싸한 계획을 가지고 있다, 나도 그랬다 ·········· 29
눈을 떠라, 그래야 부자가 된다 ·········· 34
투자자가 되어야 하는 진짜 이유 ·········· 37
당신은 모르는, 부자들만 아는 투자 원칙 ·········· 51
돈을 다룰 줄 알아야 한다 ·········· 64
투자금을 최대한 확보하는 법 ·········· 73

2장
빠르고 확실하게 목돈 만들고 굴린다!
ETF 투자

복리의 마법을 최대한 활용하려면	85
초보라면 미국 S&P500이 답이다	97
S&P500 ETF에 투자하는 2가지 방법	101
ETF에는 어떤 종목들이 있을까?	106
잃지 않기 위한 전략, 포트폴리오를 구성하라	112
포트폴리오 전략 1 | 주식·채권 6:4 포트폴리오	116
포트폴리오 전략 2 | 영구 포트폴리오	122
포트폴리오 전략 3 | K-올웨더 포트폴리오	127
내게 맞는 최적의 투자 포트폴리오는?	132
실전! ETF 매매하기	137
추천하는 ETF 투자 로드맵	141

3장
시세 차익 × 내 집 마련 동시에 누린다!
알짜 아파트 투자

자산의 퀀텀 점프를 만드는 부동산 투자	153
부동산 투자를 성공으로 이끄는 공부의 힘	168
어디를 사야 할까 1 | 투자 지역 선정 방법	180
어디를 사야 할까 2 | 투자 아파트 선정 방법	187
언제 사야 할까 | 투자 시점	202
무엇에 투자할까 | 투자 지역과 아파트 검증 5단계	211
부동산 매매할 때 팁 1 | 임장 매뉴얼	226
부동산 매매할 때 팁 2 | 부동산 계약 필수 지식	232
실전! 알짜 아파트 투자하기 1	235
실전! 알짜 아파트 투자하기 2	245

4장
월급 200만 원으로 10억 만드는 투자 시스템

ETF와 아파트 투자를 병행하라 …………………………………… 257

상황별로 추천하는 투자 로드맵 ………………………………… 269

투자 밸류업 1 | 투자 시 반드시 챙겨야 할 '세금' ………………… 280

투자 밸류업 2 | 자산 폭락에 대비하는 법, MDD 고점 대비 하락률 활용 … 289

투자 밸류업 3 | 가능한 빨리 그리고 자주 투자하라 ………………… 294

투자 밸류업 4 | 정기적으로 찾아보면 도움되는 자료 ……………… 305

투자 밸류업 5 | 공모주 투자로 소소하지만 확실하게 용돈 버는 법 ……… 314

에필로그 | 커다란 목표를 구체적으로 잡아라 …………………… 320

FROM 2 MILLION
TO 1 BILLION

1장

우리가 반드시 투자해야 하는 이유

누구나 그럴싸한 계획을 가지고 있다, 나도 그랬다

FROM 2 MILLION
TO 1 BILLION

대학교 1학년 때부터 이어진 8년간의 공시생 모드를 종료하고 바로 취업 전선에 뛰어들었다. 비록 중소기업이었지만 '출발선'에 섰다는 것만으로도 감개무량했다. 그러나 첫 월급을 받은 날, 통장에 찍힌 숫자를 확인한 순간 한동안 말을 잇지 못했다.

146만 원. 아예 예상을 못 한 건 아니었지만 '숫자'로 마주하고 보니 실망스러웠다. 물론 그다음 달부터는 야근과 각종 수당을 포함해 이보다 많은 200만 원 정도를 받았다. 하지만 그것도 만족스럽지 못했다. 내 나이 27살이건만 학자금 상환, 결혼, 내 집 마련 등 미래를 생각하니 머릿속이 복잡해졌다.

2018년 첫 월급 입금 내역

2018.01.15 14:34:16

입금 **1,463,000** 원
잔액 1,663,480 원

입사 후 퇴직까지 많이 모아도 고작 2억 원

첫 월급의 충격은 여전했다. 사실 친한 친구 중에는 이미 직장에서 자리를 잡아 학자금 대출 상환을 마친 친구가 있었다. 그동안 모은 돈으로 결혼식을 올린 친구도 있고, 어떤 친구는 진급했다. 더디다 싶은 친구도 최소한 자차를 구매했다.

조급했다. 혼자 '평균'에서 떨어져 사는 것 같았다. 내 출발선은 한참이나 뒤에 있는 것 같이 느껴졌다. '노력해도 바닥인 걸⋯' 이런 상대적 박탈감에 빠져 의욕이 하나도 없었다. 동태눈을 하고 '회사, 집, 회사, 집'을 기계적으로 반복하며 다녔다.

그때 회사와 집이 가까웠던 게 정말 다행이지 싶다. 출퇴근길이 유달리 고되거나 멀었다면 이런저런 핑계를 대며 그만두었을지도 모른다. 또 부모님 집이 아니라 혼자 자취하고 있었다면, 그래서 출

근을 하는지 집에서 빈둥거리는지 곁에서 신경 써주는 이가 없었다면 그대로 퇴사했을지 모른다. 무엇보다 생활비와 주거비가 들지 않아 회사를 '무사히' 다닐 수 있었던 것 같다. 적은 월급이지만 용돈을 써도 어느 정도 내 손에 남는 게 있었다. 그렇게 직장생활 두 달 차에 모은 돈은 소득의 50%인 '200만 원'이었다.

휴대전화 요금, 주택청약, 보험료, 점심값(용돈)을 제하고 나니 월 100만 원 저축하기도 쉽지 않았다. 단순 계산을 해보니, 이대로라면 1년에 1,000만 원씩, 50년을 저축해야 내 나이 80살에 5억 원을 모은다는 결론이 나왔다. 5억 원이면 내가 사는 평촌의 18평 아파트값이다. 물론 급여 인상, 학자금 대출 상환, 결혼 등 여러 상황을 싹 배제한 계산이지만 너무 허무했다.

문득 뭔가 잘못됐다는 생각이 들었다. 부모님은 나의 고시 수험생활을 지원하기 위해 그간 모아두셨던 노후자금을 쓰셨다. 내가 수험생활을 그만두자고 결심한 이유 중 하나는 더 늦기 전에 부모님을 호강시켜 드리고 번듯한 아들의 모습을 보여드리고 싶었기 때문이다. 그런데 부모님 호강은 고사하고 내 인생 자체가 어두웠다. 아니 위태로웠다.

심지어 난 공무원이 아니다. 대부분의 사람이 그러하듯 50세 정도가 되면 자의든 타의든 회사를 나가게 될 것이다. 회사가 내 미래를 책임져주지 않을 테니 말이다. 다시 말하면 내가 월급을 아무리 많이 받아도 200번 정도 받는다는 것이다. 그러면? 제아무리 많이 모아도 2억 원이 고작이다.

'대리'가 구조조정 대상이 되는 현실

막막한 미래 생각에 복잡한 심경으로 지내던 어느 날, 그야말로 엎친 데 덮친 격의 사건이 벌어졌다. 입사한 지 얼마 지나지 않아 회사에서 구조조정을 실시한 것이다. 직원들을 상대로 희망퇴직 접수를 받기 시작했다.

안 그래도 내가 입사하기 이전부터 사내 분위기가 심상치 않았다고 했다. 성과급이 점점 낮아지고 있었던 것이다. 그런 와중에 희망퇴직 신청을 받았으니 사내 분위기는 더 흉흉해졌고 같은 팀에 있던 선배 2명이 퇴사하게 됐다. 옆 팀에 있던 대리도 곧 회사를 떠났다. 이 일은 내게 꽤 충격적이었다. '구조조정', '퇴직'이라는 단어는 직장에 다닌 지 10~20년은 되어야 맞닥뜨리는 무시무시한 용어라 생각했다. 그런데 아니었다. '대리'가 그 대상이 될 수 있다면 '사원'이라고 안될 이유가 없었다. 내 직장생활 역시 길지 않을 수 있다. 그때 완전히 깨달았다. 내가 그린 장밋빛 그림은 현실에 없다는 걸 말이다.

2019년 구조조정 기사

▇▇ 구조조정 단행…창사 최초 임원 20% 감원·희망퇴직

입력 2019.07.02 16:56 | 수정 2019.07.02 17:03

(서울=연합뉴스) 김준억 기자=국내 대표적 ▇▇▇▇▇ 가 창사 이후 처음으로 임원 20% 이상 감원과 대규모 희망퇴직을 실시하는 등 구조조정에 나섰다.

눈을 떠라,
그래야 부자가 된다

FROM 2 MILLION
TO 1 BILLION

내 앞가림도 해야 하고, 부모님도 봉양해야 한다. 이대로 가만히 있으면 나와 내 가족이 맞이할 미래는 불 보듯 뻔하다. 내 집 하나 없이 감당하기 힘든 월세에 전전긍긍하며 살지 모른다. 부모님은? 여든이 넘어서도 계속 일을 해야 할지도 모른다.

계획했던 것 중 뜻대로 된 게 하나도 없었다. 생각했던 그림도 정반대로 펼쳐졌다. 하지만 이대로 주저앉을 수만은 없다. 다시 공시 준비를 하겠다고 돌이킬 수도 없는 일, 현실을 받아들였다. 비록 이전에는 현실 파악이 잘 안되었지만, 이제 깨달았으니 다른 행동을 펼칠 때였다. 나는 내가 '어떤 최선'을 할 수 있을지 점검했다.

그들은 어떻게 부자가 되었을까

'돈 걱정 없이 살고 싶다' 이 목표를 어떻게 하면 이룰 수 있을까? 좋은 직장에서 오래오래 일을 한다면 불가능한 것은 아니다. 하지만 '평생직장'이라는 개념도 사라진 마당에 직장에 희망은 건다는 건 말이 안 된다. 부자가 되어야 한다. 그러면 어떻게 해야 부자가 될 수 있을까? 부모님이 부자이거나 주변에 부자가 있다면 바짓가랑이라도 붙잡고 물어보겠지만, 애석하게도 내 주변에는 눈을 씻고 찾아봐도 부자가 없었다.

나 스스로 길을 찾아 나서야 했다. 내가 믿는 지론 중 하나가 '어떤 영역에서 괄목할 만한 성과를 이루려면 그 분야 전문가에게 배워야 제대로 배울 수 있다'라는 것이다. 수영을 잘하려면 수영을 잘하는 사람에게 배워야 하고, 수학을 잘하려면 수학을 잘하는 사람에게 배워야 하는 것처럼 말이다. 부자가 되고 싶으니 나는 부자에게 배워야 가장 빠르게 부자가 될 수 있을 거라 생각했다.

> "어떤 분야에서든 성공의 비결은 성공한 사람들이 무엇을 하며, 어떤 것을 생각하고, 어떻게 행동하는지 관찰한 후 그대로 따라 해보는 것이다."
> – 토니 로빈스

그날 바로 적금을 깨고 서점으로 달려갔다. 전 재산인 200만 원으로 재테크 베스트셀러 100권을 한 번에 샀다. 그곳에 유명 부자와 투자자들이 다 있었다. 재테크 1도 모르는 나도 아는 워런 버핏부터 시작해 벤저민 그레이엄(버핏 스승), 앙드레 코스톨라니, 로버트 기요사키, 피터 린치, 강방천, 너나위, 강환국, 김성일, 홍춘욱, 렘군, 송희구 등 내로라하는 투자 귀재들이 이곳에 모두 모여 있었다. 그리고 구매한 100권의 책을 독서실로 옮겼다. 엉덩이로 버티는 것 하나는 누구보다 자신 있던 나는 예전 공시 준비하듯 이 책들을 모두 독파하기로 마음먹었다.

매일 퇴근 후 8시부터 12시까지 100권의 책을 읽고 쓰고 정리하는 시간을 가졌다. 부자들의 마인드, 생각, 노하우 등을 누가 툭 치며 읊을 수 있을 정도로 익히는 것이 목표였다. 어설프게 덤볐다가는 죽도 밥도 안될 것 같았기 때문이다. 암기할 정도가 되면 분명 내 머릿속에 박히게 될 것이다. 머릿속에 박혔다면 부자들이 사고하는 대로 나도 생각하게 될 것이다. 이전과는 완전히 다르게 부자들처럼 행동하게 될 것이다. 그러면 부자들처럼 될 것이다.

투자자가 되어야 하는
진짜 이유

FROM 2 MILLION
TO 1 BILLION

나처럼 100권 읽기를 시도해보겠다고 마음먹었는가? 그렇다면 주의하라. 중간에 그만두고 싶어질 것이다. 왜냐하면 분명 부자들의 생각과 행동을 그대로 배우겠다고 시작한 일임에도 불구하고 책을 읽을수록 이상한 반발심이 들기 때문이다.

나 역시 책에 줄을 긋고 노트에 옮겨 적으면서도 마음 깊은 곳에서는 그 내용을 믿을 수 없었다. '저자 당신이니까 성공할 수 있지 않았을까?' 하는 의구심이 들었다. 나의 유일한 장기인 '무거운 엉덩이의 힘'이 아니었다면 나도 중간에 그만뒀을지 모른다. 그러나 100권 독파가 목표였으니 무슨 일이 있어도 100권은 읽기로 했다. 공시생 때처럼 무식하게 해나갔다(혹여 100권 읽기에 도전하는 사람이 있다면 일단은 끝까지 가보라).

    70권째 즈음 읽었을 때야 불쑥불쑥 의심 들게 만드는 것의 정체가 내가 가졌던 편견, 착각, 아집, 고정관념을 버리지 못해서였음을 깨달았다. 그즈음부터 부자들이 말하는 내용이 가슴에 와닿기 시작했다. 같은 문장도 반복해 곱씹어야 이해하던 내용이 바로바로 이해되기 시작했다. 읽는 속도가 급속히 빨라졌음은 물론이요, 그들이 말하는 것이 어떤 가치관을 배경으로 하고 있는지까지 속속 읽혔다. 100권에 가까워지자 부자들이 말하는 핵심이 계속 머릿속에 맴돌았고, 그걸 실행해보고 싶어 매일 안달이 났다. 하루빨리 뭔가를 실행해보고 싶다는 욕구가 마구 솟았다.

    돌아보건대 내가 바로 '행동'할 수 있었던 것은 100권을 독파하면서 부자들이 깨우쳐준 다음 4가지를 머릿속에, 아니 가슴에 박힐 정도로 깊게 이해했기 때문이다.

첫 번째, 월급만으로는 부자가 될 수 없다

이전에는 좋은 회사에 입사해 월급을 많이 받으면 부자가 될 수 있을 거라고 생각했다. 그래서 다소 스펙과 능력이 부족했던 나는 입사 후 가장 큰 목표가 이직이었다. 이직해서 월급을 많이 받으면 성공 가도를 달리게 될 줄 알았다.

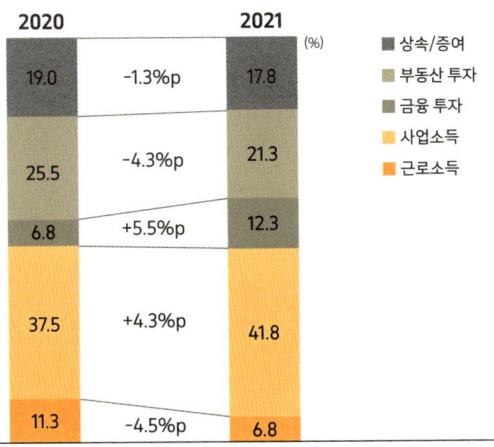

자료: 《KB금융 2021 부자보고서》, 부의 원천

그런데 부자들은 나와 정반대의 생각을 갖고 있었다. 부자들의 탄생을 분석한 자료에 따르면, '내가 부자가 되는 데 근로가 원천이었다'라고 응답한 사람은 고작 6.8%에 불과했다. 그들은 사업(41.8%)과 투자(33.6%)가 가장 큰 원동력이라고 응답했고, 그다음으로 증여(17.8%)라고 답했다. 근로소득으로 부자가 된 사람은 극소수였다. '근로소득 부자'라 불리는 사람들도 대기업 임원이나 전문직 근로자가 해당될 터였다.

부루마블 게임을 생각해보면 부자들의 생각을 쉽게 이해할 수 있다. 부루마블 게임에서 이기는 방법은 게임 종료까지 가장 많은 자산을 확보하는 것이다. 자산을 늘리는 방법은 2가지다. 게임판을 돌면서 내가 가지고 있는 자산으로 살 수 있는 도시에 투자해 수익을

보드게임 부루마블

거두거나, 게임판 한 바퀴를 다 돌아 월급 20만 원을 받는 것이다. 게임을 해본 사람들은 알겠지만, 이 게임에서 이기는 전략은 땅이라는 자산을 확보하는 것이다. 주사위를 잘 굴려서 게임판을 여러 번 돌아 월급을 많이 받아도 절대 이길 수 없다. 어차피 게임판 한 바퀴를 돌 때마다 모두 '월급'을 받는다. 핵심은 월급 외 소득, 즉 땅을 사서 '통행료'를 많이 받을 수 있어야 이긴다는 데 있다.

근로소득으로 부자가 되겠다는 것은 마치 이 게임에서 여러 번 게임판을 돌아 월급을 많이 받겠다는 전략과 흡사하다. 자산을 쌓을 수는 있지만 남들보다 오래 걸린다. 게다가 더 많은 바퀴를 돌아야 한다.

"잠자는 동안에도 돈이 들어오는 방법을 찾아내지 못한다면, 당신은 죽을 때까지 일해야만 할 것이다."

– 워런 버핏

두 번째, 급여는 오르지 않는다

직장에 다니면 대개 연초에 급여가 인상된다. 평균적으로 인상률은 3~5%. 통계청 자료에 따르면 2014~2023년까지 연평균 임금상승률은 약 3.5%다. 연봉마다 차이가 있겠지만, 보통은 10만~20만 원 정도 월급이 오른다.

엉뚱한 질문이지만 생각해보자. 월급이 왜 올랐을까? 물가가 오르기 때문이다. 우리가 먹는 식료품을 포함해 생수, 버스 요금, 집값, 병원비 등 사용하는 모든 필수재 가격이 전부 오른다. 심지어 임금상승률보다 더 많이 오른다. 통계청 자료에 따르면, 최근 코로나19 이후 한국의 물가상승률은 연평균 3.7%였다.

전국 월평균 임금 및 임금상승률 / 한국의 소비자물가상승률

구분	월평균 임금	임금상승률	소비자물가상승률
2014	2,838,343원	3.7%	1.3%
2015	2,926,186원	3.1%	0.7%
2016	3,030,286원	3.6%	1.0%
2017	3,125,273원	3.1%	1.9%
2018	3,259,281원	4.3%	1.5%
2019	3,405,769원	4.5%	0.4%
2020	3,447,287원	1.2%	0.5%
2021	3,581,564원	3.9%	2.5%
2022	3,717,328원	3.8%	5.1% — 평균 3.7%
2023	3,843,191원	3.4%	3.6%
평균 상승률		3.5%	1.85%

자료: 고용노동부(사업체 노동력 조사, OECD, 〈Prices and Purchasing Power Parities(PPP)〉, 겨울잠 정리

    월급 오름폭에 맞먹게 물가가 오른다. 따지고 보면 월급은 제자리이거나 그보다 못한 셈이다. 특히 필수재 중 하나인 집값만 보면 상황은 더 좋지 않다. 주택 가격의 통계를 내기 시작한 이래로 따져 보면 집값은 연평균 5.3%씩 상승했다.

월급상승률: 3.5%

부동산 가격상승률: 5.3%

    금수저가 아닌 이상, 보통은 자산이 없기에 월급을 차곡차곡 모

전국 및 서울 아파트 매매가격 증감률

	전국				서울		
연도	전년 대비 상승률	연도	전년 대비 상승률	연도	전년 대비 상승률	연도	전년 대비 상승률
		2005년	5.85			2005년	9.08
1987년	9.42	2006년	13.75	1987년	4.74	2006년	24.11
1988년	20.04	2007년	2.14	1988년	18.47	2007년	3.57
1989년	20.20	2008년	2.30	1989년	18.82	2008년	3.20
1990년	32.28	2009년	1.58	1990년	37.62	2009년	2.58
1991년	-1.84	2010년	2.53	1991년	-4.50	2010년	-2.19
1992년	-4.97	2011년	9.60	1992년	-4.33	2011년	-0.44
1993년	-2.67	2012년	-0.18	1993년	-2.76	2012년	-4.48
1994년	0.71	2013년	0.33	1994년	1.21	2013년	-1.84
1995년	0.70	2014년	2.43	1995년	0.00	2014년	1.09
1996년	3.50	2015년	5.06	1996년	4.20	2015년	5.56
1997년	4.73	2016년	1.50	1997년	5.18	2016년	4.22
1998년	-13.56	2017년	1.31	1998년	-14.60	2017년	5.28
1999년	8.54	2018년	3.02	1999년	12.50	2018년	13.56
2000년	1.38	2019년	-0.30	2000년	4.18	2019년	2.91
2001년	14.55	2020년	9.65	2001년	19.33	2020년	13.06
2002년	22.78	2021년	20.18	2002년	30.79	2021년	16.40
2003년	9.57	2022년	-3.12	2003년	10.18	2022년	-2.96
2004년	-0.58	2023년	-6.72	2004년	-1.02	2023년	-6.28
평균 상승률			5.29	평균 상승률			6.12

아서 차나 아파트를 사게 된다. 그런데 앞에서 본 것과 같이 월급은 매년 3%씩 오르는데, 내가 사려고 하는 아파트는 매년 5%씩 오른다, 월급보다 아파트 가격이 더 가파르게 오르는 것이다. 이 차이를 좀 더 극명하게 설명하면 다음과 같다.

- 연봉 2,800만 원(월급 200만 원) 김 사원, 23년도 **3.5% 임금 인상**
  ▶▶▶ **98만 원 상승**, 다음 해 연봉 **2,898만 원**

- 경기도 평촌 **5억 원** 18평 아파트 **5.3% 가격 상승**

▶▶▶ **2,650만 원 상승**해 **5억 2,650만 원**

문제는 이런 일이 단 한 해만 발생하는 게 아니라는 사실이다. 앞으로 매년 우리가 겪게 될 일이다. 월급을 차곡차곡 모으는 속도가 아무리 빨라도 집값 상승을 따라갈 수 없는 구조다. 월급은 오르는 물가를 상쇄할 만큼만 오른다. 월급이 매년 오르고 있다고 받아들여서는 안 된다. 그건 순진한 생각이다.

세 번째, 물가는 내려가지 않는다

지금으로부터 50년 전인 1970년대에 달걀 1개의 값은 20원이었다. 그리고 오늘날 달걀 1개의 값은 600원. 달걀 가격이 50년간 30배 올랐다.

왜 달걀 가격이 이렇게 올랐을까? 유달리 달걀의 수요가 50년 새 30배 늘어난 것일까? 가격은 수요와 공급의 접점에서 형성된다는 '수요-공급 곡선'에 따르면, 50년 전보다 달걀의 수요가 30배 오르거나 공급이 30분의 1로 줄어야 설명이 가능하다.

예전에는 달걀이 귀해서 오히려 공급 대비 수요가 더 높았다. 반면 요즘에는 달걀 외에도 먹을거리가 무수히 많다. 게다가 양계장을 통한 생산시스템 개선과 물류·유통의 발전으로 공급량은 이전보다

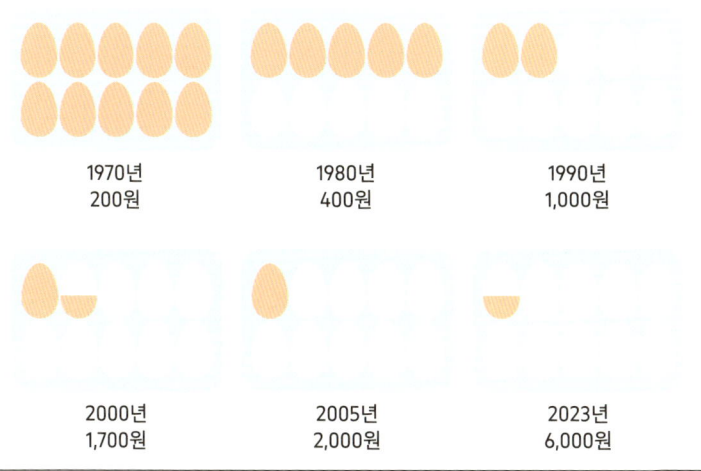

훨씬 많아졌다. 이론대로 공급과 수요의 가운데에서 가격이 결정된다면 사실상 지금의 달걀 가격은 예전과 같거나 더 저렴해야 한다. 하지만 달걀 가격은 더 비싸졌을 뿐 아니라 매년 오르고 있다.

자장면값도 오르고 담뱃값도 오르고 버스 요금도 올랐다. 한국물가정보 자료에 따르면 자장면은 50년 전에 100원, 2020년에 4,700원, 지금은 아무리 싸도 6,500원이다. 50년 동안 최소 65배 올랐다. 50년 전 10원이었던 시내버스 요금이 2020년에 1,200원, 지금은 1,500원으로 150배 올랐다. 수요와 공급 곡선으로는 엄청나게 오른 가격을 설명할 수 없다.

물건의 가격은 그 물건이 지닌 가치를 '화폐'로 전환한 것을 의미

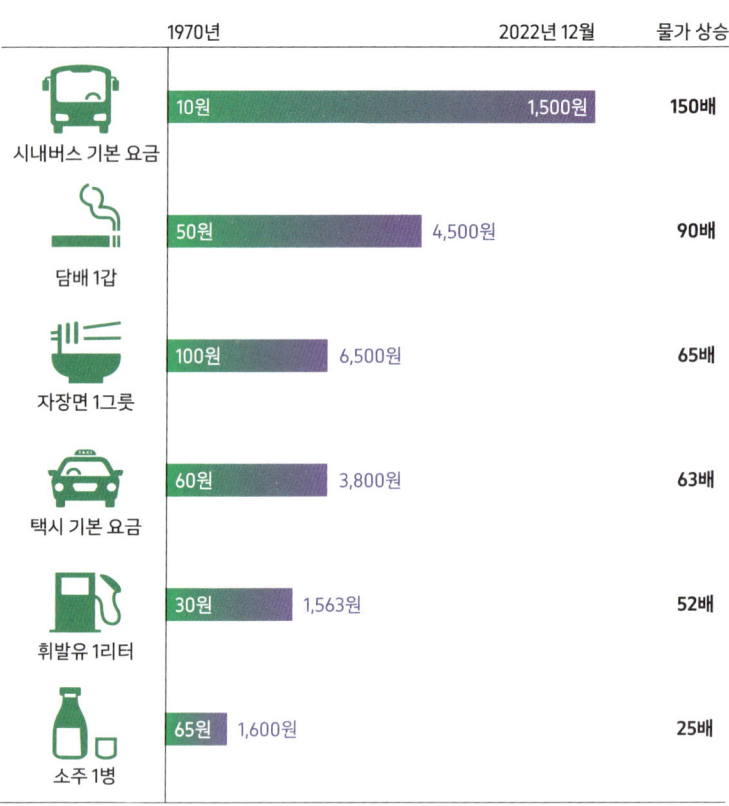

한다. 화폐 가치는 화폐의 절대 총량이 늘면 낮아지고, 화폐 총량이 줄면 높아진다.

1970년부터 국가가 화폐를 마음대로 발행할 수 있게 되었다. 이전에는 화폐의 가치가 '금'의 일정량의 가치에 연동되어 있어(이를 '금본위제도'라고 한다) 마음대로 발행할 수 없었다. 하지만 금본위제

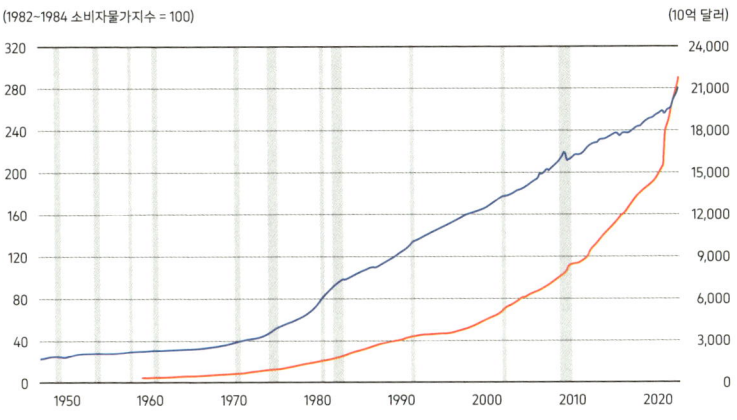

소비자물가와 통화량 상관관계(1950~)

자료: 미국 노동부, 2023

가 폐지되면서 지금까지 화폐 총량은 계속해서 늘었다. 화폐가 마구마구 발행되면서 그 값어치가 계속 떨어졌고, 그 결과 물가가 올랐다. 다음에 제시된 그래프는 통화량(M2)이 많아지자 화폐 가치가 낮아져 물건이 상승하는 모습을 보여준다. 이것이 '인플레이션 Inflation(화폐 가치가 하락해 물가가 전반적이고 지속적으로 상승하는 경제 현상)'이다.

물가가 오른다는 건 '돈의 가치가 떨어지는 것', 다시 말해 같은 돈으로 살 수 있는 물건의 양이 줄어든다는 것을 의미한다. 달걀 이야기로 돌아가보자. 50년 전 달걀 1개의 값이 20원, 지금은 600원이다. 30배나 올랐다. 이는 돈의 가치가 30배 이상 떨어졌다는 의미다.

그렇다면 화폐 발행을 제한하면 되지 않을까 생각할 수 있다. 하지만 안타깝게도 자본주의에서는 화폐 발행을 제어할 여력이 없다. 왜냐하면 말 그대로 자본주의 사회이기 때문이다. 떠올려보라. 은행은 눈에 보이지 않는 돈을 계속 찍어내고 있다. 바로 신용을 통한 대출을 내주면서 말이다. 돈이 계속 많아지지 않으면 자본주의 체제 자체가 돌아갈 수 없다. 그래서 자본주의 사회에서 물가 상승은 불가피하다.

네 번째, 50세부터 모두 가난해진다

1889년 독일 총리 오토 폰 비스마르크가 세계 최초로 정부 지원 노령연금제도를 도입했다. 소득이 없는 사람도 70세가 넘으면 정부에서 주는 연금을 받으며 생활할 수 있게 되었다(이후 독일의 은퇴 연령은 1916년에 65세로 조정됐다). 비스마르크의 아이디어 덕에 지금 전 세계의 많은 국가가 연금제도를 운용하고 있다.

1800년대 영국(잉글랜드)에서 70세까지 생존하는 사람은 인구의 25%에 불과했으나 지금은 90% 이상이다. 그야말로 100세 시대다. 대부분의 선진국 국민이라면 70세 이상은 거뜬히 산다. 한국만 봐도 그렇다. 통계청에 따르면 한국의 평균 기대수명은 83세(남자 80.6세, 여자 86.6세)다.

2021년 채용 플랫폼 잡코리아에서 직장인 534명을 대상으로 '체감하는 정년퇴직 시기'에 대한 설문조사를 진행했다. 전체 응답자가

답한 평균 퇴직 나이는 51.7세로 조사됐다. 법정 정년 60세보다 8년이나 이른 시점이다.

한국인의 평균 기대수명이 83세인데 퇴직은 52세, 즉 퇴직 후 31년을 직장생활하며 벌어놓은 돈으로 살아야 한다. 사실상 지금의 30~40대는 의료기술의 발달로 기대수명이 10년 더 늘어 90세가 될 것이다. 그 말은 퇴직 후 40년을 20여 년(30~52세) 동안 벌어놓은 돈으로 살아야 한다는 뜻이다.

그렇다면 퇴직 후 40년을 위해 우리는 얼마를 준비해야 할까? 생활비로 월 50만 원을 쓰는 사람은 아무리 적어도 2억 원 넘게 있어야 한다. 월 100만 원을 쓰는 사람은 4억 8,000만 원, 월 200만 원을 쓰는 사람은 9억 6,000만 원이 있어야 한다.

보건복지부 발표에 따르면 2023년 기준 2인 가구의 기초생활비는 1,036,846원이다. 운이 좋아 자기 집이 있어도 현금 5억 원은 가지고 있어야 '기초생활'을 할 수 있다. 그러나 현실은 녹록지 않다. 2021년 금융감독원 발표에 따르면 50세 이상 평균 총자산은 금융자산 1억 3,000만 원, 비유동자산 3억 2,000만 원, 합해서 약 4억 5,000만 원이다. 그리고 50세 이상 국민 중 보유자산이 5억 원을 넘

한국인 기대수명과 퇴직시기

한국인 기대수명	한국인 퇴직 시기	남은 공백기
83세 (90세 연장 예정)	51.7세	31.3년 (41.4년 예상)

노후 필요자금

노후 자금	월 생활비	비고
2억	41.6만 원	2억 ÷ 480개월
5억	104만 원	5억 ÷ 480개월
10억	208만 원	10억 ÷ 480개월
15억	312만 원	15억 ÷ 480개월

는 사람은 전체 중 24%에 불과하다. 나머지 76%는 기초생활도 어렵다는 의미다. 아니면 정말 죽을 때까지 일해야 한다.

이 내용들을 깨닫고 나니 결론은 하나다. 이대로는 안 된다. 근로소득에 머물러서는 안 된다. 우리는 근로소득 외 또 다른 소득을 만들어야 한다.

당신은 모르는, 부자들만 아는 투자 원칙

FROM 2 MILLION
TO 1 BILLION

부자들은 어떻게 투자하고 있을까? 주식, 부동산, 토지 등 유형이 무엇이든 부자들은 모두 다음 4가지 방법에서 벗어나지 않는 투자를 하고 있다.

원칙 1: 잃지 않는다 – 손실 없는 투자

사람들은 돈을 크게 벌어들인 부자들이 수익에 집착할 거라고 생각한다. 하지만 실제 부자들의 투자를 보면 수익보다 '손실 제한'에 가장 심혈을 기울인다.

투자의 귀재 워런 버핏의 투자 원칙 역시 그런 철학을 담고 있다.

원칙 1. 잃지 않는다.
원칙 2. 원칙 1번을 잊지 않는다.

이는 투자에 있어 수익 발생보다 손실 복구가 몇 배 이상 어렵기 때문이다. 특히 자산 투자는 '산술평균'이 아닌 '기하평균'이 적용되기에 더욱 그렇다.

예를 들어 3년간 투자했을 때 첫해에 +10% 수익, 두 번째 해에 -10% 손실, 세 번째 해에 +15% 수익을 냈다고 가정해보자. 산술평균으로 계산하면 [10%+(-10%)+15%]/3, 평균 실적이 +5%라는 결과값이 나온다. 하지만 실제 투자는 복리로 계산한다. 따라서 손실에 더욱 주의를 기울여야 한다.

아래 나오는 표를 보자. 1만 원을 가진 사람이 1만 원짜리 주식에 투자했다가 반토막이 났다. 50% 손실을 본 것이다. 이걸 다시 1만 원으로 회복하려면 5,000원의 수익이 필요하다. 그 말은 지금 가지

원금 손실 후 원금 복구를 위한 상승비율

원금	50% 손실	100% 상승
10,000원 →	5,000원 →	10,000원

손실률에 따른 필요 복구수익률

원금	100,000,000원(금 1억 원)	
손실률	현재 잔고	복구를 위한 수익률
0%	100,000,000	0.0%
10%	90,000,000	11.1%
15%	85,000,000	17.6%
20%	80,000,000	25.0%
25%	75,000,000	33.3%
30%	70,000,000	42.9%
40%	60,000,000	66.7%
50%	50,000,000	100.0%
60%	40,000,000	150.0%
70%	30,000,000	233.3%
80%	20,000,000	400.0%
90%	10,000,000	900.0%

고 있는 5,000원에서 100% 수익을 내야 가능하다. 흔히 50% 손실이 나면 다시 50% 수익을 만들면 된다고 생각하지만, 그렇지 않다.

수익을 내는 것도 중요하지만, 그보다 더 중요한 건 잃지 않는 것이다. 위의 표는 원금 1억 원을 가진 사람이 투자손실률을 복구하는 데 필요한 수익률을 나타낸 것이다.

대박 수익을 노리는 것보다 절대 잃지 않으며 적정 수준 이상의 수익을 만드는 것이 가장 이상적이다. 이것이야말로 우리가 추구해야 할 방향이다.

특히 사회 초년생 또는 초보 투자자는 모아둔 자산이 얼마 되지 않는다. 그렇기 때문에 더욱더 안전하게 투자를 시작하는 자세가 필요하다. 투자는 곱셈의 세계다. 처음에는 미미한 수익일지 몰라도 계속 쌓이면 거대해진다. 무엇보다 시작할 때 실패를 경험하면 평생 투자를 외면해 버리는 비극이 발생할 수 있다. 내 몇몇 친구들이 그랬다. 모두 처음 주식에 뛰어들 때 모았던 돈을 다 투자했다가 크게 손실이 나자 그 후로는 저축만 할 뿐 투자는 거들떠보지도 않는다. 자본주의에 산다면 투자와 재테크는 피할 수 없다. 그래서 무엇보다 리스크를 제한하는 방법을 찾기 위해 노력해야 한다.

원칙 2: 베팅하지 않는다
- 복리의 힘을 활용한 투자

유명 투자자들은 매년 100%, 1,000%씩 수익을 올릴 거라고 생각했다. 그러니까 많은 사람들이 추종하고, 그들을 배우려 하고, 그들처럼 되려고 한다고 생각했다. 100%, 1,000% 정도 수익을 올려야 투자의 대가라고 할 수 있지 않을까. 그런데 전혀 아니었다.

투자 대가들의 연복리수익률을 정리한 표를 살펴보자. 전 세계 최고의 투자자라는 사람들의 연평균수익률이 21.88%다. 나처럼 투자에 대해 전혀 모르던 사람이라면 생각보다 적다고 생각할 수 있다(혹시 꽤 괜찮은 수익률이라 생각한다면 조금이라도 투자를 알고 있는 사람

전설적인 투자자들의 연복리수익률

No	전설적인 투자자		국가	연복리수익률 (CAGR)	투자 기간 (Year)
1	앤서니 볼턴	Bolton, Anthony	영국	19.5%	28
2	워런 버핏	Buffett, Warren	미국	19.7%	48
3	레이 달리오	Dalio, Ray	미국	13.0%	35
4	켄 피셔	Fisher, Ken	미국	10.0%	18
5	벤저민 그레이엄	Graham, Benjamin	미국	20.0%	30
6	칼 아이칸	Icahn, Carl	미국	22.0%	22
7	피터 린치	Lynch, Peter	미국	29.2%	13
8	찰리 멍거	Munger, Charles	미국	24.0%	14
9	존 네프	Neff, John	미국	13.7%	31
10	짐 로저스	Rogers, Jim	미국	45.0%	10
11	조지 소로스	Soros, George	미국	32.0%	31
12	존 템플턴	Templeton, John	미국	14.5%	38

자료: 매그너스 안젠펠트, 《위대한 투자자 위대한 수익률》, 페이지2북스

이다).

앞서 이야기한 것처럼 투자 대가들은 '잃지 않는 것'을 중요하게 생각한다. 그들은 완전히 이해하고 있기 때문이다. 투자는 곱셈의 세계, 즉 복리로 이뤄진다는 사실을 말이다.

표를 살펴보면 워런 버핏이 운영하는 버크셔 해서웨이의 연복리 수익률은 약 20%다. 그런데 2022년 3월 주주총회에서 공개된 버크셔 해서웨이의 총 수익률은 1964년부터 2022년까지 약 60년간 무려 3,787,464%에 달했다. 이게 어떻게 가능했을까? 바로 복리 때문

워런 버핏의 자산증가 그래프

이다. 워런 버핏은 매년 약 20%의 수익을 계속 일으켰다. 이처럼 복리의 힘은 강력하고 무섭다.

그러니 애써 10배 오른 주식(이런 주식을 '텐배거TenBagger'라고 부른다)을 찾아다닐 필요도, 내가 보유한 주식이 2배 오르지 않았다고 실망할 필요도 없다. 우리가 추구해야 할 것은 '잃지 않고, 꾸준한 수익을 내며, 복리의 힘을 크게 만드는 것'이다.

전설적인 투자자들처럼 연평균수익률이 20%가 아니어도 복리의 힘은 막강하다. 오른쪽에 있는 그래프를 보라. 평범한 직장인이 매

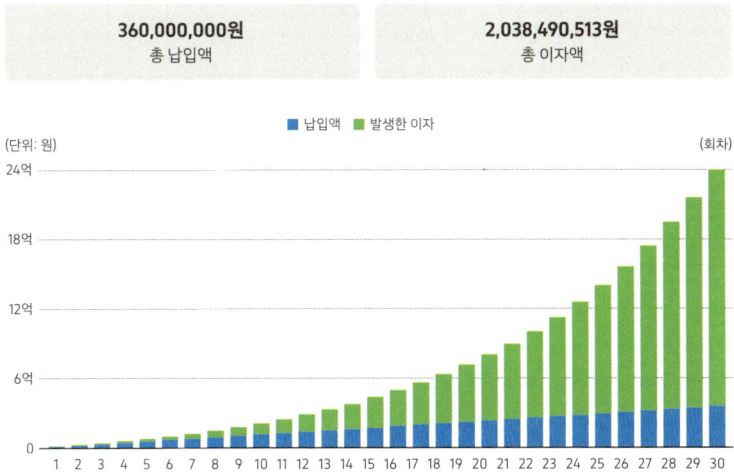

달 100만 원씩 30년을 모으면 총 3억 6,000만 원이 만들어진다. 이 돈을 매년 복리수익률 10%씩 불려 나간다면? 30년 동안의 수익이 20억 원이 되고, 최종 잔고액은 23억 9,000만 원에 달한다.

그렇다면 10%대 복리수익률의 힘은 어느 정도일까? 주가지수 또는 채권지수 등 특정 지수를 추종하여 거래되는 펀드가 있다. 바로 상장지수펀드, 'ETF Exchange Traded Fund'다. 이게 무엇인지 어떻게 활용해야 하는지에 대해서는 뒤에서 자세히 다룰 예정이다. 여기에서는 주가지수 변화에 투자하는 상품으로 이해하면 된다.

대표적인 ETF인 미국 주가지수 S&P500에 연동된 ETF가 1920

년부터 지금까지 연평균 10.5%의 수익률을 기록했다. 만약 당신이 1920년에 이 ETF에 1달러를 투자했다고 가정하면 지금은 8,000달러가 됐을 것이다. 약 8,000배에 달하는 수익률을 달성한 셈이다. 10% 수익도 쌓이면 거대해진다.

다시 말해 우리는 100~200%처럼 도박 같은 투자를 할 필요가 없다. 어떤 사람은 주식 단기 투자 등을 통해 극적인 수익률을 추구하기도 한다. 그러나 평범한 일상을 살면서 그게 가능할까? 내가 가진 현금의 절반 이상을, 혹은 대출받은 돈으로 그렇게 투자한다면 정상적으로 일상을 유지할 수 있을까? 극적인 수익률은 곧 극적인 하락률도 맞이할 수 있다는 말이다. 우리는 생활적인 측면에서의 안정성을 고려해야 한다. 평범한 직장인이라면 투자 걱정 없이 안전하게 자산을 지키면서 꾸준한 수익을 낼 수 있는 투자가 적절하다.

워런 버핏은 매년 19.7%의 수익을 발생시켜 그가 83세가 되었을 때 순자산 585억 달러(한화 79조 2,090억 원)를 만들었다. 평범한 직장인인 우리가 연평균 10.5%의 수익을 일으키며 매달 100만 원씩 30년을 투자한다면 결과는 어떨까. 그 기간 동안 원금은 3억 6,000만 원이 되고, 이자는 20억 원이 된다. 은퇴 시점에는? 24억 원을 만들 수 있다.

원칙 3: 올인하지 않는다 - 포트폴리오 투자

우리가 가질 수 있는 대표적인 자산에는 부동산, 주식, 채권, 금 등이 있다. 모두 장기적으로 우상향한다. 각각의 자산은 저마다 다른 상승·하락의 사이클을 갖고 있다.

뒤에 있는 그래프를 보자. 기민한 사람은 눈치챘을 수도 있다. 미국 주가가 올랐을 때와 미국 채권이 올랐을 때, 그리고 원자재가 올랐을 때 그 시점이 모두 다르다는 것을 말이다. 코로나19 위기였던 2020년 미국 주식은 폭락했지만 미국 채권은 상승했다. 2022년 금리 인상기에는 미국 주식과 채권 모두 하락했지만 원자재 가치는 상승했다. 투자 대가들은 이렇게 자산마다 오르내리는 사이클이 다른 점을 적극 활용해 투자 리스크를 줄인다. 하나의 자산군에만 투자하면 해당 자산의 가치가 떨어졌을 때 그대로 영향을 받아 투자 손실이 크게 날 수 있기에 다양한 자산에 자금을 나눠 투자한다(분산투자).

하나의 자산군에만 올인해 투자하는 것은 손실액 측면뿐 아니라 손실기간 측면에서도 리스크가 대단히 크다. 앞서 일정 수준만큼의 복리수익률을 장기간 지속하기만 해도 크게 자산을 증식시킬 수 있다고 언급했다. 이 '복리의 힘'을 온전히 누리기 위해서는 크든 적든 수익을 계속 내고 꾸준히 투자를 진행해야 한다.

그러나 하나의 자산군에 올인 투자를 했다가 실패하면 일정기간 동안 투자 실행이 어렵다. 구체적으로, 2000년 닷컴버블 직전에

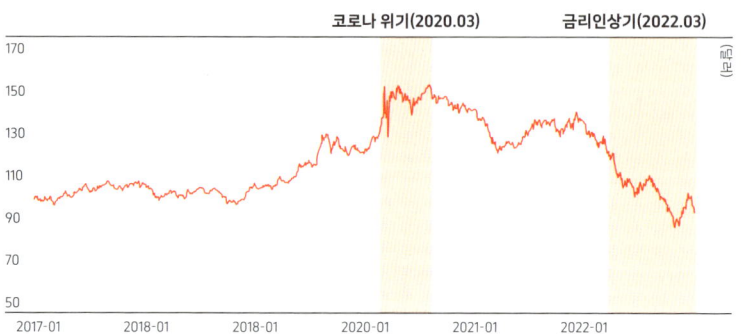

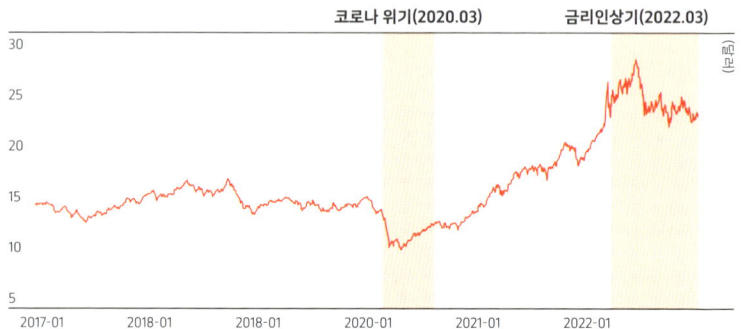

S&P500에 투자한 후 폭락을 겪고 다시 원금을 회복해 수익을 내기까지는 4년 9개월이 걸렸다. 한편 한국 코스피 역시 2008년 글로벌 금융위기 이후 큰 폭락을 겪었는데, 이때 원금을 회복하고 박스권을 돌파해 수익을 내기까지는 12년 7개월이 걸렸다. 이는 4년 또는 12년 넘는 기간 동안 투자 자체를 진행하지 못할 수 있다는 뜻이다. 기회비용의 엄청난 상실이다.

이를 막기 위해 각 자산별 심도 있는 공부가 필요하다. 그런데 공부하다 보면 알 것이다. 하나의 자산을 심도 있게 파면 다른 자산도 빠르게 이해하게 된다는 것을 말이다. 나의 경우 부동산 공부를 먼저 시작했다. 당연히 투자도 부동산이 먼저였다. 그때 작은 성취를 이뤘고, 그 경험을 바탕으로 체득한 투자를 주식에 접목해 지금까지 꾸준히 투자를 진행하고 있다. 만약 내가 하나의 자산에만 매달렸다면 2022년 부동산 가격이 폭락했을 때 그대로 주저앉았을 것이다. 투자수익도 지금보다 50%는 더 적었을 것이다. 다행히 다양한 자산군에 대한 이해를 높여 24시간, 사계절 내내 투자했기에 리스크 분산은 물론 '퀀텀 점프Quantum Jump(어떤 일이 연속적으로 조금씩 발전하는 것이 아니라 계단을 뛰어오르듯 다음 단계로 올라가는 것)'까지 가능했다.

우리는 무조건 안전한 투자를 지향해야 한다. 그러려면 시장 상황에 맞는 다양한 투자자산을 적절히 활용할 수 있어야 한다. 그리고 이를 실현하는 방법이 있다. 바로 안정성과 수익성 측면에서 가장 유리하게 배분해 다양한 자산군에 투자하는 '포트폴리오 투자'다. 이 내용은 뒤에서 상세하게 다시 이야기하겠다.

원칙 4: 현금을 '그냥' 들고 있지 않는다
- 지속적인 투자

앞서 화폐 발행량과 가치에 대해 이야기한 것을 기억하는가? 자본주의에서 화폐 발행은 막을 길이 없고, 이 때문에 화폐 가치는 계속 떨어진다고 이야기한 바 있다.

그래서 부자들은 무작정 현금을 들고 있지 않는다. 들고 있는 현금은 시시각각 변하며 결국 그 가치가 낮아진다는 사실을 알기 때문이다. 그들이 계속해서 자산을 매입하는 이유다.

단적인 예가 바로 금이다. 1973년 금은 1온스당 35달러였다. 2023년 기준으로 금은 1온스당 1,865달러다. 50년 동안 53배 이상 올랐다. 자산은 비단 '금'만 있는 게 아니다. 주식, 부동산, 채권 등

50년간 금 가격 변동

자료: goldprice.org

인플레이션을 이겨낼 수 있는 막강한 자산은 수없이 많다. 그 자산들에 관심을 갖고 끊임없이 투자를 해야 한다.

이처럼 부자들이 투자할 때 반드시 지키는 4가지 공통점은 바로 '잃지 않는다', '베팅하지 않는다', '올인하지 않는다', '자산에 꾸준히 투자한다'이다. 이를 제대로 실행하기 위해서는 자본주의를 이해하고, 올바른 투자법을 찾는 공부가 필요하다. 그렇지 않으면 기회가 와도 기회임을 알아차리지 못하고, 투자를 행동으로 옮기기 어렵다.

들고 있는 현금의 가치가 변하는 과정을 우리는 잘 체감하지 못한다. 하지만 네이버에 아파트값을 검색하거나 엔비디아 1주 가격을 검색하면 바로 알 수 있다. 자산 가격은 계속해서 오르고 내린다. 막상 투자하고 나면 그 변동성에서 결코 자유로울 수 없다. 특히 무모하게, 공부하지 않고, 큰돈을 투자했다면 매일 지옥과 천국을 오가는 경험을 하기 쉽다. 그러니 스스로 납득하고 믿게 될 때까지 자본주의와 부자들의 투자법을 공부하길 바란다. 그리고 공부했다면 반드시 실행하라.

돈을 다룰 줄
알아야 한다

FROM 2 MILLION
TO 1 BILLION

공무원 시험을 포기하고 취업 준비를 할 때였다. 당시 나는 평촌에 살고 있었는데, 집과 독서실을 오가며 보는 아파트가 5,000만 원만 있으면 살 수 있다는 사실을 우연히 알게 되었다. 당시에는 내가 사는 평촌과 같은 1기 신도시인 산본, 분당 그리고 광명, 수지 등에서도 '꽤 좋다'라고 평가받는 아파트도 5,000만 원으로 매매할 수 있었다. 만약 그때 나에게 5,000만 원이 있어 다음 표에 볼 수 있는 것처럼 경기도 산본, 평촌, 분당 등의 아파트에 투자했다면 지금까지 투자금 대비 6~25배 정도 불릴 수 있었을 것이다.

'최소 몇억을 갖고 있어야 할 것 같은 아파트도 비교적 적은 돈으

평촌·산본·분당·광명·수지 아파트 투자수익 계산 예시

구분	투자금 (매매가-전세가)	시세 차익 (투자금 대비 수익률)	기간
산본 세종6단지(24평)	4,617만 원	29,508만 원 (639%)	2017.10~2022.04
평촌 초원세경(19평)	3,692만 원	36,233만 원 (981%)	2017.04~2022.09
평촌 향촌현대 4차(23평)	4,500만 원	53,000만 원 (1,178%)	2017.04~2021.08
분당 정든마을신화5단지(27평)	3,000만 원	75,000만 원 (2,500%)	2017.04~2021.08
용인 수지 풍덕천동 한국(24평)	2,400만 원	48,600만 원 (2,025%)	2017.08~2022.09

로 투자가 가능하다'는 사실은 하루라도 빨리 취직해서 돈을 벌고 싶다는 내 마음을 더욱 부추겼다. '어쩌면 나도 아파트에 투자해 돈을 벌 수 있어'라는 희망을 품은 채 속으로 여러 아파트들을 점찍어 두었다.

 취업 후에도 점찍어놓은 아파트들을 눈여겨봤다. 100권의 책을 읽으면서 그저 돈을 모으기만 할 때도 계속 지켜봤다. 내 월급은 내년이 돼야 오르는데, 그 아파트들의 값은 조금씩 계속 오르고 있었다. 그걸 보고 있자니 해외여행을 가고 싶다는 생각도, 차와 명품 옷 따위를 사고 싶다는 생각도 전혀 들지 않았다. 그저 빨리 5,000만 원을 모아 '진짜 자산'을 사야겠다는 생각밖에 없었다. 아파트는 내게 명확한 동기부여가 됐다. 처음에는 쓰고 남은 돈을 모았지만, 얼마 지나지 않아 필요한 최소한의 돈만 사용하고 나머지는 투자를 위해 죽기 살기로 모두 모았다. 어느 달에는 월급의 90% 이상을 모

평촌·산본·분당·광명·수지 아파트 매매가 및 전세가 증가폭

산본 세종6단지(2017.10~2022.04)
매매가 2억 9,508만 원 상승(100.05% 상승) **전세가** 2,374만 원 상승(9.54% 상승)

평촌 초원세경(2017.04~2022.09)
매매가 3억 6,233만 원 상승(116.53% 상승) **전세가** 2,437만 원 상승(8.89% 상승)

 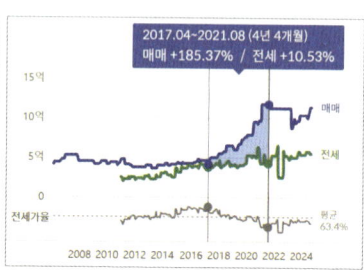

분당 정든마을 신화5단지(2017.04~2021.08)
매매가 7억 5,000만 원 상승(185.37% 상승) **전세가** 4,000만 원 상승(10.53% 상승)

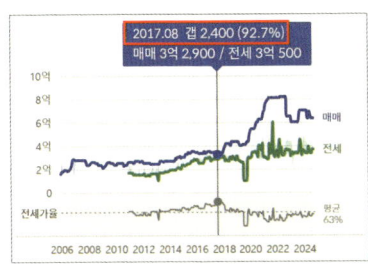

용인 수지 풍덕천동 한국(2017.08~2022.09)
매매가 4억 8,600만 원 상승(147.72% 상승) **전세가** 6,500만 원 상승(21.31% 상승)

으기도 했다.

저축으로 시작해도 좋다

투자를 해야 한다. 몇 번을 강조해도 지나치지 않을 정도로 정말 중요한 이야기다. 월급만으로는, 퇴직하기 전까지 순수하게 월급을 200번 모아서는 부자가 될 수 없다. 부자가 되고 싶다면 투자는 필수다. 하지만 '투자'에 대해 잘 모른다면 어떻게 해야 할까?

섣부른 투자라 해도 운이 좋으면 하루 이틀 만에 내 재산이 2배가 될 수도 있다. 하지만 높은 확률로 내 재산이 반토막 날 것이다. 코인 같은 곳에 투자했다면 시시각각 플러스 됐다 마이너스 됐다 하는 엄청난 변동성에 멘탈이 요동쳤을 것이다. 당연하다. 나의 투자에 스스로 믿음을 갖지 못하기 때문이다. 그러면 오르내리는 화살

표에 따라 일상생활이 통째로 흔들릴 수 있다.

큰 변동성에도 흔들리지 않기 위해서는 자신이 확신을 갖고 투자할 수 있는 자산을 선별할 수 있는 단계에 이르러야 한다. 그 전까지는 최대한 안전성과 안정성에 중점을 둬야 한다.

그런 연유로 내가 맨처음 선택한 재테크는 저축이었다. 일단 돈을 모으기로 한 것이다. 나중에 이르러서야 ETF 투자를 통해 적금만큼 안전성을 누리면서도 적금 이상의 수익을 낼 수 있다는, 아파트 투자로 자산을 크게 불릴 수 있다는 확신을 갖게 됐지만, 처음 투자를 하겠다고 마음먹은 당시에는 그렇지 않았다. 잘 알지도 못했다. 그래서 투자에 확신이 설 때까지는 일단 저축하며 돈을 묶어두기만 했다.

게다가 저축하며 돈을 묶어두는 것이 투자 초보가 최대한 덜 잃는 최선의 방법이라는 생각도 있었다. 1년, 2년, 그 이상 오랫동안 투자처를 찾지 못하고 현금을 들고 있으면 인플레이션으로 인해 내가 가진 돈의 가치가 하락한다. 저축하고 거기에 이자가 붙더라도 사실상 손실을 보는 것이다. 이를 잘 알고 있었다. 하지만 뭣도 모르는 상태로 투자했다가 손해를 보는 것보다는 더 낫겠다 판단했다. 인플레이션으로 인한 실질적 손실은 투자 공부를 열심히 하지 않은 나의 게으름에 지불하는 돈이라고 생각했다. 가혹한 생각이었지만 온 힘을 다해 돈을 모으고 투자 공부에 열을 올리는 데는 꽤 효과적이었다.

시드머니에 따라 투자수익이 결정된다

결정적으로 나의 투자수익은 투자금에 의해 결정되기 때문에 악착같이 돈을 모아갔다. 여기서 나를 일깨운 만고불변의 공식, 투자수익의 중요한 요소를 나타내는 다음 공식을 소개한다.

투자수익 = 투자금 X 수익률

이 공식은 투자수익은 투자금과 수익률에 의해 결정된다는 것을 의미한다. 투자금이 크거나 수익률이 높을수록 수익을 크게 얻을 수 있다.

그런데 현실적으로 수익률을 극적으로 높이기는 힘들다. 앞서 이야기한 것처럼 내로라하는 투자 대가들의 연평균수익률도 20%대, 그들에 비하면 지극히 평범한 내가 가능한 수익률은 10%대일 것이다. 하루 24시간 모자랄 만큼 투자에 매진해도 투자 대가들 이상으로 수익률을 높일 수는 없을 터, 그리고 '수익률'이라는 숫자는 내가 통제할 수 없는 영역이다. 하지만 '투자금'은 다르다. 적게 쓰고 모으면서 내가 어떻게 해볼 수 있는 부분이다.

투자는 곱셈의 세계, 1보다는 9를 곱해야 훨씬 더 큰 수익을 올릴 수 있다는 점에서 나는 최대로 가능한 선에서 투자금을 확보하려고 노력했다.

투자금 확보, 성공을 가늠하는 시험대로 삼다

투자를 결심한 당시, 나의 환경을 고려해볼 때 투자금을 잘 모을 수 있겠다는 확신이 있었다. 부모님 집에 살고 있고 회사도 멀지 않다. 저녁에는 책만 본다. 지출을 줄이려고 마음만 먹으면 다 줄일 수 있었다.

처음 잡은 목표는 매월 월급의 80%인 160만 원을 확보해나가는 것이었다. 게다가 160만 원씩 2년 7개월만 모으면 5,000만 원을 모을 수 있는데, 그 금액이면 아파트 투자도 할 수 있었다.

月급 200만 원을 받는 내가 5,000만 원을 모으려면?

① 월급의 30%인 60만 원 저축 시, 6년 11개월 소요
② 월급의 50%인 100만 원 저축 시, 4년 2개월 소요
③ 월급의 70%인 140만 원 저축 시, 2년 11개월 소요
④ 월급의 80%인 160만 원 저축 시, 2년 7개월 소요

글로 써놓고 눈으로 보니 하루빨리 돈을 모아 제대로 된 투자를 해보고 싶다는 마음이 간절해졌다. 물론 멋진 차, 브랜드 옷, 맛있는 음식, 호캉스 등을 다 누리면서 남들처럼 살고 싶은 마음도 있었다. 하지만 난 부자처럼 보이는 사람이 아니라 '진짜 부자'가 되고 싶었다. 공시생 시절을 보내며 이미 많은 시간을 지체했다. 더 이상은 안 된다. 애매하게 5년이라는 세월을 보내느니 2년 반 동안 바짝 돈을

모으면 나중에 훨씬 좋은 차, 좋은 옷, 맛있는 음식, 배로 행복한 데이트 등을 할 수 있으리라 생각했다.

월급의 80%를 모은다는 것, 처음에는 나도 가능할까 반신반의했지만 잘 지켜나갔다. 사실 나는 투자금 확보를 나 스스로에게 부여하는 일종의 챌린지처럼 여겼다. 매월 깨야 하는 퀘스트, 이번 달 목표대로 돈을 모으지 않으면 부자로 향하는 길이 어긋날 거라 생각했다. 당장 160만 원도 통제하지 못하면 투자는 물론 나 스스로도 통제할 수 없다. 전 세계 최고의 자수성가 부자인 스탠더드오일의 창립자, 석유왕 존 록펠러가 말했다.

> "돈을 버는 것도 중요하지만, 관리할 수 있을 때만이 부를 누릴 수 있는 자격이 있다."

무엇보다 이 챌린지는 공무원 시험에 불합격해 스스로를 증명하지 못했다는 아쉬움을 지워주었다. 주변에 한 번도 말한 적은 없지만, 공시 생활을 접은 것은 나에게 꽤 상처였고 그 때문에 자존감도 많이 떨어졌다. 그런데 '통장 잔고'는 그 마음을 조금이나마 회복하게 만들어주었다.

이 챌린지를 시작한 지 2회 차에 장학금을, 6회 차에 성과급을 받게 되어 평소보다 많은 돈을 모을 수 있게 되었다. 그때 통장 잔고가 갑자기 100만 원대에서 400만 원대로, 700만 원대에서 900만 원대로 숫자가 빠르게 올랐다.

통장 잔고를 볼 때마다 그야말로 '무지출 챌린지'를 하듯 커피도 사 먹지 않고 필사적으로 사는 나 자신이 정말 대견하게 느껴졌다. 불가능할 것 같은 챌린지를 매달 해내다 보니 다른 일에서도 자신감이 생겼다. 인스타그램에 보이는 삐까번쩍한 차들, 귀티 나는 옷과 시계는 없지만 마음만 먹으면 언제든 살 수 있다고 생각하자 남부러워할 일도 없어졌다.

그리고 무엇보다 월급의 80%라는 도전적인 저축을 해나가고 있는 나라면 앞으로의 투자 여정에서 어떤 유혹에도 흔들리지 않고 우직하게 잘 해낼 수 있으리라는 확신을 얻었다.

월급의 80%를 투자금으로 확보하면 좋다. 나처럼 회사도 가깝고 부모님 집에 살고 있어 큰 지출이 없다면 도전해볼 만하다. 그러나 현실적으로 무리한 목표라고 생각이 들면 적어도 50% 이상은 모으길 권한다.

투자금을 최대한 확보하는 법

FROM 2 MILLION
TO 1 BILLION

대부분이 투자나 재테크를 시작하려고 마음먹으면 월급에서 생활비를 적게 쓰고 남은 돈을 목표액으로 삼는 경우가 많다. 그러면 어떻게 될까? 어떤 달은 지출이 많아서 100만 원, 어떤 달은 지출이 적어서 150만 원을 저축하고 투자하는 식으로 금액이 들쑥날쑥 일정하지 않다. 최대한 투자금을 확보하기 위해서는 이렇게 접근해서는 안 된다.

순서가 중요하다

월급 200만 원

① 생활비를 40만 원으로 줄이고 나머지 투자해야지(×)

② 160만 원 투자하고, 나머지로 살아야지(○)

생활비를 최대한 아껴보겠다는 마음가짐이 통할 수 있다. 하지만 생활비를 '먼저' 고려하게 되면, 갑작스런 사정이나 잠깐의 마음 흔들림에 생활비 지출이 커질 수 있다. 그러면 투자금액에 변동이 생긴다. 그래서 나는 월급의 80%를 모으는 행동을 먼저하고, 죽이 되든 밥이 되든 월급의 20%인 40만 원으로 한 달을 살았다.

이처럼 순서가 정말 중요하다. 뇌는 단순해서 생각하는 대로 행동한다. 처음에는 힘들지만 한두 달 하다 보면 자연스럽게 40만 원에 맞는 생활에 익숙해진다. 그러고 나면 다음 해 소득이 늘어도 생활비는 그대로 유지하고, 늘어난 소득만큼 더 투자할 수 있게 된다.

'순서대로' 하는 가장 좋은 방법은 월급 받는 즉시 자동이체되게 만드는 것이다. 납입액을 월급의 80%로 설정하고, 인출일을 월급일 또는 월급 익일로 설정하자. 나는 통장 잔액에 숫자가 찍히는 것을 보며 투자금이 쌓이는 즐거움을 느끼고 싶어서 월급날 직접 이체했다. 160만 원, 320만 원이던 숫자가 6개월만 지나도 금세 1,000만 원 넘는 숫자가 된다. 그걸 보는 일이 얼마나 즐거웠는지 모른다.

신용카드 없이 40만 원으로
생활할 수 있었던 비결

내가 월급의 80%를 투자금으로 확보할 수 있었던 것은 나머지 20% 40만 원으로 알차게 한 달을 생활할 수 있게 돈을 관리했기 때문이다. 그 비결을 여기서 잠깐 이야기해보겠다. 바로 '4개의 통장'이다.

4개의 통장으로 돈이 새는 통로를 막아라

4개의 통장은 오래전부터 회자된 재테크 방법이다. 월급 통장, 저축 통장, 소비 통장, 비상금 통장으로 돈을 관리하고 통제하는 시스템을 말한다. 나 역시 4개의 통장으로 월급을 관리하고 생활비를 통제했다.

나는 월급 통장, 투자 통장, 소비 통장 1, 소비 통장 2, 비상금 통장 이렇게 5개로 구분해 활용했다. 지출을 보다 현명하게 통제하기 위해 고정지출이 나가는 통장과 변동지출이 나가는 통장 2개로 구분해 사용했다.

월급이 매월 200만 원 들어오면
- 월급 통장: 월급 200만 원 입금
- 투자 통장: 월급 200만 원의 80%인 160만 원 저축
- 소비 통장1: 월급 200만 원의 5%인 10만 원 이체
- 소비 통장 2: 월급 200만 원의 15%인 30만 원 이체

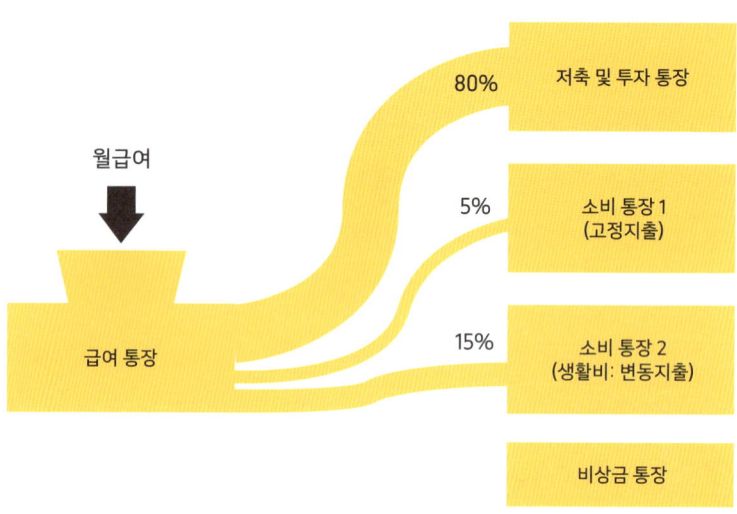

- 비상금 통장: 경조사비 등 일시적인 지출을 위한 통장으로 급여 외 성과급이나 기타 소득 발생 시 입금

저축 및 투자 통장

월급날 급여의 80%를 이 통장에 이체했다. 돈을 모으고 소비를 잘 컨트롤하기 위해 '가장 먼저 해야 할 행위'라고 생각했기 때문이다. 그 후에 다음 스텝으로 넘어갔다.

사실 혼자 자취할 경우 월급의 80%를 모으기 쉽지 않다. 하지만 나는 부모님과 함께 살고 있었다. 그래서 최소한의 필수 지출을 제외한 나머지 금액을 모두 이 통장에 넣는다는 생각으로 목표를 설정했다. 돈을 잘 모으는 20~30대 경우 월급의 70% 정도, 최소한 월급의 절반 이상 돈을 모으길 권한다. 이 시기가 인생에서 가장 큰 비율로 돈을 모을 수 있는 때이기 때문이다. 결혼해 출산하고 자녀를 키우다 보면 지출 항목이 많아지고 그 금액 역시 커진다. 그러면 앞에서 언급한 70~80% 비율만큼 모으기 쉽지 않다.

지금, 최소한의 비율로 지출하고 최대한의 비율로 돈을 모으는 생활을 해보자. 자연스럽게 돈을 관리하는 법을 알게 되고, 이후 소득이 늘었을 때 지출을 잘 통제하고 더 큰 돈을 모으고 굴리는 데 큰 도움이 된다.

소비 통장 1 - 고정지출

이제 남은 돈으로 생존하는 방법에 대해 이야기해보겠다. 월급을 1,000만 원씩 받고 기타 소득도 여기저기에서 들어온다면 이렇게까지 하지 않아도 된다. 하지만 나는 중소기업에 다니며 월급 200만 원으로 살았다. '저축 및 투자 > 소비' 형태를 만들려면 소비를 통제하는 것이 가장 큰 관건이다. 이를 위해 어쩔 수 없이 지출해야 하는 '고정지출'과 노력하면 줄일 수 있는 '변동지출'을 구분했다.

내가 매달 내는 고정지출에는 교통비, 휴대폰 요금, 주택 청약이 있었다. 누군가는 보험료나 관리비 등을 포함할 수도 있겠다. 어쨌든 이 통장은 매달 필수적으로 정해진 금액이 나가는 지출 통장이다. 각 지출 항목별로 반드시 필요한 것인지, 지출을 줄일 수 없는지 때마다 점검해보자. 나는 고정지출을 줄이기 위해 휴대폰은 알뜰폰으로, 주택 청약은 납부 인정되는 수준만큼만 지출했다. 그렇게 해서 고정지출을 10만 원으로 줄였고, 급여의 5%로 비율을 맞췄다.

소비 통장 2 - 변동지출

두 번째 소비 통장은 한도나 기준을 정확히 알 수 없는 '변동지출'을 위한 것이다. 사실상 변동지출을 통제하는 것이 4개의 통장 시스템을 유지하는 열쇠하고 할 수 있다. 하지만 대부분 사람들이 변동지출 부분의 관리가 어려워 돈 관리를 포기한다. 반대로 말하면 변동지출만 잘 관리해도 예산안에서 생활이 가능하고 돈 관리도 원활하게 된다는 뜻이다.

나의 경우 처음 다니던 회사에선 점심을 제공했지만 지금 다니는 회사에서는 점심이 제공되지 않는다. 그래서 하루 한 끼 3,500원, 한 달 7만 원으로 점심값을 해결하고 있다. 요즘 어딜 가도 점심 한 끼를 해결하려면 만 원 정도는 드는데, 나는 다이어트 도시락을 먹으면서 그 비용을 절약했다. '다이어트 도시락을 먹으면 살이 빠지고 건강해지며 돈도 아낄 수 있다. 게다가 점심을 가볍게 먹으면 오후에 졸리지 않고 일에 집중할 수 있다' 이렇게 좋은 쪽으로 생각하면서 말이다.

직장인 초장기에는 점심에 돈 쓸 일이 없어 용돈으로 책정한 10만 원으로 책을 사거나 커피를 사마셨다. 그러다 점심값을 지출해야 하는 상황이 되자 커피는 회사 탕비실에 비치된 것으로 대체했다. 아주 가끔 기분내고 싶을 때는? 1,000~2,000원짜리 커피를 사마셨다. 좋아하는 커피를 사먹는 일은 현저히 줄었지만 그만큼 더 투자할 수 있다고 생각하면 마음이 풍족해지는 것 같아 참을 수 있었다.

내 지출 중 가장 큰 비율을 차지하는 영역은 바로 '데이트'였다. 나도 20대 여느 청년들처럼 좋은 곳에 다니고 맛있는 음식을 먹으면서 연애하고 싶었다. 그래서 최소 20만 원은 데이트하는 데 할애했다. 20만 원으로 만족스럽게 데이트를 하는 일은 어려웠다. 그래서 여자친구에게 내 계획과 미래를 이야기하며 '데이트 통장'을 제안했다. 다행히 여자친구는 이를 이해해줬고, 20만 원씩 각출해서 데이트하며 알콩달콩한 시간을 보냈다.

한 달 40만 원이면 둘이서 한주에 10만 원씩 쓸 수 있다. 그러면 웬만한 건 다 할 수 있다. 하루 근사한 곳을 가면, 그다음 날은 분식을 먹으며 데이트비를 조정했다.

참고로 내 계획과 미래를 전폭 지원하고 응원해주던 그때의 여자친구는 지금은 내 아내가 됐다. 그런 아내의 마음에 보답하기 위해 나는 아파트를 선물했다. 아내와 함께하는 미래는 돈 걱정 없이 행복하게 살고 싶다는 마음으로 계속 노력하고 있다.

비상금 통장

고정지출과 변동지출을 잘 관리하면 돈은 매달 쌓인다. 사실 이것만 잘하면 돈이 새어나가는 일 없이 차곡차곡 종잣돈을 모을 수 있다. 그런데 살다 보면 예기치 않게 목돈이 나가는 상황이 생긴다. 그럴 때를 대비해놓지 않으면 모으고 있던 적금을 깨게 되거나 지출 관리에 문제가 생겨 '돈 모으기'라는 계획을 제대로 수행하지 못하게 된다.

비상금 통장은 그런 상황들을 대비하기 위한 것이다. 경조사비, 명절비, 휴가비 등 매달 나가지는 않지만 연 단위로 나가게 되는 지출이 여기에 해당된다. 이런 지출들은 정확한 계산하기 어렵지만, 지난해 지출을 기준으로 계산해 예산을 책정한다. 그런 후 다음 해를 위해 비용을 확보해놓으면 된다.

처음에는 학생 때부터 용돈 일부를 조금씩 모아서 만들었던 200만 원 조금 안 되는 돈을 비상금 통장에 넣어두었다. 회사에 다니기 시작한 후부터는 연 1회 들어오는 성과급의 일부 금액을 비상금 통장에 채워 넣었다. 그 외로 명절에 회사에서 나오는 떡값이나 보너스가 있으면 일단 비상금 통장에 넣었다.

경조사비는 나이에 따라 많이 필요할 수도 아닐 수도 있는데, 사회 초년생이던 나는 거의 두 달에 한 번 경조사에 다녀왔다. 그래서 연 6회, 1회마다 10만 원 지출한다고 생각하고 최소 60만 원을 비상금 통장에 경조사비 항목으로 넣어두었다.

설, 추석 등 명절과 부모님 생신과 같은 가족행사 때는 부모님께 10만 원씩 드렸다. 이 금액도 60만 원 정도로 책정하고 준비했다.

그렇게 악착같이 돈을 모은다 하더라도 빼놓지 않는 항목이 있었다. 바로 휴가비다. 여름 휴가든 겨울 휴가든 필요시에 쓸 수 있도록 말이다. 1년 동안 수고한 나를 위해 한번은 보상의 시간이 필요하다. 그래서 회사에 다닌 지 1년이 지나 성과급이 나온 해부터 매년

지출을 통제하기 위해 만든 4개의 통장

구분		금액	계
저축 및 투자 통장	정기적금	1,600,000원	1,600,000원
	그 외		
소비 통장 1(고정)	교통비	50,000원	100,000원
	주택청약	20,000원	
	통신비	30,000원	
	기타		
소비 통장 2(변동)	용돈	100,000원	300,000원
	데이트	200,000원	
	기타		
비상금 통장	경조사비	600,000원	2,000,000원
	명절비	600,000원	
	휴가비	400,000원	
	기타	400,000원	

휴가비로 40만 원을 책정했다. 그 외에도 갑작스럽게 필요한 지출이 생길 것을 대비해 보험 성격의 돈으로 40만 원을 더 준비했다.

그렇게 내가 세팅한 '4개의 통장' 시스템을 정리하면 앞쪽에 나온 표와 같다. 지금 돌아보면 이렇게 적은 지출로 생활이 됐었나 싶지만, 일단 세팅해놓고 시작하면 자신에게 맞게 조정하게 된다. 중요한 포인트는 가능한 선에서 최대한 돈을 모으고 그것을 지속할 수 있도록 각 지출 항목 내에서 불필요한 소비를 하지 않도록 관리하는 것이다.

2장

빠르고 확실하게 목돈 만들고 굴린다!

ETF 투자

복리의 마법을
최대한 활용하려면

FROM 2 MILLION
TO 1 BILLION

'72의 법칙'을 들어본 적이 있는가? 일정 수익률을 반복적으로 일으켰을 때 원금이 2배 되는 데 걸리는 시간을 계산하는 마법의 법칙이다. 72를 연간 복리수익률로 나누면 원금이 2배가 되는 기간을 바로 구할 수 있다.

이 법칙에 따라 100만 원을 연 5% 이자로 복리를 실현해 200만 원으로 만드는 데 걸리는 시간을 구하면 14.4(=72÷5)년, 연 10% 이자일 때는 7.2(=72÷10)년이 걸리는 것을 알 수 있다.

72의 법칙: 원금이 2배 되는 시간

연복리수익률	걸리는 시간	비고
2%	36년	72÷2=36년
3%	24년	72÷3=24년
5%	14.4년	72÷5=14.4년
10%	7.2년	72÷10=7.2년
12%	6년	72÷12=6년
14%	5.1년	72÷14=5.1년
17%	4.2년	72÷17=4.2년
20%	3.6년	72÷20=3.6년

연복리수익률 2%이면 갖고 있는 원금을 2배 만드는 데 36년,
연복리수익률이 10%이면 갖고 있는 원금을 2배 만드는 데 7.2년,
연복리수익률이 20%이면 갖고 있는 원금을 2배 만드는 데 3.6년이 걸린다.

적금으로는 복리의 마법을 부릴 수 없다

사람들이 가장 많이 하는 재테크인 예·적금만 한다고 했을 때 지금 당신이 가진 돈을 2배로 만들려면 얼마의 시간이 필요할까? 현재 이자 3%대 적금을 들고 있다면 24년(4%대 적금을 들고 있다면 18년)이 걸린다.

2배로 만든 금액을 다시 같은 이율로 적금에 들어 2배로 만들려면 또다시 24년, 총 48년이 걸린다. 즉 48년 뒤에야 원금의 4배가 되는 돈을 만들 수 있다. 분명 원금이 4배가 되는 것은 기뻐해야 할

일이지만 48년이나 걸린다니! 20살에 시작했다면 인생 중후반기인 68살에 원금이 4배가 된다.

그렇게 본다면 예·적금은 자산을 불리는 용도라 할 수 없다. 잠시 현금을 보관하는 용도이자 최소한의 손실로 자산을 묶어두는 용도일 뿐이다.

주식 투자의 문을 두드리다

1,000만~2,000만 원을 모아 처음 할 수 있는 투자로 무엇이 있을까? 대한민국 직장인들이 가장 쉽게 접근할 수 있는 것이 바로 주식일 것이다. '관심 기업의 주식을 사고파는 게 다겠지'라고 단순히 생각했는데 막상 주식 투자에 관해 공부하고 보니 투자하는 방법에 여러 가지가 있었다.

주식 투자에는 크게 8가지 방식이 있다. 가장 많이 들어본 것이 '가치 투자'일 것이다. 가치 투자는 기업의 가치가 저평가된 주식을 사서 가격이 정상 궤도로 돌아왔을 때 매도해 시세 차익을 내는 방식이다. 이 투자를 실행한 대표적 인물로는 가치 투자의 대가로 추앙받는 워런 버핏과 버핏의 스승인 벤저민 그레이엄이 있다.

'패시브passive 투자'는 특정 주식을 선택하거나 매매 타이밍을 조절하기보다 자산시장 전체 또는 특정 부분의 지수를 추종하는 투자 방식이다. 이 방식은 시장 평균 수익률을 목표로 하며, 주식이나 기

주식 투자의 방식

투자 방식	내용	대표인물
가치 투자	기업의 가치를 평가해 저평가된 주식을 찾아 투자하는 전략. 기업의 재무제표, 주가와 기업 가치의 차이 등을 분석한 후 가치가 있는 주식을 찾아 저렴하게 매수하는 방식으로 진행.	워런 버핏 Warren Buffett
패시브 투자	패시브 투자는 주식 시장에 참여하되, 특정 주식을 선택하거나 시장 타이밍을 조절하는 대신 시장 전체 또는 특정 부분에 대한 지수를 추종하는 투자 방식. ETF나 인덱스펀드 등을 통해 시장 수익 자체를 추종하는 투자.	존 보글 John Bogle
기술적 투자	주식 가격의 패턴, 거래량 등 주식 차트 및 거래 데이터를 분석해 향후 가격을 예측하여 투자하는 방식. 인간의 심리는 일정한 패턴을 따르고 그 패턴이 자산의 차트와 가격, 거래량에 반영된다고 믿는다.	제시 리버모어 Jesse Livermore, 존 머피 John J. Murphy
성장 투자	성장 투자자들은 기업의 성장 가능성에 주목하며 주가가 현재보다 더 빠른 속도로 상승할 것으로 기대되는 기업에 하는 투자.	피터 린치 Peter Lynch
매크로 투자	각종 지표를 통해 경제 동향을 분석해 어떤 자산이 오르고 내릴지 예측해 투자처를 선정하는 방식. 경제 성장률, 금리, 환율, 실업률 등의 경제지표를 통해 주식과 채권, 금 등의 투자자산의 가격 변동을 예측하는 전략.	조지 소로스 George Soros, 레이 달리오 Ray Dalio
모멘텀 투자	주식 가격의 흐름을 기반으로 투자를 결정하는, 즉 이미 상승 추세에 있는 주식에 투자하는 방식. 트렌드를 따라가며 이익을 노리는 전략.	리처드 드리하우스 Richard Driehaus
퀀트 투자	규칙 기반 투자로 매수와 매도, 보유에 대한 규칙을 세우고 오로지 '수치'를 기반으로 계량적으로 투자해 시세 차익을 내는 전략.	
정보 투자	뉴스를 통해 기업의 분기 수익이나 정부 발표에 대한 정보를 빠르게 얻어 이후 어떤 주식이 오르고 내릴지 예측하고 투자하는 전략.	

타 자산의 장기적 성장에 투자한다. 우리가 아는 미국 주식 S&P500 ETF가 패시브 투자다. 이 방식으로 투자하는 대표적인 인물로 뱅가드 그룹의 존 보글이 있다.

'기술적 투자'는 주가의 과거 흐름과 거래량, 하루 동안의 주가 움직임(일봉), 한 주간의 주가 움직임(주봉) 등 거래 관련 데이터를 분석하고 미래의 주가 움직임을 예측해 투자하는 방식이다. 이 방식은 차트와 지표를 활용해 시장의 심리와 패턴을 분석한다. 이를 활용한 대표적 인물은 전설적인 트레이더 제시 리버모어다.

'성장 투자'는 기업의 높은 성장 가능성에 주목해 진행하는 투자 방식으로 현재의 주가가 다소 높더라도 향후 큰 성장을 기대할 수 있는 기업에 투자하는 방식이다. 성장 투자자는 주로 매출, 이익, 시장 점유율 등이 빠르게 증가하는 기업에 투자한다. 대표적 인물로 피델리티의 마젤란펀드를 운용하며 연평균수익률 29%를 기록한 월가의 영웅 피터 린치가 있다.

'매크로 투자'는 각종 경제지표를 통해 경제 동향을 분석해 투자 결정을 내리는 방식으로 경제지표, 금리, 통화 정책, 정치적 이벤트, 글로벌 경제 동향 등을 고려해 투자하는 방법이다. 매크로 투자자는 주로 거시경제 변화에 따라 투자 전략을 세우며 주식, 채권, 외환, 상품 등 다양한 자산군에 투자한다. 조지 소로스, 레이 달리오가 매크로 투자의 대표적 인물이다.

'모멘텀 투자'는 주식의 상승 추세 또는 하락 추세가 계속될 것이라 예상해 투자하는 전략이다. '퀀트 투자'는 통계학과 수학에 기반한 정량적인 전략으로 투자하는 방식이다. 이 투자 방식은 컴퓨터 알고리즘과 데이터 분석을 통해 시장의 패턴과 트렌드를 구분하고, 이를 바탕으로 투자 결정을 내린다. '정보 투자'는 말 그대로 '아직 아무도 모르는 건데, 이게 특허가 났대'라며 공개되지 않은 정보를 이용해 투자하는 방식이다. 다만, 이 같은 내부자 거래는 법적으로 금지되어 있다.

사실 나는 주식 투자에 대해 조금 회의적이었다. 그래서 첫 투자도 부동산을 선택했다. 주식은 100에서 0으로 떨어질 수 있지만, 적어도 부동산은 전세가 이하로 떨어지지 않는다고 생각해 더 안전하다고 여겼다. 주변을 둘러봐도 종일 주식에 신경 쓰느라 스트레스를 받고 일에 집중하지 못하는 이들이 많았다. 주식으로 크게 손해 본 이도 있었다(이런 사람은 주변에 꼭 한 명씩 있는 것 같다). 게다가 비교적 매매 주기가 짧아 내가 자주 뭔가를 해야 하고, 많은 시간을 쏟아야 할 것 같았다. 나는 직장생활을 해야 하고 메인으로는 부동산 투자를 하고 싶었기에 주식 투자에 대해서는 보수적으로 접근했다.

연 8% 수익률을 위하여
: 패시브 투자 + 포트폴리오 전략

무엇보다 내가 많은 시간을 쏟아 공부하고 주식 투자를 한다 해도 이것이 실질적인 성과로 이어질지는 의문이었다. 경제가 성장하고 기업이 이익을 내도 그것이 곧 주가 상승을 의미하지 않기 때문이다. 주가가 오르려면 경제가 원활하게 돌아가고 기업이 이익을 잘 내는 것은 분명 필요조건이긴 하지만 충분조건은 아니다. 또 그와 별개로 많은 시간을 들여 기업을 분석한다 해도 기업이 주주의 이익 실현에 관심이 없는 회사라면 주가는 오르지 않는다. 따라서 기업을 공부하고 주가를 파악하며 추적하는 것은 비효율적이며 불가능하다고 생각했다.

우리는 흔히 경제가 성장하면 주식수익률이 오를 것이라 생각하는데 그렇지 않다. 뒤에 나온 선진국 경제성장률과 주식수익률 간의 상관관계를 나타낸 그래프를 보면 오스트레일리아는 경제성장률이 선진국 16개국 중 가장 높은 3.2%였다. 하지만 주식수익률은 8%밖에 미치지 못했다. 반면 이탈리아는 경제성장률이 가장 낮은 1.5%대였으나 수익률은 6%에 근접해 성장률이 높은 일본과 오스트리아보다 수익률이 높았다.

신흥국의 경우도 마찬가지다. 1980년부터 2010년까지 30년간 한국이 신흥국 중에서 가장 높은 6%의 경제성장률을 보였으나 주식수익률은 5% 미만으로 아르헨티나, 태국 다음으로 뒤에서 세 번째로 낮은 수익률을 기록했다. 반면 브라질은 경제성장률이 2%대 중반이지만 주식수익률은 10% 이상으로 가장 높은 수익률을 보여주었다. 이는 경제의 향방을 가늠하며 투자하는 것 역시 좋은 방법이 아님을 알려준다.

현실적으로 가능하고 또 적절하다고 내가 생각하는 직장인의 목

경제성장률과 주식수익률 간의 상관관계

선진국(1980~2010)

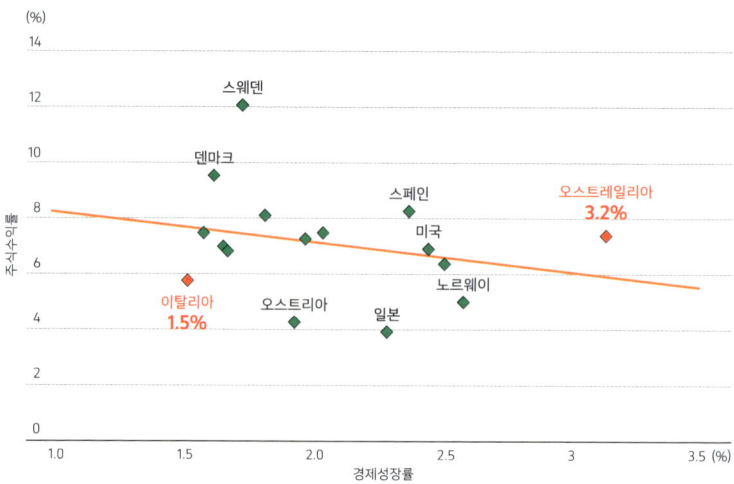

신흥국(1980~2010)

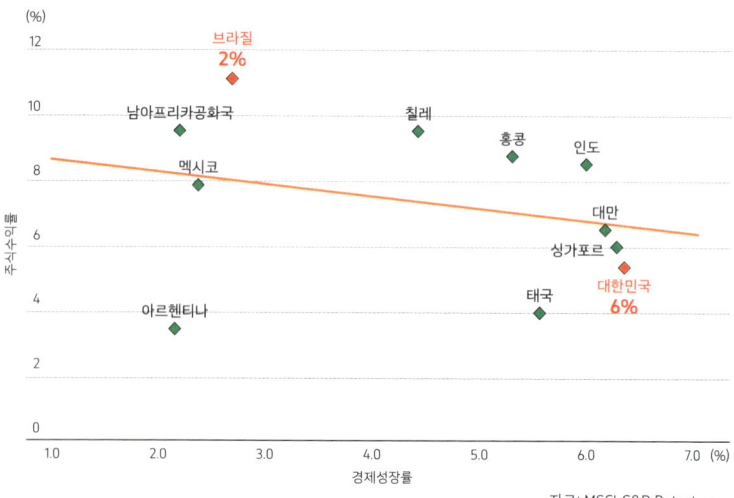

자료: MSCI, S&P, Datastream

표 투자수익률은 연 8~10%이다. 연평균 8%면 9년마다 자산이 2배 이상으로 불어날 수 있다. 놀랍게도 이 수익률을 꾸준히 올릴 수 있는 방법이 있다. 바로 시장 수익 자체를 추종하는 패시브 투자, 구체적으로는 S&P500과 같은 미국 지수를 추종하는 ETF에 투자하는 것이다.

월급쟁이여, S&P500 ETF에 투자하라

ETF는 'Exchange Traded Funds(상장지수펀드)'의 약어로 코스피지수, S&P500 지수, 나스닥지수 등 특정 지수 및 특정 자산의 가격 움직임과 수익률이 연동되도록 설계된 상품이다. 거래소에 상장되어 주식처럼 거래되는 펀드를 말한다.

ETF 투자는 크게 2가지 장점이 있다. 첫 번째, ETF에 투자하면 그 자체로 단 1개의 주식에만 투자하는 것이 아니라 수십, 수백 개의 주식에 분산투자 하는 효과를 누릴 수 있다. 예를 들면 코스피 200 ETF를 매수하면 대한민국 200개 대표 기업에 분산투자 하는 효과를 얻게 된다. 두 번째 장점은 개인이 상대적으로 개별 접근하기 어려운 채권이나 원자재 분야, 심지어 미국, 일본, 인도 등 다른 나라의 자산에도 쉽게 투자할 수 있다. 또 ETF 투자는 거래 수수료가 낮고 거래량이 많아 쉽게 사고팔 수 있다는 장점이 있다.

그렇다면 다양한 ETF 중 어디에 투자해야 할까? 초보 투자자라면 이것부터 고민일 것이다. 나는 지체 없이 S&P500 ETF를 추천한다. 전 세계에서 가장 인기 있는 지수 중 하나인 S&P500은 미국의 신용평가회사 스탠더드앤드푸어스S&P에서 개발한 미국의 주가지수다. 미국 500대 대기업을 포함하고 있다. 당신이 지수 투자를 하기로 마음먹었다면 반드시 S&P500 ETF를 활용할 수 있어야 한다.

S&P500 ETF에 투자해야 하는 이유 1 : 시장을 이기는 일은 매우 어렵다

인덱스펀드(개별 종목이 아니라 지수에 투자하는 펀드)의 창시자인 존 보글이 미국에서 1970~2016년까지 존재했던 모든 뮤추얼펀드(주식 투자를 목적으로 설립된 법인회사)를 조사했다. 그 조사 결과를 나타낸 것이 오른쪽 그래프로, 1970년부터 2016년까지의 뮤추얼 펀드 수익률과 생존율을 보여준다. 뮤추얼 펀드는 여러 투자자들이 모은 자금을 전문 투자 매니저가 주식, 채권 등 다양한 자산에 투자하는 공동투자 펀드로, 투자자들의 돈을 전문가가 대신 운용하는 방식이다.

이 그래프를 보면 뮤추얼 펀드가 전문가가 운용하는 상품임에도 불구하고 46년 동안 전체 355개 중 281개(비생존자), 약 80%가 사라졌고, S&P500, 즉 시장 수익률 이상의 수익을 낸 펀드는 단 10개(확실한 승자 2+소폭 승자 8)로 전체의 2.8%에 불과하다는 것을 알 수 있다. 이는 전문가들조차도 장기적으로는 시장을 이기는 것이 매우 어려운 일이며, 지수 투자를 통해 장기적으로 꾸준히 투자하는 전략이 더 유효함을 시사한다.

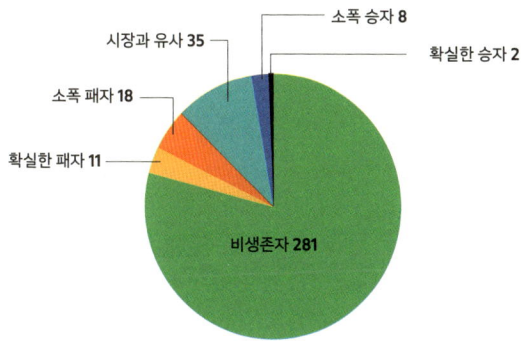

뮤추얼펀드의 장기 수익률과 생존자들(1970~2016년)

기준: S&P500 대비 연간 수익률
- 확실한 승자: S&P500 지수를 2% 이상 초과
- 소폭 승자: S&P500 지수를 1%~2% 초과
- 시장과 유사: S&P500 지수와 ±1% 범위 내
- 소폭 패자: S&P500 지수보다 1~2% 하회
- 확실한 패자: S&P500 지수보다 2% 이상 하회

자료: 《The Little Book of Common Sense Investing》

S&P500 ETF에 투자해야 하는 이유 2 : 멈춤 없는 수익률

2007년, 워런 버핏이 100만 달러 내기를 제안한 일이 있었다. 향후 10년 동안 주식 시장지수(S&P500)의 성과보다 더 높은 수익을 내는 헤지펀드가 있다면 100만 달러를 기부한다는 조건이었다.

그때 프로테제 파트너스Protege Partners라는 헤지펀드 회사가 이 내기에 응했다. 그리고 워런 버핏은 미국 S&P500 ETF에 투자하고, 프로테제 파트너스는 5개의 헤지펀드를 선별해 투자했다.

2008년 1월부터 시작한 내기는 10년 뒤 종료됐다. 결과는 워런 버핏의 압승이었다. S&P500의 연평균수익률은 7.1%였고, 프로테제 파트너스의 헤지펀드 연평균수익률은 2.2%에 그쳤다.

이처럼 미국 월가에서 날고 기는 펀드매니저나 증권 전문가들도 시장지수 수익률을 이기지 못했다. 하물며 하루 한 시간도 주식을 공부하지 않는 내가 어떻게 개별주식으로 그들보다 나은 수익률을 낼 수 있겠는가? 나는 상식에 근거해 내가 할 수 있는 것과 할 수 없는 것을 구분했다. 물론 공부를 통해 개별주식을 선별하고 투자하면 한두 번은 시장보다 나은 수익률을 낼 수도 있을 것이다. 하지만 계속 시장을 이기는 것은 쉽지 않다. 우리는 수익을 '복리'로 꾸준히 늘려야 한다. 그러려면 지수 투자보다 나은 방법은 거의 없다고 본다. 심지어 워런 버핏은 그의 유서에 다음과 같이 적었다.

"내가 죽으면 재산의 90%는 S&P500 인덱스펀드에, 나머지 10%는 미국 국채에 투자하라."

S&P500은 1920년 이래로 매년 약 10.5%씩 상승했다. 1920년대에 1달러를 투자했다면 오늘날 8,000달러가 됐다는 얘기다. 이것이야말로 끊임없이 성장을 이룬 복리의 마법이다.

초보라면
미국 S&P500이 답이다

FROM 2 MILLION
TO 1 BILLION

미국을 대표하는 지수 S&P500과 같이 나라마다 대표 지수가 존재한다. 일본은 닛케이225, 중국은 상해종합지수$^{Sanghai\ Comp}$, 독일은 닥스^{DAX} 등이 있다. 우리나라는 코스피지수가 있고, 그중 대형 200개 기업을 추종하는 KOSPI200이 있다. 그리고 증권사에서 이를 상품으로 만든 것이 KODEX 200(삼성자산운용), TIGER 200(미래에셋자산운용), KBSTAR 200(KB자산운용), PLUS 200(한화자산운용), HANARO 200(NH Amundi자산운용), KOSEF 200(키움투자자산운용) 등이다.

내가 미국 ETF 투자를 놓지 않는 이유

각 국가에 상장된 주요 지수의 10년 단위 실질수익률을 살펴보자.

아래 표에서 알 수 있듯 2010년 이후 미국의 실질수익률이 가장 좋다. 하지만 꼭 미국이 정답은 아닐 수 있다. 1970년대, 1980년대, 2000년대에는 한국의 실질수익률이 미국보다 3~4배 좋았다. 또 지금은 인도가 신흥 강자로 떠오르고 있다. 그러나 나는 주로 '미국 자산'에 투자한다. 4가지 이유 때문이다.

첫째, 기축통화인 달러를 활용해서 리스크를 헷지[Hedge]할 수 있다.

국가별 주요 주식시장 연대별 실질수익률(1960~2010년대)

*수익이 높은 순으로 나열

1960년대	수익률(%)	1970년대	수익률(%)	1980년대	수익률(%)	1990년대	수익률(%)	2000년대	수익률(%)	2010년대	수익률(%)
호주	148	한국	456	한국	354	미국	217	중국	76	미국	235
일본	74	일본	66	일본	310	프랑스	117	캐나다	42	독일	139
캐나다	71	캐나다	30	독일	179	영국	110	호주	36	프랑스	137
미국	41	영국	8	영국	173	독일	92	한국	22	일본	135
영국	28	호주	-12	프랑스	158	호주	59	대만	-23	영국	105
독일	21	미국	-17	미국	96	캐나다	52	영국	-23	대만	98
프랑스	-6	프랑스	-20	호주	39	일본	-47	미국	-27	캐나다	70
		독일	-31	캐나다	-4	대만	-49	프랑스	-32	호주	61
						한국	-66	독일	-36	한국	33
								일본	-41	중국	10

자료: 강환국, 《거인의 포트폴리오》, 페이지2북스 & Bridgewater, "Grappling with the new Reality of Zero Bond Yields Virtually Everywhere", 2020

KOSPI200과 S&P500 지수의 수익률 비교

구분	연 복리수익률	누적수익률
KOSPI200	4.83%	357%
S&P500	9.42%	1,137%

*1996.03~2023.08

달러는 경제 위기일 때 그 가치가 상대적으로 오른다. 투자한 주식이 손실이 나도 달러로 매매하면 달러 가치 상승에 힘입어 그 하락 폭을 거의 상쇄할 수 있다.

둘째, 미국에 상장된 다양한 기업과 상품을 활용할 수 있다. 우리가 아는 미국의 대형기업부터 잘 모르지만 탄탄한 중소기업들에 투자할 수 있고 채권, 원자재 등 다양한 분야에도 투자할 수 있다.

셋째, 글로벌 자산배분 효과를 누릴 수 있다. 특히 나처럼 한국에 부동산 투자를 하고 있거나 계획하는 사람이라면 어느 한 국가의 통화와 자산에만 투자를 해놓으면 그만큼 리스크가 커진다. 하나가 폭망하면 연쇄적으로 내가 한 투자 전체가 폭망하기 때문이다. 한국에서 원화로 부동산에 투자하고 달러로 주식에 투자하는 것은 장기적으로 볼 때 안전하고 수익률이 높다고 볼 수 있다.

넷째, 장기적으로 볼 때 미국자산의 수익률이 안정적이고 높다. 지금까지 S&P500, 다우존스, 나스닥 등 미국 주요 지수들은 연평균 8% 이상의 수익률을 제공해왔다.

한국의 KOSPI200 지수에 포함된 많은 기업도 지난 수십 년간

S&P500 vs. KOSPI200 시계열 차트(1996.03~2023.11)

자료: Yahoo Finance

큰 성장을 이뤘다. 하지만 주가의 흐름은 위 그래프에서 볼 수 있듯 2007년부터 2020년까지 네모난 박스에 갇힌 것처럼 상승하지 못했다. 단기 투자를 한다면 한국 증시는 샀다 팔았다 거래를 반복하기 좋은 투자처가 될 수 있다. 그러나 변동성을 낮추고 안전하게 운용하고 싶다면 그보다는 미국 지수를 적극적으로 활용하는 것이 좋다.

S&P500 ETF에 투자하는
2가지 방법

FROM 2 MILLION
TO 1 BILLION

미국 지수를 추종하는 ETF인 S&P500 ETF를 매입하는 방법은 2가지다. '미국 증시에서 달러로 환전해 직접 매매하는 방법'과 '한국에 상장된 ETF 상품을 매매하는 방법'이다.

달러로 환전해 미국 증시에서 직접 매매하면 달러 환율을 계산해야 한다는 변수가 생긴다. 그럼에도 미국 증시에 상장된 다양한 주식과 상품을 거래할 수 있다는 장점이 있다. 반면 원화로 한국에 상장된 S&P500 ETF를 매매하면 환전을 따로 하지 않아도 되는 장점이 있다. 대신 미국에 상장한 다양한 주식, 채권, 원자재 등의 상품들을 매매할 수 없다. 각자의 편익을 따져 투자하면 된다.

S&P500 ETF 매매하는 방법

구분	방법
미국 증시	달러로 환전해 직접 매매
한국 증시	원화로 한국 증권사에서 매매

미국 상장 S&P500 ETF vs. 한국 상장 S&P500 ETF

미국 증시에서 살 수 있는 S&P500 ETF와 한국 증시에서 살 수 있는 S&P500 ETF 정보를 정리한 표를 살펴보자.

먼저 미국 상장 S&P500 ETF를 사려면 달러로 환전한 후 오른쪽에 있는 표에서 4가지 종목 중 하나를 골라 종목 검색창에 티커(쉽게 설명하면 종목코드라 할 수 있다)를 입력하고 찾아 매매하면 된다. SPY, VOO, IVV, SPLG는 모두 S&P500을 추종하는 ETF로, 수익률 차트는 거의 유사하다. 다만 운용 수수료에서 약간 차이가 난다.

2023년 12월 1일 기준으로 SPY 1주를 매매하려면 459달러, 약 50만 원이 필요하다. VOO는 421달러, IVV는 461달러로, 1주를 매매하기 위해 꽤 큰 금액이 필요하다.

하지만 투자를 하다 보면 10만 원, 20만 원, 30만 원 등 소액으로만 투자할 수밖에 없는 상황이 자주 발생하는데, 주당 50만 원이라면 아예 매수할 수가 없어 기회를 놓칠 수 있다. 반면, SPLG는 53.99

미국 상장 S&P500 ETF 매매 정보

티커 (종목코드)	종목명	수수료(%)	상장일	거래대금 (USD)	배당률(%)
SPY	SPDR S&P500 ETF	0.09	93.01.22	329.9억	1.26
VOO	Vanguard 500 Index Fund ETF	0.03	10.09.07	28억	1.34
IVV	iShares Core S&P500 ETF	0.03	00.05.15	23.9억	1.32
SPLG	SPDR portfolio S&P500 ETF	0.03	05.11.08	5.5억	1.32

*2023. 12. 01 기준

달러, 약 6만 원으로 매수가 가능하다. 이렇게 ETF 가격이 낮으면 더 적은 금액으로 매매가 가능해, 자주 그리고 쉽게 투자할 수 있다.

이번에는 한국의 자산운용사에서 만든 S&P500 ETF 상품을 살펴보자(p. 104). 이 종목들은 미국에 상장된 S&P500 ETF와 오차율이 낮아 S&P500 지수에 투자한 것과 유사한 수익을 낼 수 있다.

주의할 점은 상품마다 수수료가 다르고, 거래대금과 시가총액이 제각각이라 반드시 확인을 해야 한다는 것이다. Tiger 미국 S&P500은 수수료가 약간 높으나 거래가 활발하고 시가총액이 크다. 반면 KODEX 미국 S&P500TR과 KBSTAR 미국 S&P500은 각각 수수료가 더 낮은 0.05%, 0.021%다. 하지만 거래대금이 적고 시가총액도 낮다. 내가 원할 때 바로 매도·매수하기 쉽지 않을 수 있다. 한국에 상장된 S&P500 ETF에 투자할 때는 각각의 수수료, 거래량, 시가총액을 비교해 선택해야 한다.

한국 상장 S&P500 ETF 매매 정보

증권사	종목명	수수료 (%)	상장일	거래대금 (백만 원)	시가총액 (억 원)
미래에셋 자산운용	Tiger 미국 S&P500	0.07	20.08.07	48,918	41,724
한국투자 신탁운용	ACE 미국 S&P500	0.07	20.08.07	11,631	11,913
삼성자산운용	KODEX 미국 S&P500TR	0.05	21.04.09	26,044	15,509
KB자산운용	KBSTAR 미국 S&P500	0.021	21.04.09	3,027	4,532
신한자산운용	SOL 미국 S&P500	0.05	22.06.21	750	953

* 2023.12.01 기준, 시가총액순

참고로 거래대금이 많다는 것은 거래가 활발하게 일어난다는 의미로, 거래대금이 많으면 주식을 사고파는 사람이 많아 내가 거래하고 싶을 때 매매 수량이 많아도 바로 거래할 수 있다는 뜻이다. 또한 시가총액이 큰 ETF는 일반적으로 안정성과 신뢰성이 높은 편이다.

한국에서 S&P500 상품을 매매하든, 미국에서 S&P500을 매매하든 해당 상품을 보유하고 있으면 배당금을 준다. 배당금은 기업이 이익을 발생시켜 만든 이익잉여금의 일부를 주주에게 분배하는 금액이다. 배당금이 발생하면 그에 대한 배당소득세를 내야 하는데, 미국 상장 S&P500 ETF는 배당소득세 15%, 한국 상장 S&P500 지수추종 ETF는 15.4%를 내야 한다. 다만 이는 배당금을 지급하기 전에 먼저 선취해 가기 때문에 참고만 하면 된다.

단, 매매차익에 대한 과세에서 차이가 난다. 한국 상장 S&P500

한국 상장 vs. 미국 상장 매매차익

구분	매매차익
미국 상장 S&P500 ETF	양도소득세(22%) 250만 원 기본 공제
한국 상장 S&P500 ETF	배당소득세(15.4%) 금융소득 2,000만 원 이상일 경우 금융소득종합과세

ETF는 매매차익을 배당소득으로 간주해 배당소득세 15.4%를 떼어간다. 미국 상장 S&P500 ETF 상품은 양도소득세(자산을 양도해 이익이 발생하면 부과하는 세금)로 22%를 떼어간다. (단, 이때 250만 원 기본 공제가 된다.)

참고로 한국 상장 S&P500 ETF로 매매차익을 보더라도 그 차익이 2,000만 원 이상이면 금융소득종합과세에 포함되어 다른 소득과 합산해 세율 6~45%까지 적용, 세금을 떼어가니 이를 고려해 본인 상황에 맞는 투자를 해야 한다.

ETF에는
어떤 종목들이 있을까?

FROM 2 MILLION
TO 1 BILLION

이번에는 S&P500 ETF 외 다른 자산군별 대표 ETF를 살펴보도록 하자. 뒤에서 미국 주식, 미국 채권, 한국 주식, 한국 채권 등 다양한 자산 투자에 대해 이야기할 것이니 여기서 같이 설명하겠다.

먼저 오른쪽에 있는 표를 살펴보자. 한국에 상장된, 미국 S&P500 지수를 추종하는 ETF에 투자할 수 있는 상품들을 다시 정리했다.

가장 익숙하고 거래가 많은 상품은 미래에셋에서 운용하는 Tiger 미국S&P500 ETF다. 수수료가 가장 저렴한 것은 KODEX 미국S&P500TR이다. ETF 상품 자체의 안정성과 거래량 많은 것이 중요하다고 생각할 경우 Tiger를 선택하면 좋다. 수수료가 더 중요하

한국 상장 S&P500 ETF 매매 정보

증권사	종목명	수수료	상장일	거래대금 (백만 원)	시가총액 (억 원)
미래에셋 자산운용	Tiger 미국 S&P500	0.07	20.08.07	48,918	41,724
삼성자산운용	KODEX 미국 S&P500TR	0.009	21.04.09	26,044	15,509
한국투자 신탁운용	ACE 미국 S&P500	0.07	20.08.07	11,631	11,913
케이비자산운용	KBSTAR 미국 S&P500	0.021	21.04.09	3,027	4,532
신한자산운용	SOL 미국 S&P500	0.05	22.06.21	750	953

* 2024.07.26 기준, 시가총액순

다면 KODEX 등 다른 상품을 선택하면 된다. 처음 ETF를 투자할 때 나는 TIGER 미국 S&P500이 가장 대중적이라서 이 ETF를 투자했다. 수수료는 가장 저렴하지 않지만, 시가총액이 크고 거래량이 많아서 안전하고, 사고파는 거래도 가장 쉽기 때문이다. 지금도 이 ETF를 활용하고 있다.

다음은 한국 KOSPI200에 투자하는 ETF들을 정리한 도표다. 여기에서는 종목명에 TR이 붙은 상품을 소개한다. TR은 'Total Return'의 약자로, KOSPI200에 투자하되 여기서 발생하는 배당금이 자동으로 재투자되는 상품을 뜻한다. 배당소득세를 별도 지불하지 않아도 되기 때문에 더 이득이다.

여기에는 시가총액이 가장 크고 상장한 지 가장 오래된 KODEX 상품뿐 아니라 수수료가 적은 KOSEF 200TR, HANARO 200TR 등

한국 KOSPI 200TR ETF 현황

증권사	종목명	수수료	상장일	거래대금 (백만 원)	시가총액 (억 원)
삼성자산운용	KOEDEX 200TR	0.05	17.11.21	3,620	22,796
키움투자자산운용	KOSEF 200TR	0.012	18.04.23	6,893	7,095
KB자산운용	KBSTAR 200TR	0.012	20.08.21	250	2,793
신한자산운용	SOL 200TR	0.05	18.04.23	111	2,185
NH Amundi자산운용	HANARO 200TR	0.03	19.08.28	15	1,311

* 2024.07.26 기준, 시가총액순

의 상품도 있다. 한국 KOSPI지수를 추종하는 ETF 상품으로, 배당금 재투자를 곧바로 할 수 있는 TR 상품으로 모두 골랐다. KOSPI지수를 추종하는 ETF를 활용할 때 나는 주로 KODEX 200TR을 선택한다. 앞서 S&P500을 추종하는 ETF 선택과 같은 이유에서다. 거래량이 많아서 안전하고, 매매가 용이하기 때문이다.

뒤에서 자산을 배분해 투자하는 포트폴리오 투자에 대해서도 상세히 다루게 될 것이다. 이때 주식뿐 아니라 채권과 금도 다룬다. 이를 위해 금 ETF 상품도 먼저 알아보자. 금 ETF도 1971년 이후 연평균 8% 수익률을 제공하는 좋은 투자처다.

왼쪽 표에서 거래량이 가장 많고 시가총액이 큰 상품은 ACE KRX금현물이다. KODEX 골드선물(H)은 상장한 지 가장 오래된 상품이며, TIGER 골드선물(H)은 수수료가 가장 적은 상품이다.

금 ETF 현황

증권사	종목명	수수료	상장일	거래대금 (백만 원)	시가총액 (억 원)
한국투자신탁운용	ACE KRX금현물	0.5	21.12.15	3,058	2,750
삼성자산운용	KODEX 골드선물(H)	0.68	10.10.01	1,634	1,506
미래에셋자산운용	TIGER 골드선물(H)	0.39	19.04.09	251	421

* 2024.07.26 기준, 시가총액순

ACE KRX 금현물은 국내에서 가장 기본적인 금 ETF 상품이지만, 환율 변동성에 큰 영향을 받는다. 원화 대비 달러 가치가 오를수록 수익률이 높아지지만 원화 강세(달러 약세)가 되면 환 손실이 발생한다. 반면 KODEX 골드선물(H), TIGER 골드선물(H)는 환헷지^{Hedge} 상품으로, 원화 대비 달러 가치의 변동이 수익률에 영향을 주지 않는다. 순수하게 금 시세의 변동을 추종하는 상품으로 보면 된다(종목 명에 있는 'H'는 환헷지 상품임을 표기한 것이다).

이제 대표적인 한국 국채 ETF 상품을 알아볼 차례다. 거래량, 거래대금이 가장 큰 상품은 KODEX 국고채 30년 액티브다. KOSEF 국고채 10년 ETF 역시 이에 못지않게 많은 투자자들에게 끊임없이 사랑받는 상품이다. 수수료가 가장 저렴한 상품은 KODEX 국채선물10년이다.

3년, 10년, 30년처럼 뒤에 적힌 연도는 채권 만기를 뜻한다. 3년은 단기 채권, 10년은 중기 채권, 30년은 장기 채권이라는 의미다.

한국 국채 주요 ETF 현황

증권사	종목명	수수료	상장일	거래대금 (백만 원)	시가총액 (억 원)
삼성자산운용	KODEX 국고채 30년 액티브	0.05	22.08.20	3,112	4,304
키움투자자산운용	KOSEF 국고채 10년	0.05	11.10.20	2,098	4,106
KB자산운용	KBSTAR KIS 국고채 30년 Enhanced	0.05	21.05.26	3,056	3,968
삼성자산운용	KODEX 국고채 3년	0.15	09.07.29	2,950	3,773
한화자산운용	ARIRANG 국고채 30년 액티브	0.05	23.02.07	8	1,162
삼성자산운용	KODEX 국채선물 10년	0.07	12.01.20	1,940	576

* 2024.07.26 기준, 시가총액순

참고로 채권 만기가 긴 상품일수록 변동성이 크다.

미국 채권 ETF로는 시가총액이 가장 크고 거래량이 많은 ACE 미국 30년 국채 액티브(H)가 대표적이다. KODEX 미국채10년선물은 수수료가 가장 저렴한 상품이다. 그중에서 나는 KODEX 미국채 10년선물 ETF를 가장 먼저 매수했다. 채권 상품은 만기 기간이 길면 길수록 금리에 민감하고 수익과 손실에 큰 변동이 있을 수 있다. 그래서 만기가 30년이 아닌 비교적 금리 변동에 영향을 적게 받는 이 ETF를 매수했다. 하지만 다음에는 TIGER 미국채 10년선물을 매수할 생각이다. 같은 10년 만기 미국 채권 상품이면서 거래량과 시가총액이 좀 더 크기에 안정적인 상품이라 판단하기 때문이다.

미국 국채 주요 ETF 현황

증권사	종목명	총보수	상장일	거래대금 (백만 원)	시가총액 (억 원)
한국투자신탁운용	ACE 미국 30년 국채 액티브(H)	0.05	23.03.14	13,145	13,978
삼성자산운용	KODEX 미국채울트라 30년선물(H)	0.3	18.09.12	14,364	3,253
미래에셋자산운용	TIGER 미국채 10년선물	0.29	18.08.30	992	1,329
삼성자산운용	KODEX 미국채 10년선물	0.09	18.10.19	309	521
KB자산운용	KBSTAR 미국장기국채 선물 레버리지(합성H)	0.5	17.04.20	58	121
KB자산운용	KBSTAR 미국장기국채 선물(H)	0.4	17.04.20	72	95

* 2023.12.01 기준, 시가총액순

잃지 않기 위한 전략, 포트폴리오를 구성하라

FROM 2 MILLION
TO 1 BILLION

'인생은 가까이서 보면 비극이지만 멀리서 보면 희극이다'라는 찰리 채플린의 말은 S&P500 지수를 비롯한 대부분의 우상향 자산에 통용된다. 긴 시계열로 볼 때 우상향하는 자산도 하루하루 살펴보면 그 등락이 매우 심하다. S&P500 ETF도 마찬가지다. 긴 시간으로 보면 분명 우상향하지만, S&P500을 비롯한 지수 투자 역시 손실로 고전하는 기간이 있다. 그런데 자산이 얼마나 하락할지, 손실을 회복하는 데 얼마나 걸릴지는 'MDD'를 살펴보면 가늠할 수 있다. MDD$^{Maximum\ Drawdown}$는 투자 리스크를 평가할 때 자주 사용되는 지표로, 최대 낙폭을 의미한다. 특정 시점부터 얼마나 크게 하락했는지를 수치화해 나타낸다.

나는 매년 1월 2일 첫 거래일을 기준으로 당해 얼마나 하락하는지를 기록해 각 자산이 얼마나 하락하는지 분석한다. 다음 그래프는 S&P500을 추종하는 SPY ETF 상품의 MDD를 나타낸 것이다.

SPY가 1994년부터 2023년까지 보인 연복리수익률은 10%다. 그러나 SPY가 언제나 상승 곡선만 탔던 건 아니다. 글로벌 금융위기가 터진 2008년 주가가 47% 이상 하락했다. 2007년 11월에 찍은

미국 S&P500(SPY) MDD(1993~2023)

종목	연복리 수익률	최대 손실 낙폭 (MDD)	최대 손실 복구 기간	표본 기간
SPY	10.01%	-50.80%	2007.10~2012.08 (4년 9개월)	1994.01~2023.07

연도별 하락률:
- 1993: -1.21%
- 1994: -4.97%
- 1995: -3.50%
- 1996: -0.51%
- 1997: -5.38%
- 1998: -1.47%
- 1999: -12.28%
- 2000: -23.78%
- 2001: -31.66%
- 2002: -11.58%
- 2003: -3.25%
- 2004: -5.03%
- 2005: -2.89%
- 2006: -2.84%
- 2007: -26.73%
- 2008: -47.12%
- 2009: -9.02%
- 2010: -12.22%
- 2011: -0.35%
- 2013: -4.78%
- 2014: -7.99%
- 2015: -9.03%
- 2017: -11.15%
- 2018: -2.39%
- 2019: -30.97%
- 2021: -24.50%
- 2022: -0.38%

고점으로부터 최대 50.8%까지 폭락하기도 했다. 그뿐 아니라 1993년부터 2023년까지 30년간 20% 이상 하락한 해가 2001년, 2002년, 2008년, 2009년, 2020년, 2021년 여섯 차례나 된다. 이미 여러 종목으로 분산투자된 ETF 상품이라 해도 이러한 대세 하락을 막을 수는 없다.

그렇다고 ETF 투자에서 등을 돌리지 않길 바란다. ETF 상품이 20~30% 하락을 보일 때 지수에 포함된 일부 개별 종목들은 50~70% 이상 하락을 보일 확률이 높으니까 말이다.

다음 그래프는 2008년 금융위기 당시 S&P500을 추종하는 ETF 상품인 SPY의 주가 그래프다. 그래프에서 네모 박스는 위기 직전

부터 최고점(2007.10.09)을 돌파하기까지의 기간을 표기한 것이다. 2007년 10월 최고점에서 주가가 하락하기 시작해 2008년 금융위기를 지나 다시 원점으로 회복한 것은 2012년 8월, 4년 9개월이 지난 이후였다. 다시 말해 S&P500(SPY)는 무려 4년 9개월 동안 손실 구간에 있었다는 뜻이다.

우리가 하는 투자 역시 그러지 말라는 법은 없다. 내일, 일주일 뒤 혹은 1년 뒤에 이런 상황을 우리도 맞닥뜨릴 수 있다. 이를 대비해야 한다.

S&P500 ETF에 투자하는 것은 장기적인 관점에서 보면 연 10% 꾸준한 수익률을 기대할 수 있다. 하지만 단기적으로는 중간중간 폭락 상황을 겪을 수 있다. 이를 대비할 수는 없을까? 방법이 있다. 바로 포트폴리오를 구성해 자산군을 여러 개로 나눠 분산투자하는 것이다. 이 포트폴리오 구성 전략은 크게 '주식·채권 6:4 포트폴리오 전략', '영구 포트폴리오 전략', 'K-올웨더 포트폴리오 전략' 3가지가 있다.

| 포트폴리오 전략 1 |
주식·채권 6:4 포트폴리오

FROM 2 MILLION
TO 1 BILLION

가장 유명한 전략은 위험자산인 주식과 안전자산인 채권을 6:4 비율로 배분하는 것이다. 주식을 비롯해 자산시장에 위기가 들이닥치면 사람들은 앞다퉈 안전자산을 찾는다. 그럴 때 비로소 안전자산의 가치가 빛을 발한다.

'채권'은 돈을 빌린 사람이 돈을 빌려준 사람에게 돈을 빌렸음을 확인해주는 일종의 차용증이다. 미국의 장기채권이나 중기채권 같은 국채는 국가가 발행한 것으로 채권 중 가장 안전하다고 할 수 있다. 특히 이 채권은 만기까지 이자를 받으며 보유할 수 있고, 언제든지 채권시장에서 다른 투자자에게 매각해 현금화할 수도 있다.

아래 나오는 그래프는 코로나19 팬데믹 당시 S&P500 ETF의 주가와 미국 중기채권 ETF인 'IEF'의 주가를 나타낸 것이다. S&P500은 2020년 초 코로나19 위기로 폭락을 맞았지만, 안전자산인 IEF 채권의 가격은 치솟았음을 알 수 있다.

이처럼 경제위기가 닥치면 투자자들은 자산을 안전하게 유지하고 위험을 최소화하기 위해 돈을 채권으로 옮기는 경향이 있다. 이러한 수요의 증가는 채권 가격을 높인다.

투자자에게 발생하는 위험을 줄일 수 있는 기능을 가진 자산을 '헷지 자산'이라 하고, 이같이 자산을 배분하는 것을 '헷지 전략'이

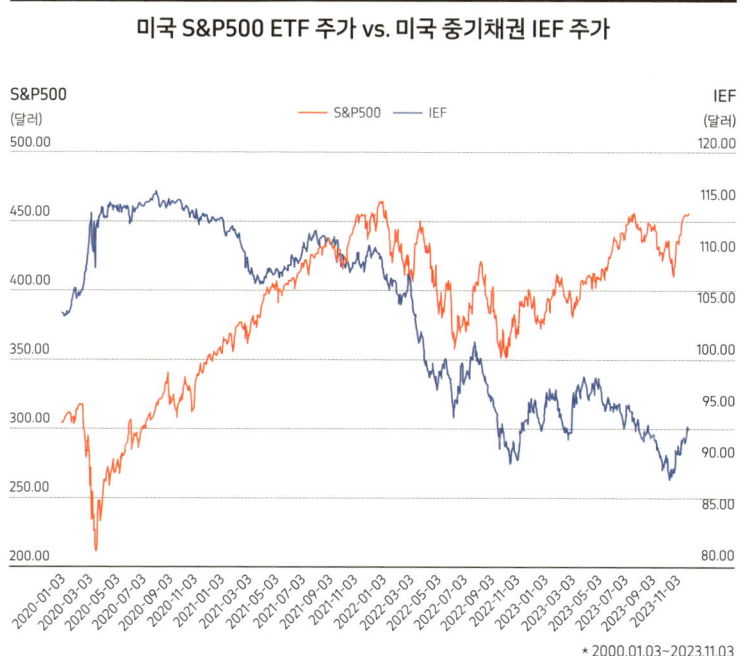

미국 S&P500 ETF 주가 vs. 미국 중기채권 IEF 주가

* 2000.01.03~2023.11.03

라고 한다. 상관성이 낮은 자산을 함께 가지고 있음으로써 위기를 피하는 방법이다. 이러한 포트폴리오 전략 중 가장 유명한 것이 바로 '주식·채권 6:4 포트폴리오'다.

전략 1 - 주식·채권 6:4 포트폴리오

- 포함 자산: 미국 주식(SPY), 미국 중기채권(IEF)
- 기대 연복리수익률: 9.3%
- 매수 방법: SPY 60%, IEF 40% 투자
- 매도 방법: 연 1회 리밸런싱 진행

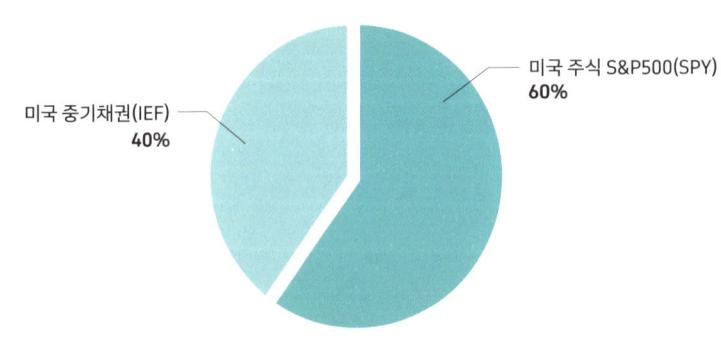

주식·채권 6:4 포트폴리오 전략

구분		종목	비중
위험자산	미국 주식	S&P500(SPY)	60%
안전자산	미국 채권	미국 중기채권(IEF)	40%

주식·채권 6:4 포트폴리오 전략으로 투자하면

이 전략에서는 위험자산인 미국 주식(SPY)과 안전자산인 미국 중기 채권(IEF)을 6:4 비율로 투자한다.

아래 그래프를 보면 주식·채권 6:4 포트폴리오 전략의 연복리수익률은 50년 넘게 9.3%를 달성했다. 1970년대에 1,000만 원을 투자했다면 약 50년 후 11억 1,000만 원이 되는 것이다. 즉 원금이

주식·채권 6:4 포트폴리오 전략의 수익 곡선

자료: allocatesmartly.com

주식·채권 6:4 포트폴리오 전략 구사 시 수익

포트폴리오	초기 자산	최종 자산	연복리수익률	MDD	최대 손실 복구 기간
Stocks & Bonds 60:40	1,000만 원	11억 1,000만 원	9.30%	-29.50%	2007.11~2010.04 (2년 6개월)

* 1970.01~2023.08

110배 이상 불어난다.

MDD, 최대손실률은 -29.5%다. 미국 주식 SPY 하나에 투자했을 때보다 20% 이상 줄었다. 즉 2007년 서브프라임 모기지 사건, 닷컴 버블, 코로나19, 1998년 러시아 파산, 1997년 아시아 위기 등 모든 경제위기가 들이닥쳐도 -30% 이상 자산이 줄어들지 않았다.

최대 손실 복구 기간(최대 손실이 난 뒤 손실 전으로 회복하는 데 걸리는 시간)을 보면 최대 손실이 발생했던 서브프라임 모기지 사건 때도 2년 6개월 뒤 다시 회복하고 상승했다.

참고로 어떤 포트폴리오 전략을 구사하든 안정적으로 수익을 내려면 주기적으로 실제 투자 비중과 목표 비중을 조정해야 한다. 이것을 '리밸런싱Rebalancing'이라고 한다. 주식·채권 6:4 포트폴리오와 같이 최초 주식에 60%, 채권에 40%를 투자하더라도 시간이 지나면

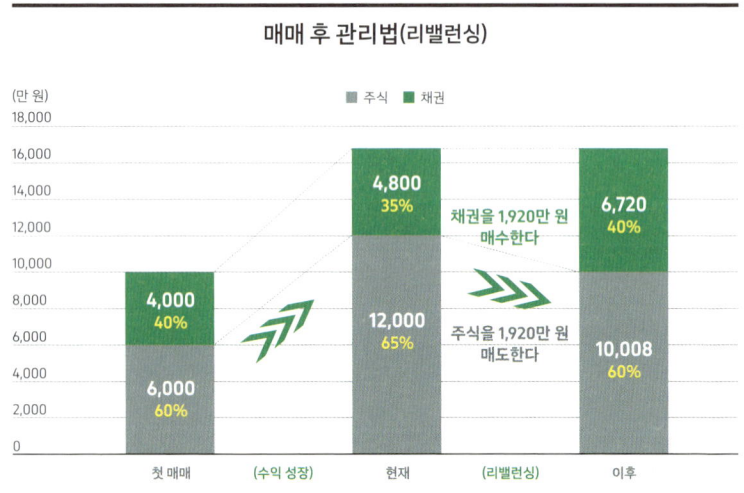

하나는 오르고 하나는 떨어질 수 있다. 이때 특정 시점에 최초 목표대로 비중이 높아진 것은 매도하고, 비중이 낮아진 것은 다시 매수해 6:4 밸런스를 맞추는 것이다. 대개 리밸런싱 시점을 1년으로 잡지만, 투자 전략에 따라 리밸런싱 시점을 다르게 할 수 있다.

리스크와 수익의 균형을 맞추는 포트폴리오의 힘

참고로 주식·채권 6:4 포트폴리오는 대표적인 자산 배분 전략으로 미국의 경제학자 해리 마코위츠가 제시한 현대 포트폴리오 이론에 근거한다. 마코위츠 박사는 분산 투자를 통해 위험을 관리하는 방법을 수학적으로 최초 증명한 공로를 인정받아 1990년 노벨 경제학상을 수상했으며, 그의 이론은 지금까지 투자 전략의 중요한 기초로 사용되고 있다. 한국 국민연금, 미국 연방준비제도, 캘리포니아 공무원연금, 노르웨이 국부펀드와 같은 대형 기관들은 자산 배분을 통해 안정성을 추구하고 있고, 주식·채권 6:4 포트폴리오 전략을 그들의 운용 방식 중 하나로 활용하고 있다.

따라서 주식·채권 6:4 포트폴리오가 투자 실패로 이어진다면, 이와 같은 많은 기관과 국가들의 자산 운용에도 영향이 있을 수 있다. 이것은 이 포트폴리오가 안정적이고 신뢰할 만한 전략으로 자리 잡고 있음을 의미한다.

| 포트폴리오 전략 2 |

영구 포트폴리오

FROM 2 MILLION
TO 1 BILLION

주식·채권 6:4 포트폴리오는 하나의 자산에만 투자했을 때보다 분명 안전하다. 하지만 2022년 1월 이후 인플레이션을 조절하기 위해 미국 연준(연방준비제도)이 금리를 급격하게 인상하자 주식뿐 아니라 채권도 마이너스 수익률을 기록했다. 채권은 안전자산이지만 어디까지나 원금에 이자를 얹어주는 차용증서다.

　금리가 오르면 채권 가격은 내려가게 되어 있다. 이해를 돕기 위해 예금 금리로 예를 들어보겠다. 오늘 5% 예금에 가입했는데, 내일 금리가 10%로 올랐다고 가정해보자. 그러면 결과적으로 오늘 예금에 가입한 사람은 손해를 보게 된 것이다.

하지만 채권은 시장에서 만기 전에도 거래가 되기 때문에 손실만큼 가격을 할인해서 사고팔 수 있다. 채권도 채권을 발행할 때 금리를 정한다. 오늘 5% 금리의 채권을 샀는데, 내일 10% 금리의 채권이 발행됐다고 가정해보자. 예금과 달리 채권은 만기 전에 거래할 수 있기 때문에 손실만큼 가격을 낮춰 거래할 수 있다. 이러한 이유로 금리가 오르면 채권 가격은 내려가고, 반대로 금리가 내리면 채권 가격은 오른다.

결국 2022년 이후 금리가 급격히 올라 위험자산인 주식도 가격이 하락하고, 안전자산인 채권도 가격이 내려갔다. 그러면 주식·채권 6:4 포트폴리오 전략도 항상 안전한 것은 아니게 된다.

이를 극복하는 방법은 더 많은 자산군으로 대응하는 것이다. 바로 영원히 사용할 수 있는 전략이란 뜻의 '영구 포트폴리오$^{Permanant\ Portfolio}$'를 활용하는 것이다.

영구 포트폴리오는 1980년대 초반 해리 브라운이라는 천재가 개발한 전략이다. 그는 1960년대에 투자 자문가로 활동했으며 1970년에 달러 가치의 하락을 예상하고 금, 은, 부동산 등 실물자산에 투자하길 권했다. 1970년대 닉슨 대통령이 금본위제를 없애고 달러를 엄청나게 찍어내자 그의 예상대로 실물자산에 투자한 사람들은 엄청난 돈을 벌었다. 또 그는 1980년대 초반 인플레이션이 끝나자 다시 주식과 채권에 투자해야 한다고 주장했다. 이 분석 역시 맞아떨어졌다. 브라운은 거시경제에 밝고 이를 잘 활용해 매우 성공적으로 투자한 인물이다.

그 후 그는 어떤 경제 상황이 와도 만족할 만한 투자 실적을 달성할 수 있는 '영구 포트폴리오'를 만들었다. 이는 주식, 채권, 금, 현금 4가지 자산군에 25%씩 균등하게 투자하는 방법이다.

전략 2 - 해리 브라운의 영구 포트폴리오

- 포함 자산: 미국 주식(SPY), 미국 장기채권(TLT), 금(GLD), 현금
- 기대 연복리수익률: 8.3%
- 매수 방법: SPY 25%, TLT 25%, GLD 25%, 현금 25% 투자
- 매도 방법: 연 1회 리밸런싱 진행

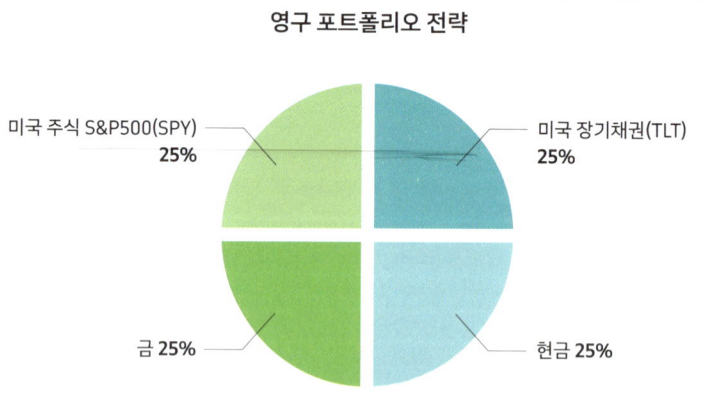

영구 포트폴리오 전략

구분	종목		비중
위험자산	미국 주식	S&P500(SPY)	25%
	금	금(GLD)	25%
안전자산	미국 채권	미국 장기채권(TLT)	25%
	현금	CASH	25%

영구 포트폴리오 전략으로 투자하면

위험자산인 미국 주식과 금, 안전자산인 미국 장기채권과 현금에 25%씩 투자하는 전략이다. 4가지 자산을 25%씩 매매한 뒤 각 자산의 가격이 알아서 움직이도록 놔둔다. 그리고 매년 1회 다시 본래의 25% 비율대로 되돌려놓는 리밸런싱을 진행한다.

이 전략의 연복리수익률은 50년 넘게 8.3%를 달성했고, 이 기간

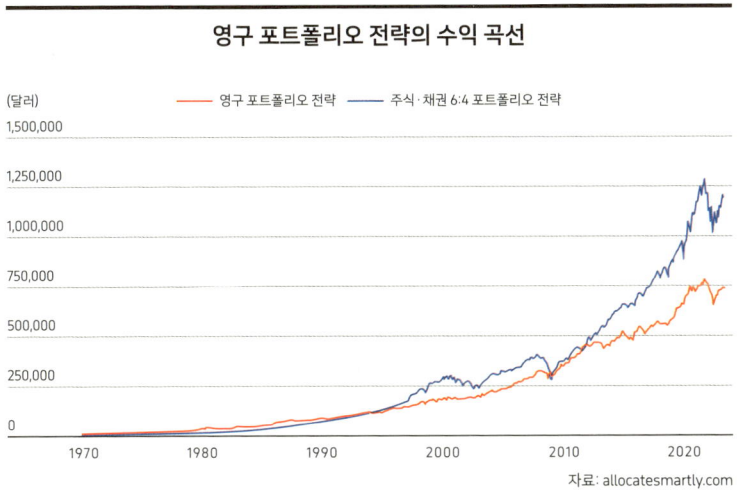

영구 포트폴리오 전략의 수익 곡선

자료: allocatesmartly.com

영구 포트폴리오 전략 구사 시 수익

포트폴리오	초기 자산	최종 자산	연복리수익률	MDD	최대 손실 복구 기간
영구 포트폴리오	1,000 만 원	6억 8,000만 원	8.30%	-15.60%	2008.03~2009.10 (1년 7개월)

* 1970.01~2023.08

동안 초기 1,000만 원의 원금은 6억 8,000만 원이 됐다. 즉 원금이 68배 이상 불어났다.

    MDD, 최대손실률은 -15.6%다. 주식·채권 6:4 포트폴리오보다 약 14% 줄었다. S&P500 한 개의 ETF에 투자했을 때보다는 최대손실률이 35% 이상 낮다. 최대 손실 복구 기간은 최대 손실을 발생시켰던 서브프라임 모기지 사건 때도 1년 7개월 뒤 다시 회복하고 상승했다.

| 포트폴리오 전략 3 |

K-올웨더 포트폴리오

FROM 2 MILLION
TO 1 BILLION

주식·채권 6:4 포트폴리오와 영구 포트폴리오는 상당히 매력적인 포트폴리오 전략이다. 하지만 모두 달러 자산이기 때문에 한국인이 활용하기에 몇 가지 단점이 있다.

우선 달러는 기축통화로 안전자산의 역할을 수행하는데, 원·달러 환율이 높을 경우 이 전략을 활용하기엔 다소 부담이 따른다. 내가 투자하려는 시점에 시장경제 상황이 좋지 않아 고환율 시점일 경우 투자수익률이 높더라도 환차익을 고려하면 실제 수익률은 미약할 수 있다.

예를 들면 2009년 3월 3일 원·달러 환율은 1,573.6원이었다. 반면 2014년 7월 7일 원·달러 환율은 1,008.9원이 됐다. 5년 사이 원·달러 환율이 35.8% 떨어진 것이다. 만약 2009년 1억 원을 달러로 환전해 미국 주식에 투자한 것을 5년 후 2014년에 처분하려고 하면 (매매차익과는 별개로) 35% 떨어진 환율 때문에 1억 원이 아니라 7,500만 원을 투자한 것으로 평가받게 된다.

또 달러 자산은 환차익뿐 아니라 환전 수수료도 고려해야 한다. 달러를 환전할 때 증권사 또는 은행은 환전 수수료 1~2%를 떼어간다. 2024년 9월 8일 하나은행 기준으로 달러를 환전할 때 매매기준율이 1,339.50원이라고 표기돼 있지만, 살 때는 1,362.94, 팔 때는 1,316.06원으로 살 때와 팔 때 모두 수수료가 1.7%씩 나간다. 얼마

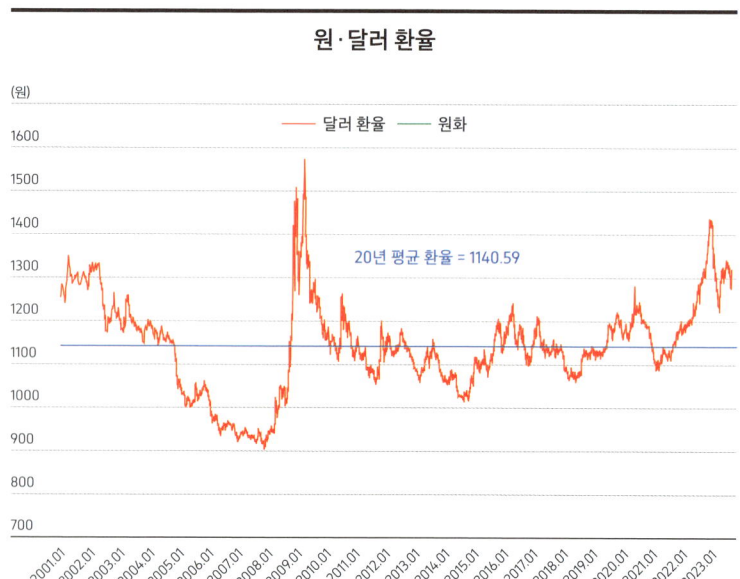

원·달러 환율

자료: 통계청

안 되는 듯하지만 1,000만 원 환전한다면 17만 원, 1억 원을 환전한다면 170만 원이 수수료로 나가는 것이다. 거기다 살 때, 팔 때 모두 생각하면 '×2', 때문에 달러 기반의 자산을 매매할 때는 이 역시 고려해야 한다.

이런 단점을 보완하고 '한국'에서 투자하는 이점을 최대한 활용하는 포트폴리오 전략이 있다. 바로 자산배분 투자 전문가 김성일의 'K-올웨더 포트폴리오'다. 그가 《내 아이를 위한 마법의 돈 굴리기》 책에서 제안했던 K-올웨더는 레이 달리오가 이끄는 브리지워터에서 운용하는 '올웨더'라는 자산배분 포트폴리오를 한국의 투자자에게 더 적합하게 개선한 것이다.

K-올웨더 포트폴리오의 자산간 비율은 큰 틀에서 보면 영구 포트폴리오의 비율인 위험자산 50%, 안전자산 50% 비율과 거의 같다. 하지만 한 가지 다른 점은 미국자산과 한국자산을 섞는 것이다.

더 자세히 설명하면 위험자산으로 미국 주식 25%와 한국 주식

K-올웨더 포트폴리오의 투자 비중

구분	투자 대상	투자 비중	
위험자산	한국 주식	50%	25%
	미국 주식		25%
안전자산	한국 국채	30%	15%
	미국 국채		15%
대체자산	금	20%	20%

25%, 대체자산으로 금 20%, 안전자산으로 미국 채권 15%와 한국 채권 15%에 투자하는 방법이다.

이렇게 전략을 구성하면, 내가 언제 투자를 시작하든 환율이 높든 낮든 문제가 되지 않는다. 환율이 높은 시점에는 상대적으로 저평가된 한국 주식을 저가로 매수할 수 있다. 또 환율이 낮은 시점에는 상대적으로 신흥국 경기가 좋은 시점이라 한국 주식보다 저평가된 미국 주식을 저가로 매수할 수 있다. 즉 환율이 높든 낮든, 경기가 좋든 나쁘든 언제 투자해도 이를 상쇄할 수 있는 자산에 투자하기 때문에 문제가 없다.

전략 3 - 기축통화 달러를 활용한 K-올웨더 포트폴리오(성장형)

- 포함 자산: 미국 주식, 한국 주식, 금, 미국 채권, 한국 채권
- 기대 연복리수익률: 7.4%
- 매수 방법: 미국 주식 25%, 한국 주식 25%, 금 20%, 미국 채권 15%, 한국 채권 15% 투자
- 매도 방법: 월 1회 리밸런싱 진행

K-올웨더 포트폴리오 전략으로 투자하면

위험자산인 미국 주식(ACE 미국 S&P500)과 한국 주식(KOSEF 200TR), 금(ACE KRX 금현물), 안전자산인 미국 중기채권(KODEX 미국채10년선

물)과 한국 중기채권(ACE 국고채10년)을 위의 비율대로 투자하는 이 전략의 연복리수익률은 23년 넘게 7.4%를 달성했다.

최대손실률은 -13.5%다. 주식·채권 6:4 포트폴리오보다 최대손실률이 약 16% 줄었다. 그리고 S&P500 한 개의 ETF에 투자했을 때보다 37.3% 이상 손실률이 줄었다.

최대 손실 13.5%를 복구하는 데 걸리는 시간은 2002년 9월 30일 경제위기 때부터 2003년 10월 31일로 약 13개월이다.

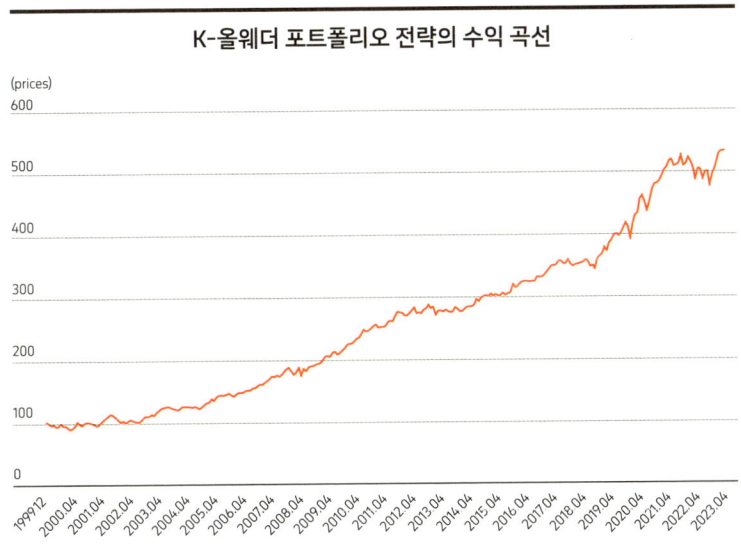

K-올웨더 포트폴리오 전략의 수익 곡선

K-올웨더 포트폴리오 전략 구사 시 수익

포트폴리오	초기 자산	최종 자산	연복리수익률	MDD
K-올웨더(성장)	1,000만 원	약 5,000만 원	7.4%	-13.5%

* 1999.12~2023.6

내게 맞는
최적의 투자 포트폴리오는?

FROM 2 MILLION
TO 1 BILLION

주식·채권 6:4 포트폴리오, 영구 포트폴리오, K-올웨더 포트폴리오 등 포트폴리오 전략을 구사하는 투자는 모두 기대 연복리수익률이 10%대다. 사실 수익이 낮다는 생각이 들 수 있다. 하지만 내가 강조하고 싶은 부분은 '연평균 복리수익률'이라는 것이다.

당신에게 매력적인 포트폴리오 전략 투자는?

포트폴리오 전략 투자는 실제 생각 이상으로 투자 실적이 좋다. 먼저 주식·채권 6:4 포트폴리오의 연별 실적부터 살펴보자.

아래 그림은 1970년부터 2022년까지 53년간의 연도별 실적을 나타낸 것이다. 53년 중 수익을 낸 햇수는 42번, 이 전략으로 투자했을 때 수익이 날 확률이 무려 79.24%다. 그리고 10% 이상 수익이 날 확률은 54.72%(53년 중 29번), 20% 이상 수익이 날 확률도 18%(54년 중 10번)나 됐다. 반면 10% 이상 손실이 날 확률은 5.66%(53년 중 3번)에 그쳤다.

이는 주식·채권 6:4 포트폴리오가 손실이 발생할 확률이 매우 낮고, 수익을 낼 확률이 매우 높은 전략임을 뜻한다. 일반적으로 투자는 50:50의 확률 게임처럼 보일 수 있지만 그림을 보면 실적이 오른쪽으로 치우쳐져 있음을 볼 수 있다.

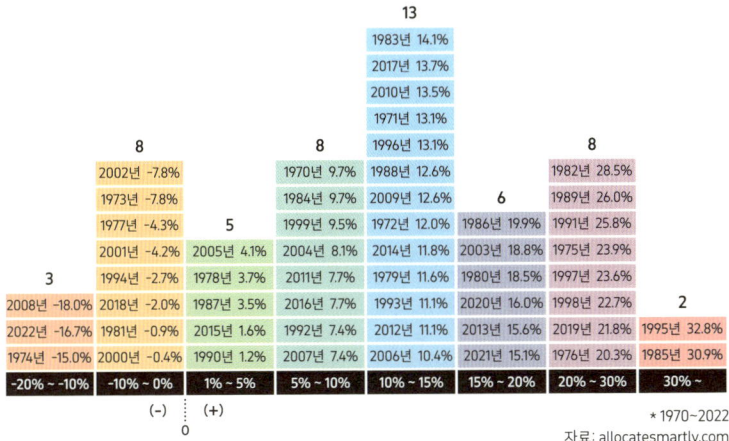

주식·채권 6:4 포트폴리오 백테스트, 전년 대비 증감률

*1970~2022
자료: allocatesmartly.com

주식·채권 6:4 포트폴리오 연복리수익률(CAGR): 9.30%

• 수익 날 확률: 79.24%

• +10% 이상 수익 날 확률: 54.72%

• -10% 이상 손실 날 확률: 5.66%

반면 영구 포트폴리오는 주식·채권 6:4 포트폴리오보다 수익이 안정적이며, 손실이 적다.

다음 그림은 1970년부터 2022년까지 53년간 영구 포트폴리오 전략의 연도별 실적을 나타낸 것이다. 그림을 보면 이 포트폴리오로 투자하면 수익이 날 확률은 86.79%(53년 중 46번), 10% 이상 수익이

날 확률은 45.28%(53년 중 24번)다. 반면 10% 이상 손실이 날 확률은 2%(53년 중 1번)가 채 되지 않는다. 매우 안정적인 포트폴리오다.

영구 포트폴리오 연복리수익률(CAGR): 8.30%

- 수익 날 확률: 86.79%
- +10% 이상 수익 날 확률: 45.28%
- -10% 이상 손실 날 확률: 1.88%

이번에는 K-올웨더 포트폴리오를 살펴보자. 아래 그림은 2000년부터 2023년까지 24년간의 연별 실적을 나타낸 것이다. K-올웨더 포트폴리오로 투자할 때 수익이 날 확률은 79.16%(24년 중 19번), 10% 이상 수익이 날 확률은 37.50%(24년 중 9번)다. 반면 10% 이상 손실이 날 확률은 0%다. 앞서 설명한 그 어떤 포트폴리오보다 안정적이라고 할 수 있다.

K-올웨더 포트폴리오 백테스트, 전년대비 증감률

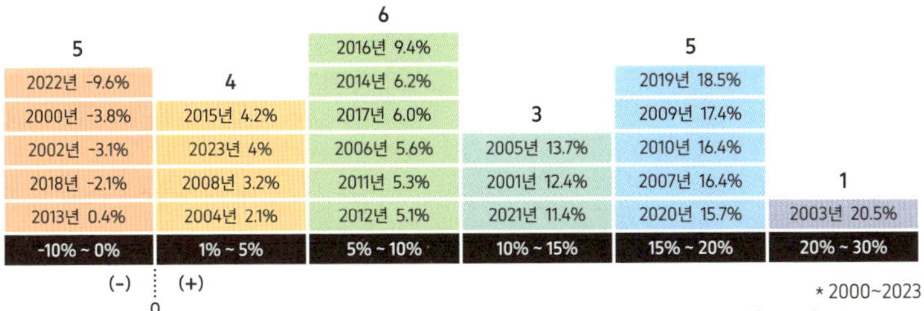

-10% ~ 0% (5)	1% ~ 5% (4)	5% ~ 10% (6)	10% ~ 15% (3)	15% ~ 20% (5)	20% ~ 30% (1)
2022년 -9.6%	2015년 4.2%	2016년 9.4%		2019년 18.5%	
2000년 -3.8%	2023년 4%	2014년 6.2%		2009년 17.4%	
2002년 -3.1%	2008년 3.2%	2017년 6.0%	2005년 13.7%	2010년 16.4%	
2018년 -2.1%	2004년 2.1%	2006년 5.6%	2001년 12.4%	2007년 16.4%	
2013년 0.4%		2011년 5.3%	2021년 11.4%	2020년 15.7%	2003년 20.5%
(-)	(+)	2012년 5.1%			

* 2000~2023
자료: 김성일, 《내 아이를 위한 마법의 돈 굴리기》, 도서출판길벗, 2023

K-올웨더(성장) 포트폴리오 연복리수익률(CAGR): 7.40%

- 수익 날 확률: 83.33%

- +10% 이상 수익 날 확률: 37.50%

- -10% 이상 손실 날 확률: 0%

실전!
ETF 매매하기

**FROM 2 MILLION
TO 1 BILLION**

여기서 잠깐, 한 번도 ETF 상품을 매매해본 적 없는 사람을 위해 실제로 ETF 상품을 거래하는 방법을 간단히 소개한다.

나는 주로 한국투자증권과 NH투자증권을 활용하고 있다. 그 외에도 미래에셋증권, 삼성증권, 키움증권, 대신증권 등 다양한 증권사를 이용한다. 이중 NH투자증권은 과거에 환전 수수료 무료 이벤트 때문에 가입했다가 사용하는 데 익숙해져서 여태까지 사용하고 있다. 앞으로 설명도 NH투자증권을 예시로 설명해보겠다.

TIGER 미국 S&P500 ETF 매수하기

미국 S&P500을 추종하는 'TIGER 미국 S&P500 ETF' 상품을 매수해보자.

준비: 증권사 앱 실행하기

먼저 증권사 앱을 실행한 후, 회원가입 및 로그인, 계좌 개설을 완료한다. 계좌가 개설되면 해당 계좌에 돈을 입금하라.

ETF 종목 검색

그다음에는 매수하고 싶은 ETF 종목을 검색한다. 증권사 앱 상단 검색창에서 원하는 종목 이름이나 티커를 입력하면 된다. 티커는 주식, ETF, 채권 등 금융 상품을 식별하는 고유 코드다.

검색창에 'TIGER 미국 S&P500 ETF' 또는 코드 '360750'을 입력하고 검색하면 원하는 종목이 조회되고 이를 선택할 수 있다.

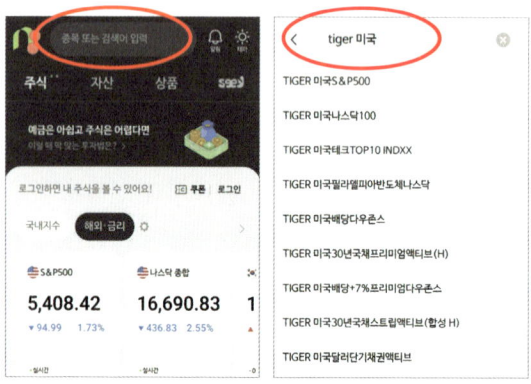

매매할 가격과 주식 수 입력하기

해당 종목을 선택한 후, 화면의 가운데 숫자를 누르면 매수/매도 버튼이 나타난다.

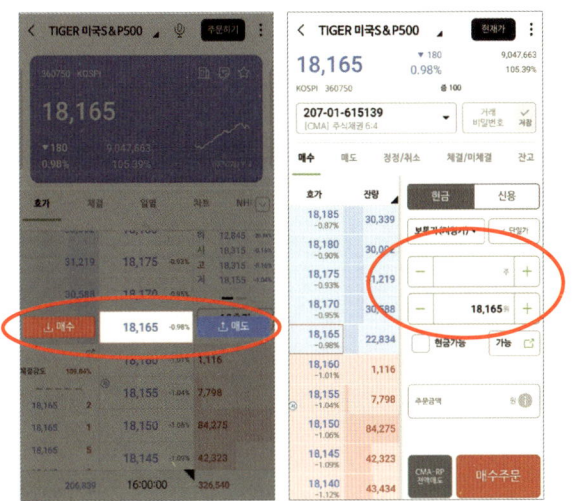

매수를 선택하면 매매할 가격과 주식 수를 입력할 수 있는 화면이 뜬다. 매매가격은 실시간 변동하므로 현재 시세에 맞춰 매수 수량을 입력한 후 [매수주문] 버튼을 누른다.

매수 체결 완료

주문한 매수가 체결되면 알림이 뜬다. 그러면 거래가 완료된 것이다.

주식·채권 6:4 포트폴리오 투자하기

만약 투자금 100만 원을 앞서 소개한 주식·채권 6:4 포트폴리오 구성에 맞게 ETF 매수를 하고 싶다면 아래와 같이 수량을 입력하고 해당 비율만큼 매매하면 된다.

주식·채권 6:4 포트폴리오 투자의 예시

자산 종류	자산 비율	종목명	한 주 가격	투자금액 100만 원
미국 주식	60%	Tiger 미국 S&P500	18,810원	32주 매수 - 601,920원
미국 채권	40%	Tiger 미국채 10년	12,015원	33주 매수 - 396,495원

*한국 상장 ETF에 투자하는 경우
*2024.09.02. 기준

추천하는
ETF 투자 로드맵

FROM 2 MILLION
TO 1 BILLION

내가 미국 주식 ETF 투자를 시작한 것은 아파트 한 채를 매수한 직후였다. 갖고 있던 종잣돈 모두를 아파트를 매수하는 데 사용해 통장 잔고는 0원, 처음부터 다시 투자금을 마련해야 했다. 그리고 그 시점에 예금과 적금 이율을 뛰어넘는 수익률을 제공하면서도 잃지 않고 목돈을 만들 수 있는 미국 지수에 투자하는 것이 가장 적절하다고 판단했다.

사실 나도 개별주식 투자를 안 했던 게 아니다. 아파트 투자 후 몇 달이 지나고 나서 코로나19 위기가 닥쳤고 그때 너도나도 주식 투자에 뛰어들었다. 다들 기억할 것이다. 팬데믹 위기에 대응하기 위해 각국 정부가 민생 안정 및 지원이라는 이름으로 시장에 돈을 풀었다는 것을 말이다. 앞에서도 설명했지만 시중에 화폐량이 많아지면 화폐 가치가 하락하고, 이를 기준으로 측정되는 실물자산의 가격이 상승한다. 그때도 그랬다. 시중에 화폐량이 많아지자 부동산, 주식 등 거의 모든 자산 가격이 급등했다. 미국 시가총액 1위 기업인 애플은 20년 03월 이후 주가가 100% 이상 올랐고, 전기차 기업 테슬라는 500% 넘게 상승했다. 심지어 한국의 대표 기업인 삼성전자도 100% 넘게 상승했다.

그래서 나도 극적인 수익을 내고 싶다는 욕심에 주식 관련 서적을 닥치는 대로 읽고 공부하며 개별주 투자를 시도해보았다. 성장하는 기업에 투자하는 성장 투자, 기업 재무 데이터를 바탕으로 분석해 투자하는 퀀트 투자, 상대적으로 저평가된 주식을 찾아 투자하는 가치 투자 등 무수한 실험을 반복했다. 그 결과는? 내 계좌는 수백만 원, 수천만 원 단위로 수익과 손실을 반복했고, 정신적으로 나는 지쳐갔다. 들인 노력과 에너지에 비해 수익률은 미미했다. 결정적으로 그렇게 아등바등 애쓴 투자였음에도 S&P500 지수 투자의 수익률에 미치지 못했다.

내가 바랐던 것은 시장의 평균 수익률로 복리를 실현하면서 마음 편하게 투자하는 것, 근무시간에는 회사 일에 온전히 집중하고, 퇴근 후에는 내 관심사 또는 부동산 투자에 시간을 할애하는 것이었다. 그런데 어느새 주객이 전도되어 도파민에 중독된 채 위험한 투자를 하는 나 자신을 발견했다. 이 사실을 깨닫고 나니 더 이상 망설일 게 없었다. 나는 모든 개별주 투자를 중단하고 매일 전전긍긍하지 않아도 안정적으로 수익 내는 지수 투자의 길을 가기로 했다.

그 후로 지금까지 포트폴리오 투자를 통해 예·적금 이상의 수익을 안정적으로 유지하고 있다. 2년에 한 번씩 수익을 실현, 그 수익을 자금으로 활용해 2021년 1월과 2023년 6월, 두 차례에 걸쳐 알짜 아파트에 투자했다. 무엇보다 ETF 투자는 경제 위기나 예상치 못한 상황에서도 크게 걱정하지 않아도 된다는 점에서 매우 만족스럽다. 현재 나는 K-올웨더 포트폴리오 구성으로 매월 적립식 투자하며 다음 스텝의 투자를 위해 목돈을 만들고 있다.

당신에게 추천하는 미국 주식 ETF 투자

투자 방법과 전략은 사람마다 처한 상황, 계획, 그리고 목적이 다르기 때문에 일괄적인 조언은 어렵다. 하지만 투자 기간을 기준으로 나누어, 장기 투자(3년 이상)와 단기 투자(3년 이하)로 상황에 맞는 투자 로드맵을 제시할 수 있을 것 같다.

사회 초년생, 중장기 투자가 가능한 사람에게

개별주 투자는 손실 위험이 크기 때문에 투자 철학이나 경험이 아직 부족한 사회 초년생에게는 포트폴리오 구성해 ETF에 투자하는 것을 권한다. 앞서 제시한 포트폴리오 전략에는 크게 3가지가 있는데, 각각의 전략은 다음과 같은 특징이 있다.

수익률로는 주식·채권 6:4 포트폴리오가 가장 좋고, 안정성으로는 k-올웨더 포트폴리오가 가장 좋다. 영구 포트폴리오는 중간 정도의 리스크와 수익률을 보인다.

수익률
주식·채권 6:4 포트폴리오 > 영구 포트폴리오 > K-올웨더 포트폴리오

안정성
K-올웨더 포트폴리오 > 영구 포트폴리오 > 주식·채권 6:4 포트폴리오

다시 강조하지만 포트폴리오 전략은 개인의 상황과 투자 성향에 따라 선택해야 한다. 만약 약간의 리스크를 감수하고서라도 수익률을 높이고 싶다면 주식·채권 6:4 포트폴리오를, 안정성을 중시한다면 K-올웨더 포트폴리오를 선택할 수 있다.

예를 들어, 3년 이내에 목돈을 사용할 계획이 없는 사회 초년생이라면 비교적 더 높은 리스크를 감수하고 고수익을 추구하는 것이 적절할 수 있다. 만약 투자에서 손실이 발생하더라도 이를 만회할 시간이 충분히 있기 때문이다. 또한, 매달 월급의 일부를 적립식으로 투자할 예정이라면 복리 효과를 극대화할 수 있는 6:4 포트폴리오가 더 나은 선택이 될 수 있다

주식·채권 6:4 포트폴리오는 다른 전략에 비해 복리수익률과 최대 손실폭 MDD가 크지만, 투자금과 시간이 축적될수록 복리 효과

가 더욱 극대화된다. 장기적으로 자산이 불어나기 때문에 시간이 지나면서 꾸준한 수익을 기대할 수 있는 구조다.

따라서 투자 기간이 긴 사회 초년생은 장기적으로 큰 성장을 기대할 수 있는 포트폴리오를 선택하여 리스크를 감수하고 그에 따른 수익을 노리는 것이 좋다.

주식·채권 6:4 포트폴리오 투자의 실제

3년 내 목돈 사용할 계획이 없는 사회 초년생이 주식·채권 6:4 포트폴리오 ETF 투자를 한다면 다음과 같이 주식과 채권, 2가지 자산에 각각 60%, 40%로 종목을 매수하면 된다.

한국에 상장된 ETF 상품을 활용한다면 'Tiger 미국 S&P500' 60%, 'Tiger 미국채 10년 선물' 40%, 이렇게 종목을 매수하면 된다. 물론 앞장을 참고해 수수료가 저렴한 것을 선택해도 좋다. 매월 매수 가능한 자금에 따라 다음 쪽에 나온 표처럼 매수할 수 있을 것이다. 미국에 상장된 ETF 상품을 활용하고자 한다면 'S&P500(SPY)' 60%, 'ISHARES 7-10Y TREASURY BOND(IEF)' 40%, 이렇게 종목을 구성하면 된다. 다음에 월 150만 원, 월 300만 원, 종잣돈 3,000원으로 투자하는 상황을 가정해 설명하니 이를 참고하라.

앞서 제시한 것보다 더 높은 수익률을 원한다면 S&P500과 함께 나스닥 ETF(QQQ)도 함께 투자하면 된다. 미국 주식이라는 자산에 투자하는 것은 둘 다 같은데 S&P500은 다양한 산업에 걸친 대형 우량주들로 구성되어 안정적이고, 나스닥 ETF는 기술주와 성장주 중

주식·채권 6:4 포트폴리오 투자의 예시 1

자산 종류	자산 비율	종목명	한 주 가격	투자금액 월 150만 원	투자금액 월 300만 원	투자금액 종잣돈 3,000만 원
미국 주식	60%	Tiger 미국 S&P500	18,810원	48주 매수 - 902,880원	96주 매수 - 1,805,760원	957주 매수 - 18,001,170원
미국 채권	40%	Tiger 미국채 10년	12,015원	49주 매수 - 588,735원	99주 매수 - 1,189,485원	998주 매수 - 11,990,970원

* 한국 상장 ETF에 투자하는 경우
* 2024.09.02. 기준

주식·채권 6:4 포트폴리오 투자의 예시 2

자산 종류	자산 비율	종목명	한 주 가격	투자금액 월 150만 원	투자금액 월 300만 원	투자금액 종잣돈 3,000만 원
미국 주식	60%	S&P500(SPY)	552.08달러 - 740,339원	1주 매수 - 552.08달러 - 740,339원	2주 매수 - 1,104.16달러 - 1,480,678원	24주 매수 - 13,249.92달러 - 17,768,142원
미국 채권	40%	ISHARES 7-10Y TREASURY BOND(IEF)	97.42달러 - 130,640원	4주 매수 - 389.68달러 - 522,560원	9주 매수 - 876.78달러 - 1,175,761원	92주 매수 - 8,962.64달러 - 12,018,900원

* 미국 상장 ETF에 투자하는 경우
* 2024.09.03. 기준

심으로 구성되어 좀 더 수익률이 높다. 물론 그만큼 리스크도 크다.

또는 20년 이상 장기 채권(TLT)을 추가해 구성하면 수익률을 좀 더 높일 수 있다.

투자를 하다 보면 한 주당 가격이 높아 매수하지 못하는 경우가 종종 발생하는데, 그럴 때는 다음 달에 다른 종목을 매수하지 않고, 원래 사려던 종목을 추가로 매수해 비중을 맞추는 방법이 있다. 또는 SPY 대신 한 주당 가격이 더 저렴한 SPLG로 대체하는 것도 한 방법이다.

주식·채권 6:4 포트폴리오 투자의 예시 3

자산 종류	자산 비율	종목명	한 주 가격	투자금액		
				월 150만 원	월 300만 원	종잣돈 3,000만 원
미국 주식	60%	S&P500(SPY)	552.08달러 - 740,339원	1주 매수 - 552.08달러 - 740,339원	1주 매수 - 552.08달러 - 740,339원	12주 매수 - 6,624.96달러 - 8,884,071원
		나스닥 ETF(QQQ)	461.81달러 - 619,287.21원	0주 매수 - 0원	2주 매수 - 923.62달러 - 1,238,574원	14주 매수 - 6,465.34달러 - 8,670,020원
미국 채권	40%	ISHARES 7-10Y TREASURY BOND(IEF)	97.42달러 - 130,640원	6주 매수 - 584.52달러 - 783,841원	9주 매수 - 876.78달러 - 1,175,761원	92주 매수 - 8,962.64달러 - 12,018,900원

자산 종류	자산 비율	종목명	한 주 가격	투자금액		
				월 150만 원	월 300만 원	종잣돈 3,000만 원
미국 주식	60%	S&P500(SPY)	552.08달러 - 740,339원	1주 매수 - 52.08달러 - 740,339원	2주 매수 - 1140.16달러 - 1,480,678원	24주 매수 - 13249.2달러 - 17,768,142원
미국 채권	40%	ISHARES 7-10Y TREASURY BOND(IEF)	97.42달러 - 130,640원	3주 매수 - 292.26달러 - 391,920원	6주 매수 - 584.52달러 - 783,841원	45주 매수 - 4,383.9달러 - 5,878,809원
		20년 이상 장기 채권(TLT)	97.75달러 131,082.75원	3주 매수 - 293.25달러 - 393,248원	6주 매수 - 586.5달러 - 786,496원	45주 매수 - 4398.75달러 - 5,898,723원

* 2024.09.03. 기준

3년 안에 목돈 쓸 일이 있다면

앞으로 3년 안에 결혼, 전셋집 구하기, 또는 일정 수준의 투자금을 마련해 집을 매매하는 등 목돈을 사용할 계획이 있다면 보유 자산의 손실 가능성과 변동성을 최대한 줄이는 것이 중요하다. 자칫 잘못하면 목돈이 필요한 시점에 손실로 인해 계획을 이루지 못하거나 기회를 놓칠 수 있기 때문이다.

따라서 안정성을 우선으로 하고 기대 수익률을 낮추며 리스크를 줄이는 전략이 필요하다. 이러한 경우에는 K-올웨더 포트폴리오와 같은 전략을 통해 자산의 안전성을 확보하는 것이 좋다. 구체적으로는 다음과 같은 종목을 매수하여 포트폴리오를 구성할 수 있다.

한국 주식(25%): KOSEF 200TR

미국 주식(25%): ACE 미국S&P500

한국 국채(15%): ACE 국고채 10년

미국 국채(15%): KODEX 미국채 10년선물

대체자산(금, 20%): ACE KRX 금현물

미국 주식과 미국 채권 종목을 다르게 제시한 이유는 K-올웨더 포트폴리오를 만든 김성일 작가님의 제안을 최대한 따르기 위함이다. 또 'KODEX 미국채 10년선물' 상품이 수수료 면에서 더 저렴하기 때문에 이 구성도 좋다고 생각한다. 다만 시가총액이나 거래량이 중요하다고 판단될 경우, TIGER 미국 S&P500과 TIGER 미국채 10년 선물을 활용해도 좋다.

K-올웨더 포트폴리오 투자의 예시

자산 종류	자산 비율	종목명	한 주 가격	투자금액		
				월 150만 원	월 300만 원	종잣돈 3,000만 원
한국 주식	25%	KOSEF 200TR	46,015원	8주 매수 - 368,120원	16주 매수 - 736,240원	163주 매수 - 7,500,445원
미국 주식	25%	ACE 미국 S&P500	19,020원	20주 매수 - 380,400원	39주 매수 - 741,780원	394주 매수 - 7,493,880원
한국 채권	15%	ACE 국고채 10년	90,795원	2주 매수 - 181,590원	5주 매수 - 453,975원	50주 매수 - 4,539,750원
미국 채권	15%	KODEX 미국채 10년선물	11,410원	20주 매수 - 228,200원	39주 매수 - 444,990원	394주 매수 - 4,495,540원
대체 자산 (금)	20%	ACE KRX 금현물	15,455원	19주 매수 - 293,645원	39주 매수 - 602,745원	388주 매수 - 5,996,540원

* 2024.09.02. 기준

3장

시세 차익 × 내 집 마련 동시에 누린다!

알짜 아파트 투자

자산의 퀀텀 점프를 만드는
부동산 투자

FROM 2 MILLION
TO 1 BILLION

나의 첫 투자처는 부동산이다. 사실 사회 초년생 때만 해도 주식, 채권과 같은 금융자산에 대해 잘 알지 못했다. 당시에는 '주식=도박'이라는 인식이 강했다. 그리고 주변 사람 중에 부동산으로 부자가 된 사람은 많이 봤는데, 주식으로 부자가 됐다는 사람은 거의 본 적이 없었다. 이것이 내가 부동산으로 투자를 시작하게 된 가장 큰 이유다. 주식은 뭔가 좀 불안하게 느껴졌다. 이후 투자금을 모으고 부동산을 공부하면서 기회를 엿보고 있었다.

2019년 12월, 2년 동안 모은 5,306만 원에 사내대출 2,000만 원, 직장인 대출 4,100만 원을 더해 평촌에 위치한 한 아파트를 매수했다. 당시 매수한 아파트 시세는 3억 6,400만 원, 전세 2억 5,000만 원을 끼고 있어 투자금은 1억 1,000만 원 정도(부대비용 300만 원)가 들어갔다. 이 투자로 인해 나는 매년 120만 원의 이자를 내야 했는데, 한 달로 치면 약 10만 원 정도였다.

1주택자는 절대 망하지 않는다

첫 투자가 수억 원을 호가하는 아파트여서 그런지 여자친구는 물론 가족들과 주변 친구들이 모두 걱정했다. 어렵게 모은 5,000만 원을 한 번에 '몰빵'하는 것도 모자라 5,000만 원 넘게 대출을 받았기 때문이다. 하지만 나에겐 '부동산에 투자해야 하는 분명한 이유'가 있었다. 바로 부동산은 투자재인 동시에 필수재라는 것이다.

> "우리는 주식 투자보다 집 장만을 먼저 고려해야 한다. 집은 거의 모든 사람이 어떻게든 보유하는 훌륭한 투자 대상이기 때문이다. 가격이 폭락하는 예외도 있지만, 100채 중 99채의 집은 돈을 벌어다 준다.
> 집은 전적으로 소유자에게 유리하게 되어 있다. 계약금 20%만 있어도 은행에서 대출받아 집을 소유할 수 있으므로 놀라운 지렛대 효과(레버리지)를 얻을 수 있다. 집은 완벽한 인플레이션 방어책이 될 뿐 아니라 불황기에 몸을 의탁할 장소까지 제공한다.
> 주식과 마찬가지로 집도 장기간 보유할 때 이익을 얻기 쉽다. 주식과 달리

> 집은 장기간 보유하는 경향이 있다. 평균 보유 기간은 약 7년 정도다.
>
> — 피터 린치, 《전설로 떠나는 월가의 영웅》 中

부동산 투자에 대한 주식 투자의 대가 피터 린치의 견해다. 그는 마젤란펀드라는 전설적인 펀드를 운용했던 투자가로, 13년간 펀드를 운용하며 2,700%라는 경이로운 수익을 냈다.

그런 그도 주식에 투자하기 전 '내 집 마련'을 먼저 했고, 책에서도 부동산 투자에 관해 우호적인 시각을 밝혔다. 그 이유로 4가지를 들었는데, 첫 번째는 부동산이 인플레이션 방어책이 될 수 있을 정도로 가격이 우상향한다는 점이다. 두 번째는 적은 돈으로 큰 자산을 소유할 수 있고, 세 번째는 장기 투자가 가능하며, 마지막은 몸을 의탁할 장소를 제공한다는 것이다. 이처럼 내가 동경하는 피터 린치도 4가지 이유를 들어 부동산 투자를 추천했다. 그중 2가지 생각에 나도 크게 동의하는데, 그 이유는 이렇다.

부동산은 주거 공간을 제공하는 필수재다

부동산의 종류는 아파트, 빌라, 오피스텔, 주택 등 다양하다. 그리고 형태가 무엇이든 우리는 생활할 공간이 필요하기 때문에 매매든, 전월세든 계약을 한다. 따라서 가격이 오르거나 내려가도 일정 수요는 늘 존재한다. 즉 부동산은 '필수재'이기 때문에 가격이 일정 수준 이하로 내려가지 않는다. 다시 말해 하방 경직성(수요·공급의 법칙에 의해 내려가야 할 가격이 어떤 원인으로 인해 내려가지 않는 현상)이 있는 비교적 안전한 자산이다.

주식은 들고 있어도 배당주가 아닌 이상 효용성이 없다. 하지만 부동산은 본인이 거주할 수도 있고, 그렇지 않은 경우 월세 또는 전세 임대를 통해 현금수익을 창출할 수 있다. 그리고 혹여 매매가가 '실거주 가치'인 전세가 이하로 떨어지려고 하면 매매가와 전세가의 차이를 노린 투자(갭투자) 세력이 붙어 가격을 다시 끌어올리기도 한다.

부동산은 우상향 자산으로, 인플레이션 방어가 된다

샌프란시스코 연방준비은행에서 발표한 논문 자료에 의하면, 1871년부터 2015년까지 매년 평균 채권은 1.94%, 주식은 4.64%, 부동산은 6.61% 가격이 올랐다.

특히 부동산은 연평균 상승률이 6.61%로 다른 자산에 비해 가장 많이 올랐다. 단 해당 논문은 미국, 영국, 일본, 독일, 프랑스 등 주요 16개국을 대상으로 했기 때문에 한국의 데이터는 표본에서 빠졌다. 그래서 KB부동산과 한국거래소의 통계를 살펴봤다. 1986~2023년 10월까지 전국 아파트 매매가격상승률은 연평균 5.87%이고,

글로벌 16개국 자산군별 연평균 수익률

(1871~2015년)

자산군	현금	채권	주식	부동산
수익률	0.78%	1.94%	4.64%	6.61%

자료: Federal Reserve Bank of San Francisco, "The Rate of Return on Everything, 1870-2015", 2017

1996~2023년 코스피 연평균 상승률은 4.68%로 위 통계와 유사했다. 이것이 우리가 부동산에 투자해야 하는 이유다. 한국을 비롯해 전 세계 주요 국가에서 부동산은 강력한 우상향 자산이다.

현금은 매년 각국의 중앙은행이 계속 만들어 내기 때문에 화폐 가치는 갈수록 하락한다. 반면 생활물가가 오르듯 금과 부동산 같은 실물자산의 가격은 점점 상승한다. 이처럼 부동산은 인플레이션 상황에서 비교적 안전한 자산이다.

다음에 제시된 그래프는 대한민국 화폐량 추이와 전국 아파트 매매가격지수로, 앞서 설명한 현상을 그대로 보여준다.

대한민국 통화량(M2)과 전국 아파트 매매가격지수(1986~2023년)

자료: KB부동산

'매매가격지수'란 아파트 평균 매매가격의 변화를 나타내는 지표다. 즉 실제 아파트 가격의 변화를 나타낸다. 그리고 'M2'란 '광의통화'로 현금, 저축성예금, 수익증권, 2년 미만 정기 예·적금, 금융채 등 시중에 돌아다니는 현금을 의미한다.

1986년에는 시중에 42조 9,000억 원이 있었지만, 2023년 기준 시중에 도는 자금은 3,829조 원으로 89배 이상 현금 유동성이 늘었다. 아파트 매매가격은 수급의 차이로 일정 시점에 등락(상승과 하락)을 보였지만, 장기적으로 통화량이 많아지면서 우상향했다. 그리고 통화량 증가로 인한 인플레이션 현상뿐 아니라 부동산에 대한 수요 증가가 아파트 가격의 상승에 힘을 보탰다.

부동산에서도 왜 아파트냐고 묻는다면

부동산 중에서도 나는 '아파트'에 집중했다. 그 이유는 다음과 같다.

부자들이 선호하는 부동산 형태다

투자 서적, 신문, 부자보고서 등을 모두 살펴본 결과 공통점을 발견했다. 대부분의 부자는 아파트에 투자해서 목돈을 불렸다는 사실이다. 하나은행에서 금융자산 10억 원 이상을 소유한 부자 745명을 분석해 발행한 〈부자보고서〉에도 이러한 사실이 여실히 나타난다. 그들 중 과반수에 해당하는 약 54%가 자산 확대에 가장 크게 이바

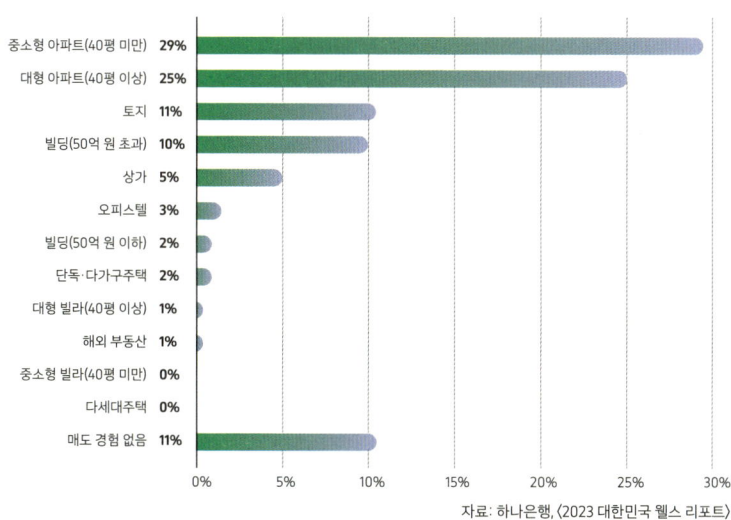

지한 부동산으로 중소형 아파트와 대형 아파트를 꼽았다.

부동산 형태에는 아파트, 빌라, 토지, 빌딩, 오피스텔, 단독·다가구주택 등 다양한 유형이 있다. 그중 부자들의 투자 부동산 형태는 '아파트' 비율이 압도적이다. 이 말은 아파트 투자로 부자가 될 확률이 높다는 의미다.

이뿐 아니라 KB부동산 통계를 살펴봐도 다양한 주택 유형 중 아파트 자산이 가장 수익률이 좋았다. 피데스개발, 대우건설, 한국자산신탁, 해안건축 등이 공동으로 더리서치그룹을 통해 수도권 지역에 거주하는 35~69세의 주택 소유자 1,000명을 대상으로 '2023년 미래주택 소비자 인식조사'를 실시했다. 조사에 따르면 역세권 비아파트보다 비역세권 아파트가 낫다고 응답한 사람이 71%로, 아파트 선호도가 높게 나왔다. 역세권에 대한 선호가 높음에도 불구하고 비역세권의 아파트가 낫다는 놀라운 결과도 나타났다.

또 향후 주택 구입 시 어떤 형태를 가장 희망하는지에 대한 응답을 보면 아파트가 82.9%, 주상복합 3.8%, 단독주택 3.8%, 상가주택 2.1%, 오피스텔 2.0%, 연립·다세대 주택과 빌라가 1.9% 등으로 조사됐다. 한국인이 아파트를 얼마나 선호하는지 보여주는 대목이다.

투자에 있어서 수요가 많다는 것은 내 자산을 더 비싸게 사줄 잠재 고객이 많다는 뜻이다. 오른쪽 그래프에서 볼 수 있는 것처럼 실제로도 아파트가 다른 유형의 주택보다 매매가격지수가 더 크게 상승해왔다.

레버리지를 활용할 수 있는 투자재다

레버리지Leverage는 '지렛대'라는 의미를 지니고 있다. 지렛대를 이용하면 실제 힘보다 몇 배 무거운 물건을 움직일 수 있다. 투자에서는 부채나 타인의 자산을 끌어다가 자산을 매입해 수익을 극대화하는 투자 방법을 말한다. 즉 내 돈을 최소한으로 사용해 값비싼 자산을 매입하는 방식이다.

부동산 중 아파트는 레버리지 활용이 쉬운 자산이다. 한국에만 존재하는 '전세'라는 제도 때문이다. 전세를 활용해 레버리지를 비교적 안전하고 쉽게 활용할 수 있다. 이를 활용한 투자 방법이 그 유명한 '갭Gap투자'다. 갭투자는 내가 실거주하지 않는다는 전제하에

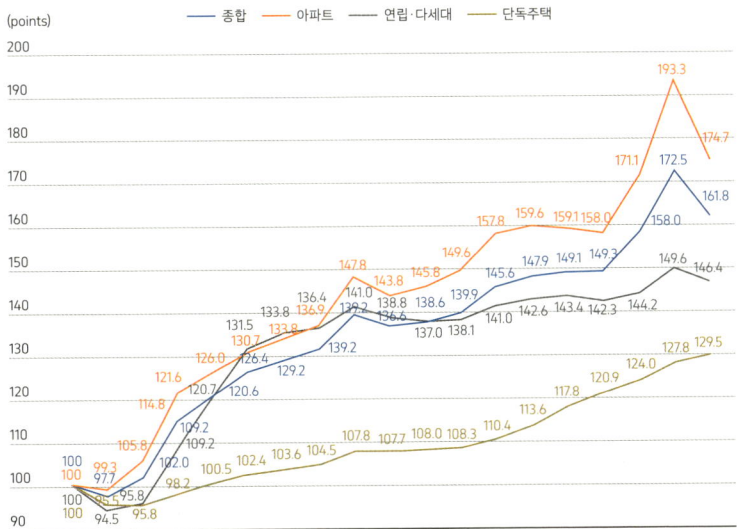

주택 유형별 매매가격 지수 변동

자료: 한국부동산원

전세 세입자의 전세금을 활용해 부동산을 매입하는 방법이다.

예를 들어 내가 투자하려는 아파트가 2억 5,000만 원일 때 레버리지를 활용하지 않는다면 나는 2억 5,000만 원을 모을 때까지 투자하지 못한다. 한 달에 200만 원씩 저축하면 125개월, 즉 10년 5개월이 지난 다음에야 매매할 수 있다. 하지만 애석하게도, 인플레이션 등의 이유로 10년 뒤에는 아파트 가격이 2억 5,000만 원을 유지하고 있을 가능성은 매우 낮다.

이때 레버리지를 활용하면 매입 기간을 단축할 수 있다. 매매가가 2억 5,000만 원인 아파트이지만, 전세가가 2억 1,000만 원이라면 나는 매매가에서 전세가를 제외한 금액 4,000만 원만 있으면 아파트를 살 수 있다. 즉 한 달에 200만 원씩 저축하면 20개월 뒤에 아파트를 매매할 수 있다. 8년을 앞당겨 살 수 있는 셈이다.

> A 아파트 매매가 2억 5,000만 원이고,
> 전세가가 2억 1,000만 원이라면
> ─────────────────────────────
> 매매가-전세가 4,000만 원 ▶▶▶ 아파트를 살 수 있는 금액

이렇게 아파트를 매매한 순간부터 시간과 인플레이션은 내 편이 된다. 시간이 지나면 인플레이션으로 부동산 가격은 연평균 5%씩 오르지만, 내가 빌렸던 전세금은 그대로이기 때문에 자연스럽게 내 부채비율은 낮아진다. 그리고 이후 계약기간이 끝나면 처음에 빌린 전세금만큼의 보증금만 돌려주면 된다.

비록 아파트는 수요와 공급, 정부의 정책, 금리 등 다양한 변수로 등락을 보이지만, 장기적으로 보면 연평균 5%의 복리수익을 일으킬 수 있는 것이다.

특히 사회 초년생이나 시드머니가 없는 사람일수록 부동산 투자를 해야 한다. 같은 투자금으로 주식이나 코인과 같은 다른 투자보다 더 안정적으로 수익을 극대화할 수 있기 때문이다. 시뮬레이션을 통해 예를 들어보겠다. 나에게 8,000만 원이 있어 주식과 부동산에 각각 4,000만 원을 투자했다고 가정해보자.

주식 투자 vs. 부동산 투자

	분류	주식	부동산
예시	투자 대상	□□주식	경기도 평촌 △△아파트
	투자금	4,000만 원	4,000만 원
	투자 대상 가격	□□주식 100주 (투자금 4,000만 원, 주당 40만 원 X 100주)	△△아파트 **2억 5,000만 원** (투자금 4,000만 원 + 전세 2억 1,000만 원)
	수익률(5%)	**200만 원**	**1,250만 원**
	투자금 대비 수익률	5%	31.25%

① 주당 40만 원인 □□주식 100주 매매(4,000만 원 투자)

② 평촌의 △△아파트 2억 5,000만 원에 매매(4,000만 원 투자, 전세 2억 1,000만 원)

    1년 뒤 주식과 부동산의 값이 각각 5% 상승했다. 그 결과 주식 투자 계좌에는 4,000만 원의 5% 수익이 발생해 200만 원의 수익금이 발생했다. 반면 평촌의 △△아파트는 2억 5,000만 원의 5% 수익이 발생해 1,250만 원의 수익금이 발생했다. 즉 같은 4,000만 원을 투자하고 자산가치가 둘 다 5% 상승했지만, 실질수익률은 주식 5%, 부동산 31.25%로 차이가 난다.

무기한, 무이자 레버리지 활용으로 장기 투자가 가능하다

    누군가 기한 없이 무이자로 돈을 빌려준다면 얼마나 좋을까? 그리고 심지어 2년, 4년마다 그 돈을 증액할 수 있다면 누구나 그 돈을 활용해 쉽게 부자가 될 수 있을 것이다. 이처럼 무기한, 무이자로 돈을 빌려주는 것을 꿈의 레버리지 '플로트^{Float}'라고 한다.

그런데 이 방법은 한국에서만 가능하다. 바로 전세제도 때문이다. 우리는 아파트를 매매해 소유권을 얻고, 그 집에 거주할 권리를 전세 세입자에게 돈을 받고 빌려줄 수 있다. 그뿐만이 아니다. 처음 거주권을 빌려주고 2년 혹은 4년이 지나면 그 권리는 물가상승률에 따라 값이 오르기 때문에 전세 보증금을 올려 받을 수 있다. 이는 무이자인 데다 내가 그 집에 들어가서 살지 않는 한 무기한으로 활용

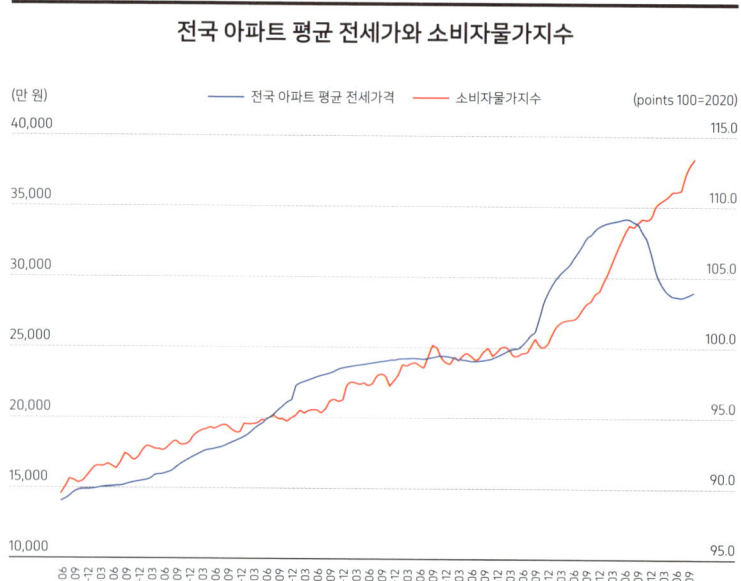

전국 아파트 평균 전세가와 소비자물가지수

자료: KB부동산, 통계청

할 수 있다.

참고로 1987년부터 2023년 10월까지 전국 아파트 전셋값은 연평균 7.25% 올랐다. 반면 소비자물가는 같은 기간 연평균 3.6% 올랐다.

앞서 나는 전세를 끼고 아파트를 매수했다고 했는데, 큰 이변이 없는 이상 계속 임대를 줄 생각이다. 현재의 전세 계약이 만료되면 새로운 전세 계약을 맺되 시장이 받쳐준다면 전셋값을 꾸준히 올려 계약할 수 있을 것이다.

예상한 대로만 된다면 계약을 갱신할 때마다 투자금(레버리지)이 평균 3,000만 원씩 늘어날 수 있다. 현재 결과적으로 내가 매수한 아파트는 매매가가 연평균 10.6%, 전세가는 연평균 5.1% 증가했다.

지금도 그렇지만 이렇게 올려 받은 돈은 역전세(전셋값이 떨어지는

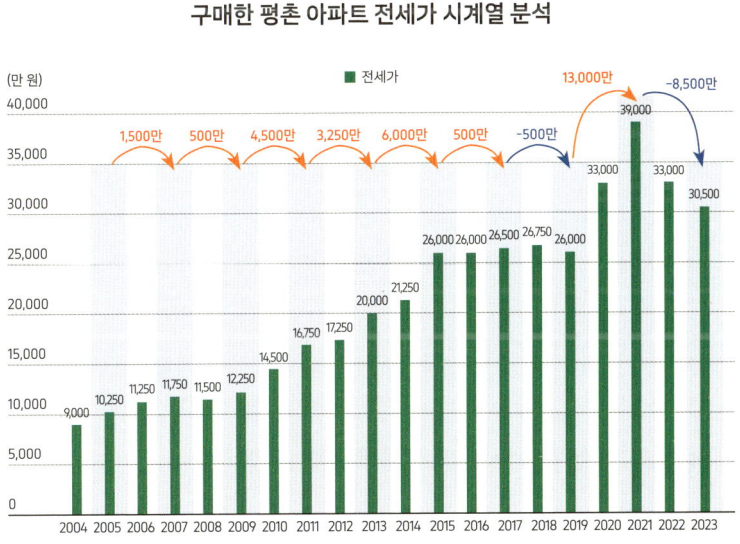

구매한 평촌 아파트 전세가 시계열 분석

아파트 전세 계약서

아파트전세계약서					
임대인과 임차인 쌍방은 아래 표시 아파트에 관하여 다음 내용과 같이 임대차계약을 체결한다.					
1. 부동산의 표시					
소재지	경기도 광명시 철산동 ●●●●●●●●●●●●				
토 지	지 목	대	대지권의 비율 66769.2분의 19.32		대지권의 목적인 토지 66769.2㎡
건 물	구 조	철근콘크리트	용 도	주거용	전용면적 39.65㎡
임대할 부분	203동 1103호 전부				
2. 계약내용					
제1조 (목적) 위 부동산의 임대차에 한하여 임차인은 임차보증금을 아래와 같이 지불하기로 한다.					
보 증 금	金 이억칠천오백만원정		(₩275,000,000)		
계 약 금	金 이억이천오백만원정		(₩225,000,000)은 계약시에 지불하고 영수함.		
잔 금	金 오천만원정		(₩50,000,000)은 2023년 12월 30일 에 지불한다.		
제2조 (존속기간) 임대인은 위 부동산을 임대차 목적대로 사용 수익할 수 있는 상태로 하여 2023년 12월 30일 까지 임차인에게 인도하며, 임대차기간은 인도일로부터 24개월인 2025년 12월 30일 까지로 한다.					
제3조 (용도변경 및 전대) 임차인은 임대인의 동의 없이 위 부동산의 용도나 구조를 변경하거나 전대, 임차권 양도 또는 담보제공을 하지 못하며 임대차 목적 이외의 용도로 사용할 수 없다.					
제4조 (계약의 해지) 임차인이 제3조를 위반하였을 때 임대인은 즉시 본 계약을 해지할 수 있다.					

것) 위험을 대비해 30~50%는 단기채권이나 예금에 넣어두는 게 좋다. 그리고 나머지 전세금은 더 적극적으로 활용해 다른 부동산을 매입하거나 포트폴리오를 구성해 주식에 투자하는 것을 추천한다.

나는 아파트가 3채 있어 2년 또는 4년마다 전세 계약을 갱신해 투자금을 수천만 원씩 올려 받아 활용하고 있다. 2023년 12월에도 전세금을 5,000만 원 올려 받았다. 이 돈으로 배당주식과 채권을 매매해 안전하게 이자와 배당금을 받을 예정이다.

이처럼 입지가 좋은 곳에 있는 아파트를 매매해 소유하면 꿈의 레버리지인 플로트를 쏠 수 있다. 이것이 부동산을 공부하고 또 투자해야 하는 이유 중 하나다.

정보를 쉽게 얻을 수 있어 성공 확률이 높다

아파트는 다양한 투자처 중 우리에게 가장 친숙하다. 게다가 관련 정보가 비교적 직관적이기 때문에 쉽게 이해할 수 있다. 무엇보다 정보가 모두에게 평등하게 주어진다. 네이버, 다음, KB부동산, 호갱노노 등 부동산 관련 사이트를 살펴보거나 주변 부동산을 찾아가면 정보를 쉽게 얻을 수 있다.

하지만 주식은 다르다. 회사의 재무제표나 실적, 사업모델 이해 등 정보에 접근하는 일이 상대적으로 어렵다. 심지어 정보 비대칭성으로 투자자가 알지 못하는 내용이 갑자기 튀어나와 손해를 보기 십상이다. 또 주식은 거래가 쉽지만 수많은 변수가 분 단위, 초 단위로 발생한다. 트렌드와 산업구조가 바뀜에 따라 빠르게 대응하고 미래를 예측하며 투자를 해야 한다.

악착같이 모은 돈을 투자하는 입장에서는 여러 조건을 비교하며 성공 확률을 높여야 한다고 생각했다. 그런 점에서 나는 부동산이 당시의 내가 비교적 쉽게 성공 확률을 높여 투자할 수 있는 영역이라 판단했다.

부동산이라는 자산 자체가 친숙하고, 직접 내가 평가할 수 있어 다양한 외부 위험을 제어할 수 있기 때문이다. 내가 매매하려는 아파트에 가서 회사가 몰려 있는 강남까지 얼마나 걸리는지, 주변에 좋은 학교가 어디에 있는지, 동네 분위기는 어떤지, 편의시설은 많은지, 지역 주민들의 만족도는 어떤지, 교통 호재가 있다면 어떤 것인지, 새로 들어오는 아파트 단지는 어딘지 등등 정보 대부분을 내가 경험하고 취득할 수 있다.

부동산을 성공으로 이끄는 공부의 힘

FROM 2 MILLION
TO 1 BILLION

대학수학능력시험, 공무원 시험, 공인중개사 시험 등이나 경영학, 물리학, 행정학 등 특정 학문을 공부할 경우 대개 정식 교재, 정규과정 또는 커리큘럼이 존재한다. 하지만 부동산 투자, 주식 투자 같은 영역은 정해진 루트나 커리큘럼이 없다. 투자에 정답이 없고, 수익을 만들기 위한 방법론은 무수히 많기 때문이다.

처음 '재테크를 해야겠다' 마음먹고 부동산에 대해 공부하려는데 도대체 무엇부터 해야 할지 막막했다. 그래서 언제, 어떻게, 무엇을 공부할지 기준을 잡는 데 꽤 오랜 시간이 걸렸다. 막무가내로 공부하기엔 시간은 한정되어 있고 효과는 불분명해 최대한 효율적으로 공부하고 싶었다.

그래서 책이나 유튜브를 통해 전문가들이 했던 방법들을 취합한 후 크게 3가지 방법으로 나눠 공부하기 시작했다. 첫 번째는 독서, 두 번째는 유튜브 시청, 세 번째는 강의 수강이다. 사실 독서와 유튜브 시청만으로도 투자하는 데 필요한 정보나 인사이트는 모두 얻을 수 있다. 그래서 무턱대고 강의를 듣는 것은 추천하지 않는다. 내가 무엇을 알고 모르는지 파악을 한 후 취사 선택을 하며 취약한 부분을 보강하는 정도의 강의 선택으로도 충분하다. 나 또한 독서와 유튜브 시청 후 투자를 단행했다. 지금부터 내가 공부했던 경험을 토대로 가장 효과적이었던 방법을 소개하겠다.

나의 부동산 공부 1: 독서

나는 부동산에 대한 지식이 전혀 없었기 때문에 기초 개념부터 다져야 했다. 문외한이 단시간 내 정확한 정보로 체계를 잡는 데 좋은 방법은 독서뿐이라고 생각한다. 하지만 어떤 책을 읽어야 할지 몰라 우선 부동산 관련 책 중 꾸준히 판매되고 있는 스테디셀러와 현재 인기가 많은 베스트셀러를 읽기로 했다. 그리고 목차를 하나하나 살펴보면서 방법론이 담기거나 도움이 될 법한 책을 나름대로 추린 후 '모두' 읽었다.

사실 기준을 잡고 책을 선별했음에도 불구하고 모든 책이 도움이 된 것은 아니다. 뜬구름 잡는 이야기만 나열해 도움이 안 된 책도 많았다. 부동산 관련 책을 100권가량 읽으며 깨달은 것은 사례만 다를 뿐 결국 본질은 같은 이야기를 되풀이한다는 사실이다. 책 저자들이 공통적으로 강조하는 5가지 포인트는 다음과 같다.

1. 목돈을 모아야 한다.
2. 월급만으로는 경제적 자유를 달성할 수 없다.
3. 아파트에 투자해야 한다.
4. 값이 오르는 아파트는 일자리가 많은 곳에 있다. 교통이 발달한 곳에 있다. 학군이 좋은 곳에 있다. 인프라가 좋은 곳에 있다. 자연환경이 좋은 곳에 있다.
5. 싸게 매매해야 한다.

책을 읽으면 읽을수록 이 사실이 중요하다는 확신이 강해졌다. 조금 시간이 지나자 나에게 도움이 될 만한 책이 무엇인지 고를 수 있는 안목도 생겼다. 처음 투자에 도전하는 독자들을 위해 부동산 투자에 대한 기본 개념이 체계적으로 잘 정리된 책들을 단계별로 추천하려 한다.

기초 단계_ 이론 다잡기

부동산 책도 난이도가 다양하다. 부동산에 대해 아는 게 거의 없는 경우 절차적으로 복잡한 경매나 수익형 물건인 상가, 오피스텔,

지식산업센터 등 주거 외 부동산 관련 책은 내용이 어렵고 크게 도움되지 않을 수 있다.

초보 때는 투자 마인드셋을 비롯해 아파트 투자 수익화 메커니즘과 방법론이 담긴 책이 좋다. 그중 많은 투자자가 투자 기본서로 선택하고 회자됐던 책을 몇 권 소개한다.

《월급쟁이 부자로 은퇴하라》

재테크 유튜브 채널 '월급쟁이부자들TV'의 메인 MC이자 월급쟁이부자들 재테크 학원의 메인 강사 너나위의 책이다.

2010년대 재테크 필독서가 《아기곰의 재테크 불변의 법칙》이었다면, 2020년대 대표적인 투자 필독서는 《월급쟁이 부자로 은퇴하라》라고 봐도 무방하다.

앞서 말한 5가지 주요 포인트를 모두 다루고 있으며, 실제 투자했던 4개 사례를 통해 독자의 이해도를 높였다. 전업 투자자가 되기 전 직장인이 달성한 투자 성공 사례와 방법을 비교적 쉽게 설명해 편하게 읽을 수 있다. 부동산 투자가 처음이라면 기초를 잡기 매우 좋은 책이다.

《아기곰의 재테크 불변의 법칙》

2019년 코로나19 팬데믹 이후 유동성 파티가 벌어지기 전, 재테크 시장이 지금처럼 확대되기 전 가장 많은 투자자에게 기본서로 받아들여진 책이다. 2003년 처음 발간된 이후 현재까지 전면 개정

판을 낼 정도로 인기 있는 스테디셀러다. 부동산 입지 판별법을 가장 먼저 구체화했으며, 재테크와 부동산 투자의 기본부터 전략까지 알뜰하게 담았다.

《운명을 바꾸는 부동산 투자 수업》

유튜브 '월급쟁이부자들TV'의 메인 MC인 너나위와 함께 2020년대 가장 인기 있는 유튜브 '부읽남TV'의 운영자 부읽남의 책이다. 월급쟁이로 시작해 경제적 자유를 달성한 인물이다. 부동산 투자 기본서로 자리 잡은 책 중 하나로《운명을 바꾸는 부동산 투자 수업》의 기초편과 실전편을 냈다.

이 책 역시 부동산에 투자해야 하는 이유뿐 아니라 시드머니를 모으는 법, 부동산 투자 메커니즘, 비아파트 투자법, 부동산 세금 등 다양한 내용을 다루고 있다.

심화 단계_ 부동산 투자 완전 정복

기초 단계에서 소개한 책들은 개념 잡기에 훌륭한 책이다. 다만 아쉬운 점은 책을 읽어도 구체적으로 어떻게 투자로 연결시켜야 하는지에 대한 방법론이 다소 빈약하다.

이런 갈증을 해결해주는 책이 다음 2권의 책이다. 이론에 그치지 않고 실전에 적용할 수 있는 부동산 투자 방법론이 상세하게 기록되어 있다. 기초 단계의 책보다 어려울 수 있지만, 프롭테크 PropTech(부동산 산업에 첨단 기술을 접목해 혁신을 이루는 것) 사용 방법부터 투자 지역 선정 등 다양한 내용을 배우고 습득할 수 있다.

《10년 동안 적금밖에 모르던 39세 김 과장은 어떻게 1년 만에 부동산 천재가 됐을까?》

부동산을 데이터로 접근한 투자 전문가 '렘군'의 책으로, 모든 정보를 계량화하여 해석하고 판단해 투자하는 방법을 다뤘다. 렘군은 이 방법으로 경제적 자유를 달성했다.

부동산의 가격이 싼지 비싼지 가치평가 하는 방법, 앞으로 하락할 지역인지 상승할 지역인지 구분할 때 판단 근거가 되는 미분양률, 청약경쟁률, 수요와 공급 해석 방법 등 다양한 정보를 활용해 투자하는 법을 상세히 알려준다. 어렵지만 배울 내용이 많다.

《딱 2년 안에 무조건 돈 버는 부동산 투자 시크릿》

《10년 동안 적금밖에 모르던 39세 김 과장은 어떻게 1년 만에 부동산 천재가 됐을까?》 책 저자인 렘군의 제자 '세빛희'의 책이다.

이 책 역시 데이터 기반으로 부동산 투자에 접근하며, 적은 자본으로 단기간 내에 아파트 투자가 가능한 방법론을 실었다. 다른 투자자들이 대부분 서울과 수도권에 집중할 때 그는 지방 광역시와 중소도시 투자법에 주목해 인기를 얻었다. 이 내용을 바탕으로 지방에 투자할 때 고려해야 할 점을 일목요연하게 정리해 담았다. 실전 투자 사례도 함께 기록되어 있어 큰 도움이 된다.

나의 부동산 공부 2: 유튜브 시청

가장 효과적인 부동산 및 재테크 공부 방법은 책을 읽는 것이다. 그 이후에 유튜브 같은 시청각 자료를 활용하면 더욱 효과적으로 정보를 습득할 수 있다.

나는 별도의 시간을 마련해 공부할 때는 독서를 하지만, 출퇴근 목적으로 이동하거나 운동할 때처럼 하나의 목적만 수행하기 아까운 시간에는 유튜브로 부동산, 주식 등 재테크 영상을 찾아본다. 그러면 부동산 정보나 현재 분위기 등 다양한 인사이트를 얻을 수 있고, 나아가 책에서 배운 내용들이 실제 적용되는 사례들을 통해 이해도가 더욱 높아진다.

그렇다고 아무 유튜브나 보는 건 추천하지 않는다. 시간 낭비가 될 수 있고, 잘못된 개념이 자리 잡혀 판단이 흐려질 수 있다. 기초 경제 상식이나 개념도 없이 상승론·하락론을 펼치는 유튜버들이 많다. 객관적인 자료와 통계를 근거로 자신의 의견을 주장하는 유튜버를 잘 선별해서 봐야 한다.

나는 신뢰할 수 있는 제법 괜찮은 유튜버들의 영상을 찾아 꾸준히 챙겨보고 있다. 사실 이미 앞에서 언급한 사람들이다. 내가 구독해서 챙겨보는 유튜버는 다음과 같다.

① 월급쟁이부자들TV

② 부읽남TV

③ 세빛희 sevity

④ 푸릉_렘군

⑤ 작가 송희구

이들은 모두 자신만의 투자 철학과 기준이 있고, 오랜 시간 시장에서 살아남아 수익을 낸 사람들이다. 이들의 유튜브를 구독해서 보면 책만으로 채워지지 않는 갈증을 해소할 수 있다. 특히 월급쟁이부자들TV와 부읽남TV는 부동산 시황, 각종 부동산 대책과 관련 법 개정 등을 상세히 설명해주고 그로 인한 파급효과와 대처 방법 등을 이해하기 쉽게 알려준다. 또 실제 시청자들의 사연을 받아 그에 대한 적절한 부동산 투자법 또는 재테크 방법에 대해 알려주기도 하는데, 공감하거나 적용할 만한 이야깃거리가 많아 도움이 된다.

세빛희, 푸릉_렘군, 작가 송희구 채널은 지역별 비슷한 단지와 아파트를 비교해주면서 어디가 상대적으로 좋고 나쁜지 입지를 분석해 알려준다. 그 설명을 듣다 보면 부동산의 가치를 평가하는 전문가들의 '사고 과정'을 엿볼 수 있어 크게 도움이 된다. 또 구체적으로 아파트 이름을 언급하면서 알려주기 때문에 내가 잘 알지 못하는 지역의 아파트도 새롭게 알게 되고, 나아가 투자 리스트를 늘리는 데 참고하기 좋다.

나의 부동산 공부 3: 강의

독서와 유튜브 시청만으로도 투자를 실행하는 데 큰 문제는 없다. 나 또한 아파트 투자를 하고 난 이후에 강의를 듣기 시작했다. 시중에 나와 있는 거의 모든 재테크 관련 서적을 이미 읽었기 때문에 새로운 것에 대한 갈증이 생겨 수강을 선택했다. 6개월~1년 뒤 아파트 매매를 앞두고 있지만 스스로 공부하기에 부담을 느끼거나 시간이 없는 사람, 지식이 전혀 없어 투자에 자신이 없는 사람에게 강의는 도움이 될 수 있다.

내가 수강한 강의는 경매, 상가 투자, 오피스텔 투자, 아파트 투자, 월간 특강 등 다양하다. 나는 주로 월급쟁이부자들(weolbu.com), 행크에듀(hank-edu.com)에서 강의를 수강했는데 경매와 상가 투자는 베스트셀러 도서인 《송사무장의 부동산 경매의 기술》과 《싱글맘 부동산 경매로 홀로서기》를 읽고 그들이 대표 강사로 있는 행크에듀 사이트에서 '경매 초급반'(대표강사: 쿵쿵나리)과 '실전 경매 투자법'(파이팅팔콘), 그리고 '상가 임장 스터디'(레노) 강의를 수강했다. 오피스텔 투자 관련해서는 《오피스텔 투자 바이블》을 읽고 그 저자가 운영하는 유튜브 '사다리TV: 아파트 하락장 살아남기'를 통해 오피스텔 투자 강의를 신청해 들었다. 아파트 투자는 《월급쟁이 부자로 은퇴하라》의 저자가 활동하는 월급쟁이부자들 사이트에서 정규 강의 '내집마련 기초반'(너나위)과 '열반스쿨 기초반'(너바나), 그리고 특강 '저평가 아파트 찾는 법'(너나위) 강의를 수강했다. 또 월간 이

슈를 파악하기 위해 부동산 투자가 이상우 애널리스트의 세미나에 매달 참석했다.

어떤 강의든 실제 수강해 듣다 보면 분명 배울 점이 있고, 알아두면 좋은 내용이라 느낄 것이다. 그러나 모든 강의를 들을 필요는 없다. 특히 아파트 외 다른 투자 강의는 내 집을 마련한 이후에 수강해도 늦지 않다. 그런 점에서 아파트 투자에 특화된 월급쟁이부자들의 대표 강의를 먼저 추천한다. 아파트 투자 마인드셋, 입지 좋은 아파트 선별법, 가치평가 방법 등을 이해하기 쉽게 설명하기 때문이다.

'선공부 후실행'은 투자를 확신으로 이끈다

백문이 불여일견이다. 책, 영상, 강의를 통해 제아무리 많은 정보를 습득해도 실제로 경험하지 않으면 아무 소용없다. 부동산 투자는 실물 투자다. 내가 직접 보고 느껴야 한다.

먼저 나와 친숙한 동네를 살펴보자. 동네에서 가장 값비싼 아파트를 찾아보고 그곳이 왜 비싼지 이유를 파악해보자. 역에 가까워서 비싼 건지, 신축이라서 비싼 건지, 주변에 좋은 학교가 있어서 비싼 건지, 브랜드 아파트라 비싼 건지, 교통 호재나 다른 이슈가 있어서 비싼 건지 등 분명 이유가 있을 것이다. 직접 그 아파트 주변을 둘러보고 왜 그 동네 대장 아파트인지 이유를 몸소 체험해보자. 그러면 책으로 배운 내용이 입체적으로 다가오고, 나만의 투자 기준이 서게 된다. 그리고 믿음이 생기기 시작한다.

이제 공부한 내용과 경험한 지식을 무장한 채 인근 부동산을 방문해보자. 아파트를 매매하려면 얼마의 투자금이 필요한지 이것저것 부동산 사장님께 문의하고 잡담을 나누다 보면 내가 공부하고 경험한 것 이외의 인사이트를 얻을 수 있다. 그 지역 부동산 사장님들은 급매는 물론 지역 호재나 악재 등 다양한 정보를 갖고 있다. 이렇게 현장에 가서 보고 들으면 한층 더 정보가 축적되면 비로소 부동산 투자에 대해 제대로 알게 된다.

내가 사는 지역의 아파트와 주변 아파트를 직접 돌아보면서 책 속 이야기를 현실로 체감해보자. 이론 지식, 경험 지식, 지역 전문가 지식, 이렇게 3층 지식이 쌓일 것이다.

1층은 이론으로 습득한 지식, 2층은 직접 경험해서 얻은 지식, 3층은 지역 전문가의 이야기를 통해 수집한 지식으로 이 3가지 지식이 차곡차곡 쌓여 탄탄해지면 확신 있는 투자를 하게 된다.

내가 보유하고 있는 세 번째 아파트를 살 때 역시 3층 지식을 활용했다. 온라인상에서 손품 팔며 지역과 단지에 대한 정보를 빠삭하게 익혔다고 생각했지만, 직접 가서 본 후에야 해당 아파트가 가파른 언덕에 위치해 있음을 알게 되었다. 지도에서는 번화가와 가까워 보였는데 실제 걸어보니 생각보다 멀었다. 그래서 언덕이 막 시작되고 큰길과 가장 가까운, 단지 초입에 있는 동을 매수했다.

신호등이 많다든지, 동네 분위기는 어떤지 등 직접 경험해야 정확하게 알 수 있는 정보들이 있다. 이러한 경험이 있어야 물건을 고

부동산 공부를 하며 익혀야 할 3층 지식

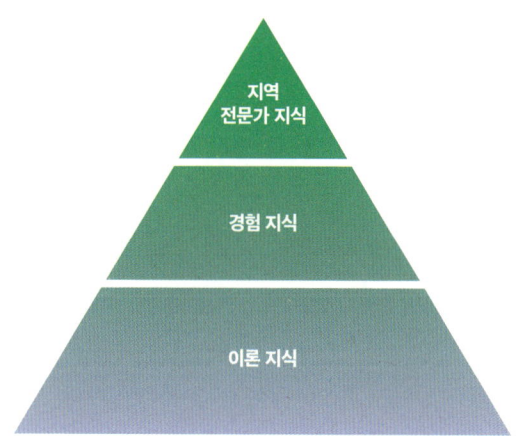

르거나 가격을 협상할 때 큰 도움이 된다.

부동산을 매매하기 전에는 반드시 3층 지식, 즉 이론 지식, 경험 지식, 지역 전문가 지식을 하나하나 쌓아야 한다. 어느 하나라도 제대로 준비되어 있지 않으면 부동산 사장님의 말에, 또는 타인의 말에 현혹되어 후회되는 선택을 할 수도 있다.

| 어디를 사야 할까 1 |
투자 지역 선정 방법

FROM 2 MILLION
TO 1 BILLION

부동산 투자는 결국 '어디에 투자하느냐'에 따라 그 결과가 달라진다. 따라서 부동산에 투자하기로 했다면 그 '어디'를 선정하고 고르는 결정, 즉 입지 선정이 무엇보다 중요하다.

'사람은 늙으면 인품이 남지만, 부동산은 늙으면 땅이 남는다'라는 말이 있다. 시간이 지나면 건물은 낡고 허름해지지만, 땅의 가치는 변하지 않는다는 말이다.

게다가 땅의 가치는 인프라와 환경에 따라 양극화가 심해지고 있다. 인구 감소로 인해 학교, 학원과 같은 교육시설, 병원과 같은 의료시설, 고소득 일자리 등 모든 인프라가 서울과 수도권, 광역시로 빠르게 밀집되면서 기타 나머지 지역은 소멸할 가능성이 커지고 있다. 자신이 거주하기로 했든, 매매해 소유만 하기로 했든 부동산 매입이라는 한 번의 선택이 전혀 다른 미래를 가져올 수 있다.

아래는 1997년 아파트 매매가격 순위와 2024년 아파트 매매가격을 나타낸 표다. 1997년에는 같은 1억 5,000만 원의 돈이었지만

1994년 아파트 매매가격 순위 & 2024년 매매가격

번호	지역	아파트명	1997년	2024년	상승액	상승비
1	서초	반포미도1차 33평	1억 8,000만	26억 6,000만	24억 8,000만	14.78배
2	일산	강촌우방1차 33평	1억 7,800만	6억 8,000만	5억 200만	3.82배
3	분당	이매청구 32평	1억 7,700만	15억 9,000만	14억 1,300만	8.98배
4	강남	청담삼익 35평	1억 7,500만	31억 5,00만	29억 7,500만	18배
5	분당	시범현대 32평	1억 7,500만	15억 500만	13억 3,000만	8.6배
6	분당	시범우성 32평	1억 7,500만	14억 8,500만	13억 1,000만	8.49배
7	분당	효자임광 31평	1억 7,500만	11억 9,500만	10억 2,000만	6.83배
8	서대문	홍제한양 28평	1.75 1억 7,500만	8억 8,500만	7억 1,000만	5.06배
9	중동	그린타운삼성 37평	1억 7,500만	6억 7,000만	4억 9,500만	3.83배
10	송파	풍납현대 30평	1억 7,000만	12억 6,000만	10억 9,000만	7.41배
11	동작	본동신동아 33평	1억 7,000만	9억 5,000만	7억 8,000만	5.59배
12	도봉	창동동아 32평	1억 7,000만	8억 1,500만	6억 4,500만	4.79배
13	강동	명일지에스 35평	1억 6,700만	9억 4,000만	7억 7,300만	5.63배
14	동대문	회기신현대 31평	1억 6,700만	7억 7,000만	6억 300만	4.61배
15	강동	고덕아남 31평	1억 6,500만	11억	9억 3,500만	6.67배
16	강서	염창동아 32평	1억 6,500만	10억 2,000만	8억 5,500만	6.18배
17	산본	묘향롯데 34평	1억 6,500만	5억 8,000민	4억 1,500만	3.52배
18	강동	명일주공9단지 32평	1억 5,500만	11억 4,500만	9억 9,000만	7.39배
19	마포	도화현대1차 32평	1억 5,500만	11억 4,500만	9억 9,000만	7.39배
20	노원	상계주공14단지 30평	1억 5,500만	9억 8,000만	8억 2,500만	6.32배
21	강남	대치은마 35평	1억 5,200만	27억 3,000만	25억 7,800만	17.96배
22	서대문	홍은현대 31평	1억 5,200만	7억 7,500만	6억 2,300만	5.10배
23	노원	상계벽산 33평	1억 5,000만	7억	5억 5,000만	4.67배
24	평촌	샛별한양 2단지 31평	1억 4,500만	7억 7,000만	6억 2,500만	5.31배

어느 지역의 어떤 아파트를 구매했느냐에 따라 2024년에 누군가는 26억 원을, 누군가는 5억 8,000만 원의 자산을 얻었다. 단지 내가 아는 곳이라고, 익숙한 곳이라고 무작정 투자하기엔 향후 맞이할 미래가 너무 다르다.

'비싼 아파트'가 있는 곳을 찾아라

그렇다면 좋은 입지는 어떻게 알아볼 수 있을까? 우리 속담에 '싼 게 비지떡'이란 말이 있다. 즉 값이 싼 물건은 품질도 그만큼 나쁘다는 이야기다. 기술과 유통의 발달로 저렴해도 제법 좋은 품질의 물건이 많은 요즘 시대에 이 말이 언제나 옳은 건 아니다. 하지만 나는 부동산에는 적절한 말이라고 생각한다. 비싼 아파트일수록 좋다고 믿는다. 아파트는 투자재이자 필수재이기 때문이다. 비싸면 비싼 이유가 있다. 통상 비싸고 좋은 아파트는 5가지 특징을 지니고 있다.

① 일자리가 많은 지역에 있다.
② 교통의 요충지에 위치해 있다.
③ 좋은 학군에 위치해 있다.
④ 인프라가 좋은 위치에 있다.
⑤ 전반적인 환경이 좋은 곳에 있다.

그리고 내 경험상 위의 특징 중 많은 조건을 충족할수록 아파트값이 비싸고 그렇지 못할수록 가격이 쌌다. 다시 말해 '좋은 아파트'는 가격에 많은 요소가 포함되어 있어 비싼 것이다. 따라서 투자의 실패 확률을 줄이고 성공 확률을 높이려면 '비싼 아파트', 즉 입지 좋은 아파트에 투자해야 한다고 결론을 내렸다.

주식과 부동산은 투자재란 점에서 공통점이 많은데, '가격'에 대한 본질을 꿰뚫는 말들은 두 분야 모두에 공통으로 적용된다. 주식투자의 전설적 인물인 피터 린치는 이렇게 말했다.

"시장은 항상 옳다."

그는 가격이 곧 시장이고, 이유 없이 가격이 설정되지 않는다는 것을 이렇게 표현했다. 그리고 존 네비스라는 투자가도 유사한 맥락으로 아래와 같은 말을 했다.

"주식시장에서 가장 비싼 것은 저평가된 기업이다."

그들과 마찬가지로 나 역시 가격은 가치를 반영한다고 생각한다. 하지만 이런 말을 들으면 돈이 없는 우리가 어떻게 '가치가 있는 좋은 아파트'에 투자할 수 있는지 의문이 생길 것이다.

여기서 포인트는 '상대성'이다. 어차피 처음부터 강남, 서초, 송파 등 1급지 아파트를 바로 매매할 수 없다. 대신 내가 가용할 수 있는 예산 한도에서 가장 좋은 입지, 가장 비싼 아파트에 투자해야 한다.

나는 투자금이 5,000만 원이 될 때까지는 열심히 저축하며 부동산 투자에 관해 공부했다. 그러다 5,000만 원 정도 투자금이 생겼을 때 내가 가진 현금과 대출을 받아 비교적 입지가 좋은 안양시 동안구의 아파트에 투자했다. 비록 신용대출과 사내대출 등 금융 레버리지를 최대한 활용했지만, 이를 활용하지 않고 안 좋은 입지의 아파트에 투자하는 것보다 금융 레버리지를 활용해 상급지 아파트에 투자하는 것이 더 현명하다고 판단했던 것이다.

지금 강남 아파트가 비싸지만 앞으로 오를 가능성이 더 큰 안전한 투자처이듯 비싼 아파트일수록 좋은 아파트이며 좋은 만큼 리스크가 줄어든다.

이렇게 현재 가진 예산으로 매매할 수 있는 1등 물건에 투자하고, 상급지의 2등 물건으로 갈아타고, 또다시 1등 물건으로 바꾸는 식으로 하나하나 계단을 오르듯 투자하는 것이 안전하고 꾸준하게 수익을 일으키는 방법이다. 그러면 어느새 1급지인 강남, 서초, 송파에 등기를 칠 날이 올 것이다.

그렇다면 비싼 아파트, '입지 좋은' 아파트를 어떻게 선별해야 할지 궁금할 것이다. 다음에 전국 시군구별 아파트 평당가격을 가져왔다. 전체 리스트는 QR 코드에 접속해 확인하길 바란다. 책에는 각 급지별로 상위 5순위의 지역만을 정리했다. 이 표를 보면서 내가 활용할 수 있는 예산으로 가능한 1~3급지 내 가장 좋은 선택지는 어디일지 추려보자. 분명 도움이 될 것이다.

아파트 평당 평균 매매가 및 전세가

*급지별 Top 5만 표시

급지	순위	도시	지역(단지수)	시세 매매(평당가, 천원)	시세 전세(평당가, 천원)	전세율	18평 아파트 매매가(천원)	18평 아파트 전세가(천원)	18평 아파트 투자금(천원)	24평 아파트 매매가(천원)	24평 아파트 전세가(천원)	24평 아파트 투자금(천원)
1급지	1	서울	서초구 (269)	7,213	3,262	45%	129,834	58,716	71,118	173,112	78,288	94,824
	2	서울	강남구 (347)	7,206	3,071	41%	129,708	55,278	74,430	172,944	73,704	99,240
	3	서울	용산구 (111)	5,871	2,555	44%	105,678	45,990	59,688	140,904	61,320	79,584
	4	경기	과천시 (32)	5,415	2,350	43%	97,470	42,300	55,170	129,960	56,400	73,560
	5	서울	송파구 (234)	5,312	2,366	45%	95,616	42,588	53,028	127,488	56,784	70,704
2급지	1	경기	하남시 (172)	2,738	1,631	60%	49,284	29,358	19,926	65,712	39,144	26,568
	2	서울	은평구 (176)	2,712	1,729	62%	48,816	31,122	17,694	65,088	41,496	23,592
	3	서울	성북구 (146)	2,675	1,717	64%	48,150	30,906	17,244	64,200	41,208	22,992
	4	서울	관악구 (139)	2,611	1,655	64%	46,998	29,790	17,208	62,664	39,720	22,944
	5	경기	안양시 동안구 (169)	2,495	1,482	59%	44,910	26,676	18,234	59,880	35,568	24,312
3급지	1	경기	안양시 만안구 (114)	1,905	1,253	65%	34,290	22,554	11,736	45,720	30,072	15,648
	2	경기	부천시 원미구 (210)	1,865	1,305	70%	33,570	23,490	10,080	44,760	31,320	13,440
	3	경기	수원시 (603)	1,846	1,183	63%	33,228	21,294	11,934	44,304	28,392	15,912
	4	경기	용인시 (579)	1,773	1,181	66%	31,914	21,258	10,656	42,552	28,344	14,208
	5	경기	부천시 (397)	1,765	1,228	69%	31,770	22,104	9,666	42,360	29,472	12,888
4급지	1	경기	수원시 권선구 (196)	1,494	1,013	67%	26,892	18,234	8,658	35,856	24,312	11,544
	2	경기	부천시 오정구 (64)	1,477	890	59%	26,586	16,020	10,566	35,448	21,360	14,088
	3	경기	안산시 상록구 (68)	1,448	876	60%	26,064	15,768	10,296	34,752	21,024	13,728
	4	부산	연제구 (136)	1,432	838	57%	25,776	15,084	10,692	34,368	20,112	14,256
	5	경기	고양시 일산서구 (165)	1,431	1,011	70%	25,758	18,198	7,560	34,344	24,264	10,080
5급지	1	부산	강서구 (63)	1,218	807	67%	21,924	14,526	7,398	29,232	19,368	9,864
	2	경기	의정부시 (280)	1,213	868	71%	21,834	15,624	6,210	29,112	20,832	8,280
	3	경남	창원시 성산구 (133)	1,194	845	70%	21,492	15,210	6,282	28,656	20,280	8,376
	4	인천	남동구 (259)	1,181	836	71%	21,258	15,048	6,210	28,344	20,064	8,280
	5	경기	용인시 처인구 (102)	1,149	793	67%	20,682	14,274	6,408	27,576	19,032	8,544
6급지	1	대구	남구 (58)	983	666	64%	17,694	11,988	5,706	23,592	15,984	7,608
	2	광주	서구 (219)	978	716	72%	17,604	12,888	4,716	23,472	17,184	6,288
	3	대구	서구 (44)	965	644	59%	17,370	11,592	5,778	23,160	15,456	7,704
	4	경기	양평군 (29)	964	682	70%	17,352	12,276	5,076	23,136	16,368	6,768
	5	경남	창원시 (525)	962	733	74%	17,316	13,194	4,122	23,088	17,592	5,496

출처: 부동산지인

'국민 평형'이라 불리는 34평 아파트는 사회 초년생이나 시드머니가 적은 이들에겐 너무 긴 시간을 요구한다. 목표를 낮춰 24평, 혹은 18평형 아파트까지 범위를 확대하면 보다 빨리 매매할 수 있다.

| 어디를 사야 할까 2 |
투자 아파트 선정 방법

FROM 2 MILLION
TO 1 BILLION

고르고 골라 투자 '지역'을 선정했다면 이제 투자할 '아파트' 후보를 추려야 한다. 지도를 클로즈업해서 보듯 투자 지역에서 투자 동네, 투자 아파트 순으로 범위를 좁혀가며 투자 물건을 고른다.

수요 높은 동네 찾기 : 평당가 높은 3곳을 추린다

지역 선정과 같은 논리로 해당 시군구에서 가장 인기 있는, 수요가 많은 동을 추려야 한다. 부동산 빅데이터 전문 플랫폼 '부동산지인'

을 활용하면 편하다. 만약 이 플랫폼을 활용하지 않는다면 네이버 부동산에서 자료를 발췌할 수 있다.

먼저 부동산지인 홈페이지에서 [지역 분석]을 누른 후 상단의 중앙 탭에서 원하는 지역을 검색한다. 그러면 해당 '시' 안에 분류된 '동'을 확인할 수 있다. 그 상태에서 마우스 스크롤을 아래로 내리면 해당 시에 속한 각 동의 매매 분위기와 평균 시세를 알 수 있다.

안양시 동안구에는 평당 매매시세가 평촌동이 2,908만 원, 관양동이 2,693만 원, 호계동이 2,351만 원, 비산동이 2,291만 원 순으로

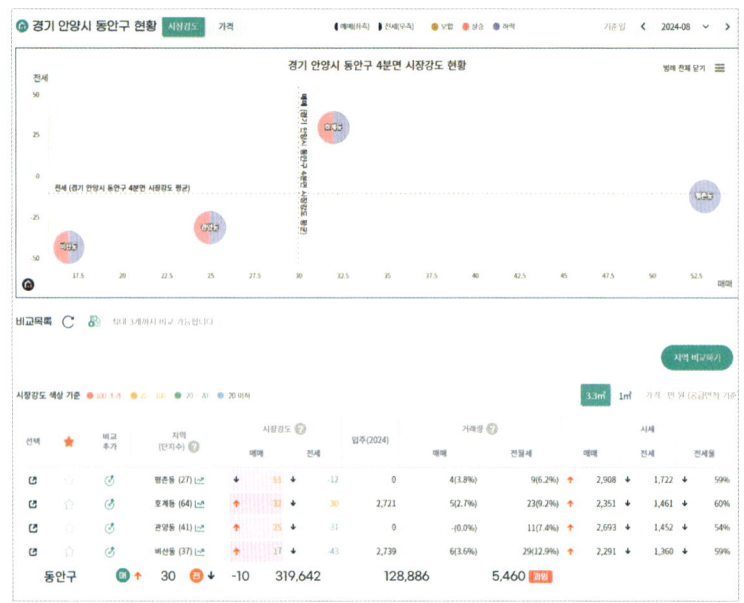

수요 많은 동 확인하기(평촌신도시 예시)

자료: 부동산지인

조회된다. 해당 시에서 가장 수요가 많은 지역 3곳을 확보했다. 이제 본격적으로 그 지역에 포함된 아파트를 분석할 차례다.

수요 높은 아파트 찾기 : 평당가 높은 3곳에 있는 모든 아파트를 시세별로 나열한다

원하는 시 안에서 수요가 높은 동 3곳을 추려냈다. 평촌동, 관양동, 호계동 이 3곳은 안양시 동안구에서 가장 수요가 많은 동네다. 이곳에 있는 모든 아파트를 추려낼 시간이다.

동을 추려낼 때와 마찬가지로 부동산지인 홈페이지에서 가운데 탭에 있는 [아파트 분석]을 클릭한 후 선별된 '안양시 동안구'를 누른다. 그러면 아까 추려낸 평촌동, 관양동, 호계동이 보인다.

평촌동부터 순서대로 하나씩 클릭하면 다음 쪽 그림처럼 해당 동에 있는 모든 아파트를 조회할 수 있다. 이를 마우스로 드래그해서 복사한 후 엑셀에 붙여 넣는다.

해당 동에서 조회되는 아파트 정보를 모두 가져와 정리하면 아래 표처럼 단지명, 총 세대수, 평형, 해당 세대수, 준공년, 매매시세, 전세시세, 매전차액, 평당가액을 구할 수 있다.

이 자료는 부동산지인뿐 아니라 KB부동산에서 [메뉴→데이터허브→KB통계→투자테이블]에서도 조회할 수 있다.

수요 많은 동 지역의 아파트 확인하기(평촌신도시 예시)

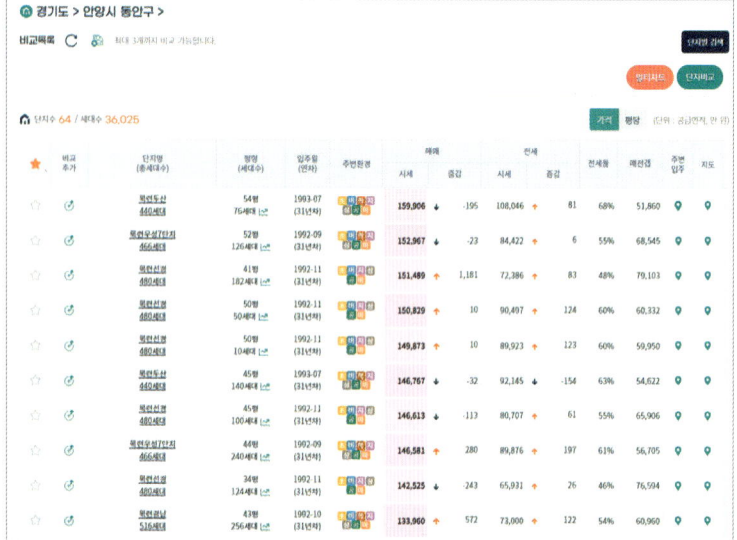

아파트 선정 시 점검할 필수 기준 4가지

원하는 시의 원하는 동에 있는 아파트를 사겠다고 정했다면, 다음 4가지 조건에 부합하는 아파트를 필터링하는 것이 최종 과업이다. 필터링 내용은 아파트 가격과의 상관관계가 어느 정도 입증된 것으로, 이를 바탕으로 선별해 투자한다면 실패 확률을 낮출 수 있다.

기준 1. 세대수:
아파트 총 세대수가 400세대 이상인 단지 추리기

아파트 단지의 세대수는 많으면 많을수록 좋다. 4가지 이점이 존재하기 때문이다. 첫째, 환금성이 높다. 환금성이란 자산을 얼마나 빠르고 쉽게 현금으로 바꿀 수 있는지를 말한다. 세대수가 많으면 절대량이 많아져 거래가 많이 발생한다. 그래서 원할 경우 언제든 매도·매수를 할 수 있어 환금성이 높다. 또 국가나 지방자치단체(공시지가), 은행(예: KB시세)에서 부동산 매매가격과 전세가격 등 부동산 정보를 제공하고 즉시 조회할 수 있어 시세 파악이 용이하고 대출도 쉽다.

둘째, 관리비가 절감된다. 관리비는 개인별로 납부하되 공동 사용분은 1/N(세대수)로 청구된다. 따라서 세대수가 많으면 많을수록 비용이 저렴해진다. 규모의 경제가 발생해 더 저렴하게 비용을 처리할 수 있다.

셋째, 주거 편의성이 향상된다. 일정 세대수가 형성되면 분리수거를 비롯해 커뮤니티, 주차장 등 주거 편의성을 높이는 시설물들이 설치된다. 세대수가 적으면 분리수거가 제때 이루어지지 않고, 주변 환경 관리도 미흡해진다. 반대로 세대수가 많으면 청소·관리업체가 상주해 주거 편의성을 높인다.

넷째, 인프라가 빠르게 형성된다. 수백 세대 이상의 아파트가 준공되면 이에 대응하기 위해 버스 정류장이 생기고 인근 상권이 형성되는 등 인프라가 발달한다. 심지어 1,000세대 이상 단지가 생기

아파트 규모별 3.3m² 당 평균 매매가

(만 원)

항목	2023년 8월
전체 평균	2,100
300세대 미만	1,845
300~499세대	1,855
500~699세대	1,853
700~999세대	1,900
1,000~1,499세대	2,088
1,500세대 이상	2,673

자료: 부동산R114

면 편의점, 부동산, 세탁소 등 다양한 상권이 자연스럽게 형성된다. 각 점포가 해당 단지 수요만으로도 자족할 수 있기 때문이다. 이러한 이점은 가격에 그대로 반영된다.

부동산R114에서 2023년 8월 30일에 작성한 통계 자료를 보면, 세대수가 많으면 많을수록 평당 매매가가 비싼 것을 알 수 있다. 1,500세대 이상의 대단지 아파트는 3.3m²당 평균 매매가가 2,673만 원이다. 반면 300세대 미만의 소규모 단지 아파트는 3.3m²당 평균 매매가가 1,845만 원이다. 약 828만 원의 차이가 나는 것을 확인할 수 있다. 전용면적 84m² 타입을 기준으로 환산하면 한 채당 약 2억 7,000만 원 이상 차이가 나는 셈이다.

기준 2. 준공 연도:
서울과 수도권은 신축 또는 구축 선택, 지방은 무조건 신축 선택

사람들은 새것을 좋아한다. 아파트 역시 예외가 아니다. 새 아파트는 주차장, 커뮤니티, 헬스장, 골프장 등 다양한 편의시설을 갖추고 있다. 당연히 신축 아파트의 인기가 많을 수밖에 없다.

2023년 8월 부동산R114 자료에 따르면, 전국 아파트 1,074만 4,798가구 중 입주한 지 15년 이상 된 노후 아파트 단지는 732만 7,682가구에 달했다. 즉 전체 아파트 단지의 68.2%가량이 15년 이상된 노후 아파트라는 뜻이다.

이처럼 대부분의 아파트가 구축이라 주차가 힘들고 커뮤니티도 없다. 사람들은 신축의 편리함을 추구하기 마련이다. 따라서 신축에 대한 수요가 많다.

이는 가격 상승면에서도 드러난다. 한국감정원에서 발표한 연령별 아파트 매매가격 상승률을 살펴보면 5년 이하인 신축 아파트 매매가 상승률이 가장 높았다. 준신축이라 칭하는 10년 이하 아파트가 그다음을 기록했다. 반면 15년 초과 아파트는 20년 초과 아파트보다 상승률이 낮았다. 이는 20년 초과 아파트는 재건축이나 리모델링을 기대할 수 있기 때문으로 분석된다. 재건축·리모델링 기대감에 애매한 구축보다 아예 구축을 선호하는 수요가 붙은 것이다.

따라서 가능하다면 신축(5년 이하), 준신축(10년 이하), 구축(20년 초과) 그리고 15년 초과 20년 이하 아파트 순으로 선택하는 것이 현명하다. 하지만 대체로 신축은 가격대가 높아 투자하기 어려운 경우가

연식별 아파트 매매가격 상승률

(2017.05~2020.11)

구분	5년 이하	5년 초과 ~10년 이하	10년 초과 ~15년 이하	15년 초과 ~20년 이하	20년 초과
전국	12.8%	10.6%	5.9%	2.4%	3.9%
수도권	22.0%	16.6%	12.9%	10.9%	14.7%
지방	6.4%	4.0%	-1.5%	-5.8%	-4.4%

자료: 한국감정원

많다. 이럴 때는 투자금이 비교적 적게 드는 구축 아파트를 선택해 물가상승률에 상응하는 시세 차익과 개발이익을 함께 노리는 것이다.

기준 3. 평형:
국민 평형 84m² 고집하지 말고, 59m² 미만 소형 선별

1인 가구 및 2~3인 가구의 증가로 소형 아파트의 수요가 증가하고 있다. 2022년도 통계청 자료에 따르면, 2~3인 거주인 수가 607만 5,045명으로 집계되었다. 전체 거주인 수의 절반 격인 49.5%에 이르는 규모다. 2019년 48%에서 계속 증가하고 있다.

나아가 통계청의 '장래 가구 특별 추계 2017~2047년' 자료에 따르면, 1~2인 가구 비중이 2047년에는 72.3%(1,612만 1,000가구)까지 늘어난다고 한다. 그와 더불어 임대수익을 노리는 투자자들도 많아질 것이다. 계속해서 소형 아파트의 수요는 많아질 수밖에 없다.

이것이 59m² 이하의 아파트를 선택해야 하는 이유다. 다음 그래프에서 볼 수 있듯 실제 59m² 미만의 아파트 가격 상승률은 편견과

전용면적별 아파트 매매가격지수

서울

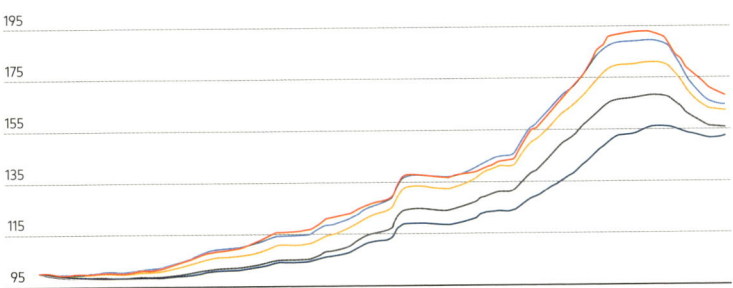

수도권

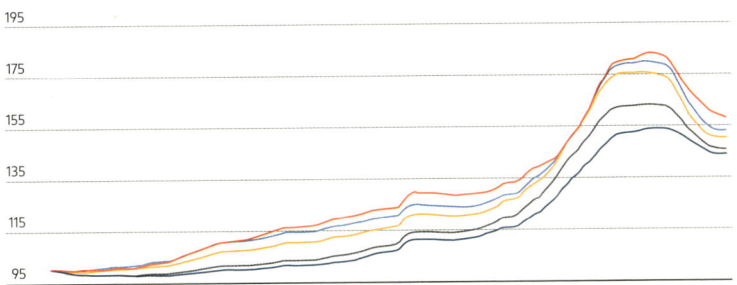

전국

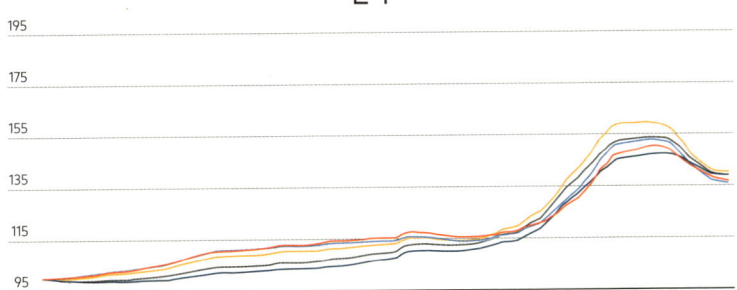

자료: KB부동산

대형(135m² 이상), 중대형(135m² 미만~95m² 이상), 중형(95m² 미만~62m² 이상), 중소형(62m² 미만~40m² 이상), 소형(40m² 미만)은 전용면적을 나타낸 것으로 통상 아파트의 전용률이 70~85%임을 감안해 아파트 면적을 공급면적으로 변환했다.

달리 가장 높았다. 흥미로운 점은 서울, 수도권, 지방을 모두 포함한 전국 단위에서는 평형별 매매가가 다른 결과를 나타냈다. 서울과 수도권은 17평 미만의 소형 아파트가 가격 상승이 가장 가파르고, 하락폭도 가장 컸다. 그다음 중소형(17~25평), 중형(25~36평), 중대형(36~49평), 대형(49평 초과) 순으로 가격 상승을 보였다.

사람들이 흔히 선호하는 국민 평형 84m^2(34평)와 59m^2(24평)를 가장 선호하고 주목하는데 서울과 수도권에서는 그 이하 평수의 소형 아파트도 상승률이 크기에 유심히 살펴볼 필요가 있다. 반면 지방을 포함한 전국 단위에서는 24~34평의 상승률이 가장 높았다. 이 점에 유의해 투자해야 한다.

대형 평형 아파트의 경우 가격 상승은 완만하지만, 하락도 크지 않았다. 따라서 소형, 중소형 아파트로 자산을 불린 후 대형 아파트로 자산을 갈아타 변동성을 낮추고 수익금은 높여가는 전략이 현명하다. 대형 아파트는 매물 가격 자체가 높아 더 낮은 상승률로도 큰 수익금이 발생할 수 있다.

기준 4. 평당가:
매매가와 전세가 차이 확인해 투자 가능한 물건 추리기

계속 말하지만, 비싼 것이 좋다. 그 지역 내에서 비싸다는 것은 지역 내 주민들도 그 아파트로 이사하고 싶어 한다는 의미다. 모든 가격에는 다 이유가 있다. 아파트의 현재 시세는 집값을 결정하는 모든 요소가 합쳐진 결과다.

아파트 평당가격은 매매가격을 평형으로 나누는 방식으로 비교적 쉽게 계산할 수 있다. 이를 엑셀에서 필터로 눌러 '숫자 내림차순 정렬'을 하면 아파트 가격을 높은 곳부터 볼 수 있다.

앞서 배운 내용들을 적용해 세대수가 많고, 중소형 평수이며, 준공 연도를 [신축→준신축→20년 초과 구축]으로 검토해 투자할 만한 아파트를 선별한다. 그렇게 걸러진 매물 중 평당가격이 높으면서 내가 투자 가능한 범위 안에 있는 매물을 선택한 후 매전차액(매매가-전세가)을 보며 검토하면 된다.

투자 가능한 아파트 분석을 위한 문서 작업 예시

경기도 안양시 동안구 아파트 분석 File(24.08.24)
평촌동&관양동&호계동 103개단지, 61,483세대

No	지역명	단지명	총 세대수	평형	평형 세대수	입주 연차	매매 시세	전세 시세	전세율	매전갭
1	관양동	동편마을_4단지	711세대	52평	40세대	12년차	165,647	86,782	52%	78,865
2	관양동	동편마을_4단지	711세대	52평	116세대	12년차	165,476	86,692	52%	78,784
3	평촌동	평촌이편한세상	220세대	57평	100세대	14년차	163,896	83,759	51%	80,137
4	호계동	목련우성7단지	466세대	52평	126세대	31년차	162,035	79,148	49%	82,887
5	호계동	목련두산	440세대	54평	76세대	31년차	159,578	108,657	68%	50,921
6	평촌동	꿈마을_한신	566세대	57평	60세대	31년차	154,438	87,054	56%	67,384
7	호계동	목련선경	480세대	41평	182세대	31년차	153,736	72,137	47%	81,599
8	평촌동	평촌이편한세상	220세대	48평	92세대	14년차	153,548	85,214	55%	68,334
9	호계동	목련우성7단지	466세대	44평	240세대	31년차	151,874	89,350	59%	62,524
10	호계동	목련선경	480세대	50평	50세대	31년차	150,254	90,409	60%	59,845
226	관양동	한가람세경	1292세대	18평	660세대	27년차	44,852	27,993	62%	16,859
227	호계동	평촌대성유니트	203세대	20평	72세대	5년차	44,660	28,945	65%	15,715
228	관양동	공작럭키	773세대	19평	773세대	31년차	44,410	25,864	58%	18,546
229	관양동	공작	1709세대	19평	510세대	31년차	44,367	24,168	54%	20,199
230	호계동	호계삼익	261세대	32평	60세대	27년차	43,822	29,371	67%	14,451
231	호계동	호계아크로리버	210세대	35평	91세대	17년차	43,750	31,950	73%	11,800
232	호계동	일신진흥	130세대	30평	90세대	25년차	43,666	33,659	77%	10,007
233	호계동	신성미소지을	361세대	24평	100세대	19년차	43,363	31,372	72%	11,991
234	호계동	호계효성	370세대	24평	102세대	23년차	42,806	28,272	66%	14,534
235	호계동	범계마을_LD	113세대	31평	54세대	25년차	42,801	31,329	73%	11,472
236	호계동	범계마을_LD	113세대	21평	2세대	25년차	42,766	31,303	73%	11,463
237	호계동	목련우성3단지	902세대	16평	98세대	32년차	42,549	20,961	49%	21,588
238	관양동	한미	220세대	15평	50세대	38년차	42,267	15,579	37%	26,688
239	평촌동	초원마을_부영7단지	1743세대	15평	768세대	31년차	41,837	21,961	52%	19,876

아파트 투자 핵심 전략: 평균 전세가율에 주목하라

아파트에 투자하기 전 전세가율을 검토해 싼지 비싼지를 판단해야 한다. 매매가와 전세가의 비율을 나타낸 것이 '전세가율'이다. 전세가율을 확인해 현시점이 매매하기에 적절한지 판단할 수 있다.

혹자는 투자금이 적게 드는, 전세가율이 높은 아파트를 선택해야 한다고 말한다. 반면 누구는 전세가율이 낮은 아파트가 인기 많은 좋은 아파트라고 말하기도 한다. 모두 틀린 말은 아니다. 이유를 알아보기 전에 먼저 매매와 전세에 대한 개념을 다시 짚어보자.

- **매매**: 소유자가 부동산을 상대방에게 이전할 것을 약정하고, 상대방은 그 대금을 지급하여 성립하는 계약
- **전세**: 임차인(세입자)이 보증금을 임대인(집주인)에게 맡기고 집을 빌려 쓴 후 계약기간이 끝나면 보증금을 돌려받는 주택임대차 유형

다시 말해 부동산 시장 참여자는 매매와 전세 2가지 선택사항 중 본인에게 유리한 의사결정을 할 수 있다. 집값이 내려가거나 횡보(일정한 범위 내에서 움직임)할 것 같으면 전세를 선택하는 것이 유리하다. 보증금을 원금 그대로 돌려받을 수 있고, 집을 빌려 쓰되 비용 없이 사용하는 것이기 때문이다. 하지만 집값이 올라갈 것으로 예상되면 집을 매매하는 편이 유리하다. 내 자산 가격이 올라가기 때문이다.

이처럼 부동산 시장 참여자는 집값이 오를지 내릴지 둘 중 하나를 선택해 전세 또는 매매에 베팅한다. 그리고 그 결과는 전세가율로 표현된다.

- **전세가율이 높다**: 부동산 가격이 내려갈 확률이 높아 보여 매매하기보다 전세를 선택하는 것이 낫다고 판단하는 사람이 많을 때 발생하는 결과다. 전세를 선택하는 사람이 많아져서 매매가는 변동이 없으나 전세가가 올라 전세가율이 올라간 상황이다.

- **전세가율이 낮다**: 부동산 가격이 올라갈 확률이 높아 보여 전세를 선택하면 손해를 볼 거라고 생각해 매매를 선택하는 것이 낫다고 판단하는 사람이 많을 때 발생하는 결과다.

즉 전세가율이 높을 때는 모든 사람이 집 사기를 꺼리는 시점으로, '저평가'된 것으로 봐도 무방하다. 반면 전세가율이 낮을 때는 매매를 하려는 사람들이 많이 참여했다는 의미로, 비교적 '고평가'된 시점이라 할 수 있다. 하지만 강남처럼 언제나 사고 싶어 하는 사람이 많은 지역은 늘 전세가가 매매가보다 훨씬 낮기 마련이다. 그래서 전세가가 높고 낮은지는 해당 매물의 과거와 현재를 비교해 판단하는 것이 좋다. 이러한 논리를 바탕으로 필터링을 통해 마지막까지 선별된 매물의 현재 상태가 고평가인지 저평가인지 전세가율로 확인하면 된다.

호갱노노 앱에서 전세가율 확인하는 방법

 더 간편하게 전세가율을 확인하는 방법도 있다. 바로 부동산 앱 '호갱노노'를 사용하는 것이다. 호갱노노 앱에 접속해 확인해보고 싶은 아파트 매물을 선택한다. 그다음 가운데 탭에 있는 [매매/전세]를 클릭하면 현재 전세가와 매매가를 확인할 수 있다. 전세가율도 위에 표기되어 있다.
 화면 하단에는 평균 전세가율이 적혀 있다. 이것을 보고 현재 해당 아파트의 전세가율이 평균 이상인지, 이하인지 알 수 있다. 평균 이하면 현재 매매가격이 비싸다는 의미이고, 평균 이상이면 매매가

격이 다소 싸다는 뜻이다. 이때 반드시 전세가율이 높아졌다 낮아졌다 파동 운동을 보이는지 확인하자.

수익형 부동산인 오피스텔의 경우 항상 전세가율이 높게 유지된다. 거주 가치(전세 가치)는 있지만 매매 가치는 낮다고 생각하기 때문이다. 아파트는 매매가격이 떨어지면 매매가격과 전세가격 차이가 작아지기에 전세로 거주하던 사람들이 매수를 적극 고려하지만, 오피스텔은 그 가격이 내려가도 매수하려 하지 않는다.

대개 아파트 전세가율은 60~80%대가 평균이다. 하지만 항상 수요가 많고 실거주 가치가 상대적으로 낮은 오래된 서울의 구축 아파트, 예를 들어 압구정 현대아파트, 잠원동 신반포아파트, 용산 신동아아파트 등은 평균 전세가율이 30%대다. 그래서 전세가율은 절댓값이 아닌 각 매물의 평균 전세가율에 주목해야 한다.

| 언제 사야 할까 |
투자 시점

FROM 2 MILLION
TO 1 BILLION

아파트 매매가격은 다양한 원인에 의해 움직인다. 금리, 환율, 소득 등 경제 환경과 관련된 요인뿐 아니라 그 지역의 수요와 공급, 소비자 심리 등이 영향을 미친다. 다시 말해 원인을 딱 어느 것 하나라고 단정하기 어렵다. 부동산은 복잡계의 영역이다.

누군가는 금리가 집값을 결정한다고 말한다. 금리가 오르면 집값이 내려가고, 금리가 내려가면 집값이 치솟는다는 것이다. 하지만 실제 데이터를 보면 그렇지도 않다. 다음 쪽 그래프를 보면 1999년부터 2001년까지 기준금리가 4.75~5.25%로 높은 수준이었는데도 당시 전국 및 서울 아파트 가격도 올랐다. 그뿐 아니라 2004년 11월

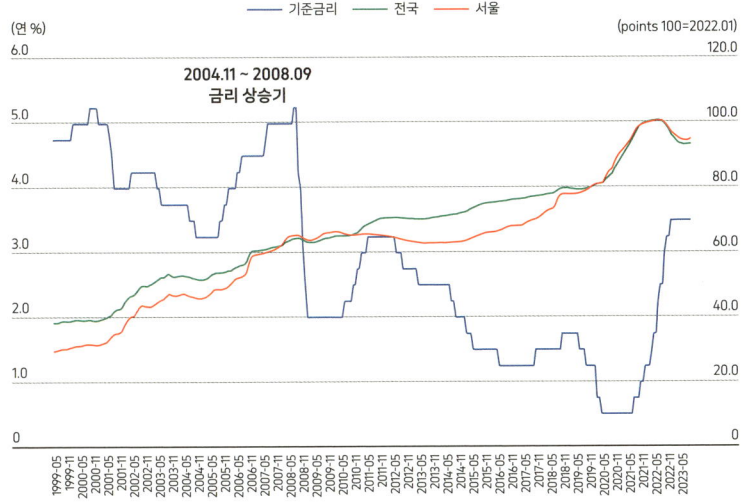

자료: 한국은행, KB부동산

    3.25%이던 금리가 2008년 9월 5.25%까지 약 2.0%가 오르는 기간에도 전국과 서울 아파트 매매가격은 상승했다.

    2022년 이후 급격한 금리 인상으로 아파트 가격이 폭락한 현재 금리는 3.5%다. 물론 그때와 현재 채무자의 수, 채무 비중이 다르기는 하지만, 이 그래프가 시사하는 바는 금리라는 변수가 아파트 매매가격을 100% 설명할 수 있는 지표가 아니라는 사실이다. 사실 부동산 매매가격은 공급과 수요(소비자 심리)에 더 큰 영향을 받는다.

아파트 공급량에 해법이 있다

부동산에 관심이 있다면 2020년도 폭등장 당시 김현미 전 국토부 장관의 발언을 들어봤을 것이다.

> "아파트가 빵이라면 밤새워 만들겠지만, 5년 전 아파트 인허가 물량이 줄어들었기 때문에 현재 주택 공급이 부족하다."

이처럼 아파트는 필요하다고 바로 오늘내일 만들 수 있는 물건이 아니다. 준공 수년 전부터 구역 지정, 계획 수립, 토지 보상 등을 진행한 후 공사를 시작한다. 여기서 끝이 아니다. 분양하고 입주할 때까지 수많은 절차를 거쳐야 한다. 통상 신도시 공급의 경우 지구 지정부터 입주까지 빨라야 8년이 걸린다.

재건축도 쉽지 않다. '기본계획 수립 → 정비계획 수립&정비구역 지정 → 추진위원회 구성 → 조합설립인가&시공자 선정 → 사업시행 인가 → 관리처분계획 수립&인가 → 철거 및 착공 → 준공&입주'까지 통상 8년이 필요하다.

보다 규제가 완화된 리모델링도 다르지 않다. '조합설립 인가 → 안전진단(1차) → 건축&도시계획 심의 → 사업계획 승인 → 이주 및 철거 → 안전진단(2차) → 착공&입주' 등 아무리 빨라도 5년 이상의 시간이 걸린다.

이처럼 아파트 공급이 부족해 추가 공급을 계획하더라도 수년 뒤에 공급되기 때문에 막상 그때가 되면 공급초과 현상이 나타나기도 한다. 공급이 초과할 경우 분양이 안 되고 건설사들의 이익이 줄기 때문에 다시 공급 계획을 줄인다. 그러면 몇 년 뒤 또 공급이 없어 아파트 공급부족 사태가 발생한다. 이런 식으로 수급의 불균형이 지속적으로 반복된다.

따라서 아파트를 매매하기 전 내가 사는 지역에 아파트 공급량이 과하지는 않은지 검토해야 한다. 아파트 또한 수요와 공급으로 가격이 결정되는 재화이므로 공급량을 미리 살펴봐야 한다. 공급 앞에 장사 없다.

뒤에 나오는 그래프는 대구광역시 아파트의 수요·공급과 가격 간의 상관관계를 나타내고 있다. 아파트 공급이 많으면 매매가격은 횡보하거나 하락하고, 공급이 적으면 매매가격은 올라간다.

이는 학창 시절에 배웠던 애덤 스미스의 '보이지 않는 손'의 결과다. 수요와 공급의 접점에서 시장 가격이 형성된다.

이 원리는 대구에만 적용되는 것은 아니다. 서울과 경기도도 공급에서 자유롭지 못했다. 1990년대 공급이 부족해 아파트 가격이 치솟자 정부는 1기 신도시를 분당, 일산, 평촌, 산본, 중동에 대규모로 공급했고, 이후 수년간 가격이 횡보했다.

아파트 공급량 및 수요량 확인하는 법

앞으로 2~3년 내 그 지역에 아파트가 얼마나 공급되는지 알아내는 방법이 있다. 통계청에서 운영하는 '국가통계포털 사이트(kosis.

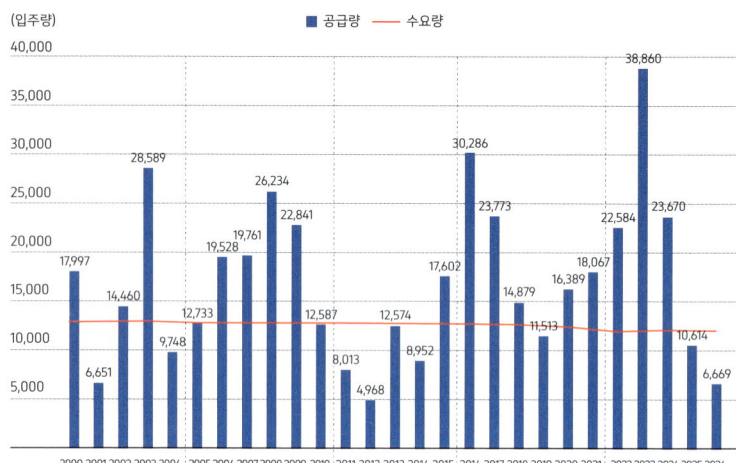

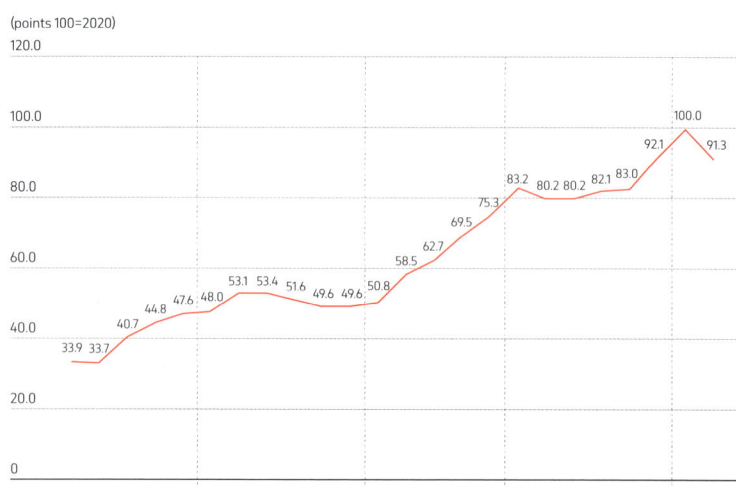

kr)'에서 인허가 실적을 확인하면 된다. 인허가 실적은 2~3년 뒤 공급되는 아파트 물량을 나타내는 것이기 때문에 실적이 많으면 향후 공급이 많아져 통상 매매가와 전세가가 하락한다.

나는 수요량도 함께 확인하는데, 공급량과 수요량을 함께 볼 수 있는 편리한 사이트가 있다. 앞에서 소개한 부동산 프롭테크 '부동산지인'이다. 회원가입을 하면 무료로 모든 정보를 확인할 수 있다. 로그인을 한 후 상단에 있는 [수요/입주]를 선택하고, 원하는 지역을 누르면 된다.

그러면 아래 그래프처럼 해당 지역의 수요량과 공급량을 확인할 수 있다. 향후 2~3년간 수요량인 빨간 선의 숫자보다 공급량이 적다면 비교적 안전하다고 봐도 무방하다.

수요량은 지역 도시인구수에 0.51%를 곱해서 산출된 숫자다. 이는 행정자치부의 '장기주택종합계획'에서 활용하는 지표로 지역 인구에서 전입·전출, 가구 분리 등의 이유로 필요하다고 계산된 아파트 숫자다. 아파트 투자를 하기 전에 보다 안전성을 확보하려면 내가

관심 지역의 아파트 수요·공급량 확인하기

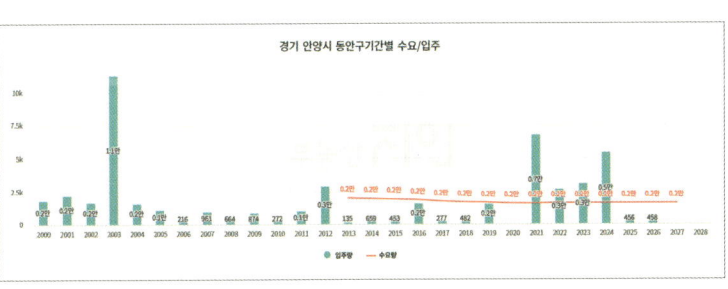

사는 지역과 인접한 지역의 수급량까지 함께 확인하는 것이 좋다.

지역 내 소비자 심리를 확인하라

비록 당장 2~3년 후 아파트 공급량이 적더라도 이전에 누적된 물량이 많으면 모든 수요를 소화할 때까지 시간이 꽤 오래 걸릴 수 있다. 그래서 남아있는 공급 물량이 많지 않은지 확인이 필요하다. 아직 미분양 물건이 많이 남아있다면, 해당 지역 내 부동산 분위기는 좋지 않을 확률이 높다. 사람들은 통상 신축을 가장 선호하는데, 아직도 미분양이 많다는 것은 부동산에 대한 소비자 심리(아파트 수요)가 좋지 않다는 의미이기 때문이다.

아파트 미분양 물량 확인하는 법

미분양은 건설회사에서 아파트를 분양했는데, 1순위와 2순위까지 갔음에도 불구하고 소진되지 못한 물량이 있음을 뜻한다. 이는 '국토교통부 통계누리(stat.molit.go.kr)' 홈페이지에 들어가 데이터를 확인하면 된다. 국토교통부 통계누리에서 [주택→미분양 주택 현황 보고→시군구별 현황]을 누르면 아파트 미분양 물량을 확인할 수 있다.

나는 편의를 위해 익숙한 부동산지인에서 확인한다. 홈페이지 상단에 [지인빅데이터 → 미분양]을 누른 후 [지역 선택]에서 원하는 곳을 검색해 확인하면 된다. 누적 물량이 없고 수요·공급이 적정 수

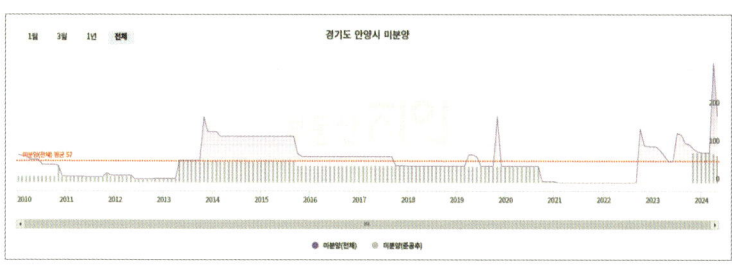

미분양 물량을 통해 관심 지역 내 수요 심리 확인하기

치라면 지금 투자하는 게 시기적으로 나쁘지 않다고 판단한다.

청약 경쟁률 확인하는 법

내가 투자하려는 지역의 수요와 공급, 미분양 분량을 확인했다면 마지막으로 청약 경쟁률까지 확인하자.

청약 경쟁률은 새 아파트에 대한 그 지역 사람들의 심리를 알 수 있는 선행지표다. 지역 내 공급이 넘치고 미분양도 많은 상황이라면 핵심 입지라 할지라도 사람들은 분양에 관심이 없다. 시간이 흐르면서 미분양이 점점 줄고 공급도 줄어들면 사람들의 심리가 조금씩 회복된다. 그러면 가장 좋은 핵심 입지부터 청약이 완판되면서 경쟁률이 높아진다.

이는 신축 아파트에 대한 수요 증가를 의미한다. 청약 경쟁률이 높을수록 당첨이 어려워지기 때문에 분양권과 새 아파트가 될 가능성이 있는 재개발·재건축 아파트의 시세도 올라간다. 그뿐만 아니라 전반적으로 지역 내 매매가가 전부 오른다.

이처럼 청약 경쟁률을 살펴보면 그 지역의 현재 분위기를 가늠할 수 있다. 핵심 입지임에도 경쟁률이 낮으면 투자는 시기상조다. 특히 일반 청약 경쟁률은 허수가 포함되어 있을 수 있으므로 평생 단 한 번밖에 쓰지 못하는 특별공급 경쟁률을 확인하면 도움이 된다.

　청약 경쟁률은 한국부동산원의 '청약홈(www.applyhome.co.kr)'에서 조회할 수 있다. 홈페이지 왼쪽 탭에서 [청약일정 및 통계→분양정보/경쟁률→민영]을 누른 후 원하는 지역을 선택해 조회한다. 그리고 조회 결과에서 [1·2순위 경쟁률]과 [특별공급 신청 현황]을 확인하면 된다. 이외에 지역 아파트 매매가격지수를 함께 살펴보면 더 좋다.

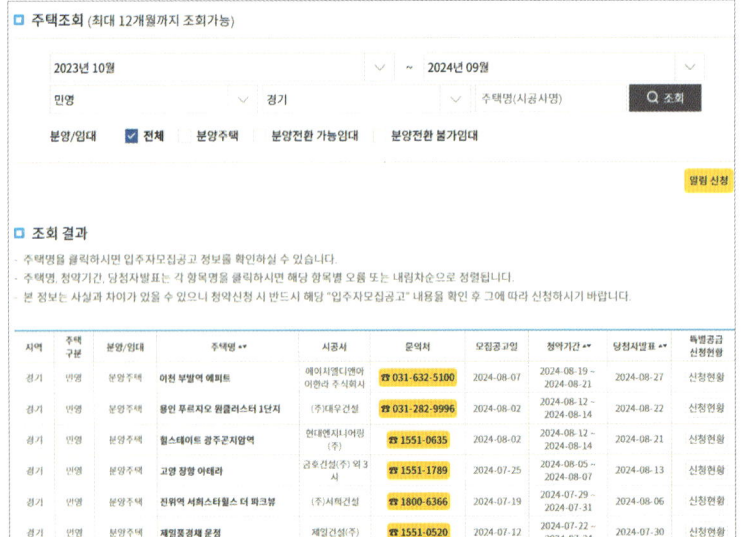

| 무엇에 투자할까 |

투자 지역과 아파트 검증 5단계

FROM 2 MILLION
TO 1 BILLION

'돌다리도 두드려보고 건너라'라는 옛말이 있다. 투자자에게 '신중함'은 반드시 필요한 덕목이다. 게다가 부동산은 한푼 두푼이 아닌 수억 원을 호가하는 인생 최대의 소비재다. 반드시 부동산의 입지 분석법을 이해하고 투자를 재검토함으로써 확신을 심는 과정이 필요하다.

그렇지 않을 경우 매일 불안한 마음에 뉴스를 보고 네이버 시세를 확인하면서 안절부절 못하는 불안한 삶을 살아야 할 수도 있다. 사실 이미 앞에서 설명한 대로 다양한 기준에 따라 필터링과 검증을 마쳤다면 의심할 일이 없다. 하지만 '부린이(부동산+어린이를 합친

말로, '부동산 초보'를 뜻함)'의 경우 그렇지 않을 수 있다. 우리는 100% 확신을 가지고 투자할 수 있도록 빈틈없이 따져야 한다.

이 시점에서 왜 특정 부동산의 가격이 오르는지 그 요건을 살펴보고, 마지막으로 해당 요건들에 부합하는지 크로스체크를 해보자. 그러면 더 확신에 찬 투자가 가능해진다. 이 과정을 모두 마치면 부동산의 가격이 내려가도 팔지 않고 버틸 수 있는 힘이 생기며, 더 좋은 상품을 가려낼 수 있는 눈이 생긴다. 이를 기준 삼아 더 좋은 매물을 선별하고 자산을 계속 더 나은 것으로 바꿔가면 언젠가 모든 사람이 원하는 강남 아파트에 등기를 칠 수 있을 것이다.

검증 1: 일자리

뒤에 나오는 표는 2023년 9월 국민 평형 84m^2(34평) 아파트의 전국 매매가 순위다. 이 아파트들의 공통점이 보이는가? 연식과 관계없이 모두 30억 원을 호가한다. 그리고 모두 강남과 서초에 밀집되어 있다. 왜 강남과 서초에 비싼 아파트들이 즐비할까?

이는 강남에 비싼 값을 지불할 수 있는 사람이 많기 때문이다. 부동산은 사고팔기가 가능한 재화다. 다시 말해 비싼 부동산을 살 수 있는 사람이 많은 지역에 투자재가 있어야 아파트 가격이 계속 오른다. 고소득 일자리가 많은 지역의 아파트 가격이 오를 수밖에 없는 이유다.

전국 34평 아파트 매매가 순위

구분	단지명	매매가	지역
1위	래미안원베일리	45억 9,000만	서울 서초구 반포동
2위	현대10차	41억	서울 강남구 압구정동
3위	현대8차	38억 9,000만	서울 강남구 압구정동
4위	아크로리버파크	38억 1,000만	서울 서초구 반포동
5위	현대14차	37억	서울 강남구 압구정동
6위	래미안퍼스티지	36억 9,000만	서울 서초구 반포동
7위	현대 3차	36억 5,000만	서울 강남구 압구정동
8위	반포자이	36억	서울 서초구 반포동
9위	아크로리버뷰	34억	서울 서초구 잠원동
10위	반포센트럴자이	33억 9,000만	서울 서초구 잠원동
11위	래미안대치팰리스 1, 2단지	32억	서울 강남구 대치동
12위	신반포자이	31억 5,000만	서울 서초구 잠원동
13위	한양5차	31억 5,000만	서울 강남구 압구정동
14위	대치SK뷰	31억 2,000만	서울 강남구 대치동
15위	디에이치아너힐즈	30억 2,500만	서울 강남구 개포동
16위	서초그랑자이	30억 1,000만	서울 서초구 서초동
17위	신반포4차	30억	서울 서초구 잠원동
18위	반포리체	30억	서울 서초구 반포동
19위	디에이치퍼트티어아이파크	29억 9,477만	서울 강남구 개포동
20위	개포우성2차	29억 9,200만	서울 강남구 대치동

* 2023.09 기준

　초보 투자자에게 30억 원은 엄청 큰돈이지만, 강남에서 크게 사업을 운영하는 사장님이나 대기업 대표 또는 임원에게 30억 원은 큰돈이 아닐 수 있다. 지역에 양질의 일자리가 많으면 그 주변에서 일하는 사람들의 평균 소득이 높다. 당연히 그들은 구매력이 좋아 비싼 아파트도 비교적 쉽게 사고판다.

예를 들면 2022년 〈뉴욕타임스〉 기사에 따르면, 구글의 평균 연봉은 3억 원이라고 한다. 부부가 함께 구글에 다니면 연 6억 원을 벌 수 있다는 의미다. 그들은 몇 년만 저축해도 30억 원 아파트를 매매할 수 있다. 구글뿐만이 아니다. 우리나라 최대 기업인 삼성전자, 현대자동차, SK하이닉스, 카카오, 네이버 등 대기업의 평균 연봉은 1억 원대 중반이다. 부부가 같이 이 회사에 다니면 1년에 2억 원 이상 벌 수 있다. 사실 이 금액은 평균이기 때문에 연봉 2억~3억 원의 고소득자도 많다. 이들이 사는 곳의 아파트 가격은 비쌀 수밖에 없다.

이처럼 고소득, 양질의 일자리가 많은 지역은 구매력이 높은 수요자가 많아 아파트 가격이 오른다. 따라서 양질의 일자리가 많은 지역에 투자해야 크게 수익을 볼 수 있다.

그렇다면 양질의 일자리가 많은 지역은 어디일까? 투자자라면 반드시 주시해야 할 업무지구 4곳을 소개한다.

강남업무지구 GBD, Gangnam Business District: 강남구, 서초구, 송파구

명실상부 대한민국 최대 업무지구는 '강남업무지구'다. 지역에 양질의 일자리가 많고 적음을 판단하는 기준이 있다. 우선 1,000명 이상의 대기업 종사자가 있는 법인기업체가 얼마나 많은지 확인하는 것이다. 또 지역의 국민연금 보험료 납부액을 통해 지역 가입자의 연소득을 산출해 확인하는 방법도 있다.

나는 편의를 위해 1,000명 이상 종사자가 있는 대기업의 수를 판단 기준으로 삼았다. 강남업무지구에는 1,000명 이상 종사자가 있는 법인기업체의 수가 106개나 있다(강남구 67개, 서초구 39개). 그만큼 많은 대기업이 강남업무지구에 몰려있다는 뜻이다.

도심업무지구 CBD, Central Business District : 종로구, 중구

도심업무지구에는 종로구, 중구 등이 속한다. 이곳 또한 1,000명 이상 종사자가 있는 법인기업체의 수가 106개다(종로구 38개, 중구 68개). 강남업무지구만큼 매력적인 투자 지역인 셈이다.

여의도업무지구 YBD, Yeouido Business Districk : 여의도, 마포구

여의도업무지구에는 영등포구, 마포구 등이 포함되어 있다. 이곳의 1,000명 이상 종사자가 있는 법인기업체 수는 66개다(영등포구 48개, 마포구 18개).

분당업무지구 BBD, Bundang Business Districrt : 분당구, 수정구

분당업무지구에는 분당구와 수정구 등이 속해 있으며, 이곳의 1,000명 이상 종사자가 있는 법인기업체 수는 34개다(분당구 32개, 수정구 2개).

검증 2: 교통

문제는 강남, 서초, 방배, 여의도, 종로, 분당 등 앞에서 소개한 지역은 대한민국 상위 1% 지역이라는 데 있다.

이 지역의 아파트를 매매하려면 적게는 20억 원부터 많게는 45억 원이 필요하다. 투자금이 비교적 적게 드는 갭투자를 하더라도 10억 원을 넘는 돈이 필요하다. 즉 자본을 적게 갖고 있는 투자자가 바로 진입할 수 있는 시장이 아니다. 다른 방법을 찾아야 한다.

바로 앞에 소개된 지역들에 가장 빠르면서 편하게 도달할 수 있는 교통선이 깔린 지역에 투자하는 것이다. 아래는 해당 업무지구에 도달 가능한 전철 라인이다. 이를 기억하고 투자하면 좋다.

- 강남업무지구 및 여의도업무지구를 잇는 호선: 2호선, 9호선
- 강남업무지구 및 도심업무지구를 잇는 호선: 3호선
- 도심업무지구를 순환하는 호선: 2호선, 5호선
- 분당업무지구를 지나가는 호선: 신분당선

실제 부동산 플랫폼 '직방'에서 분석한 자료만 봐도 앞서 설명한 라인을 지나가는 지역의 역세권 아파트는 2022년 말~2023년 초 부동산 급락장일 때도 하락폭이 작았다.

투자하려는 아파트가 있다면 지하철 지도 앱에서 출발지로 설정한 후 강남이나 종로, 여의도를 목적지로 찍어 걸리는 시간을 살펴

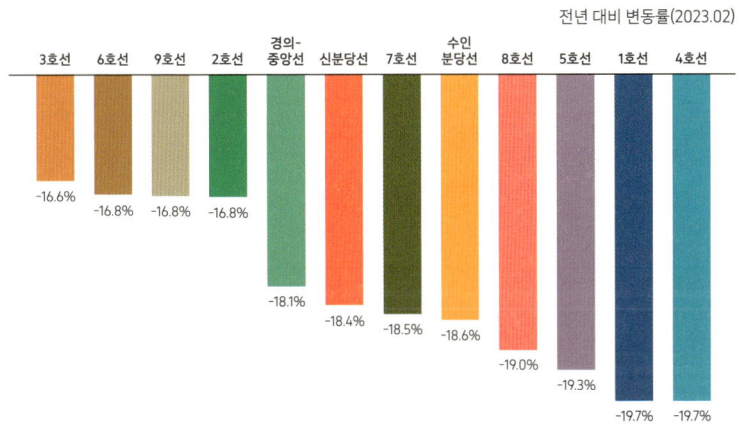

보자. 1시간 내에 도달 가능하다면 제법 괜찮은 지역이란 의미다.

검증 3: 중학교 학군

검증해야 할 세 번째 조건은 바로 학군이다.

한국은 '맹모삼천지교'를 말로만 인용하는 게 아니라 실천하는 나라다. 한국의 부모들은 아이를 위해 이사를 두 번, 세 번 그 이상도 다닌다. 그래서 실제 학군이 좋은 지역은 이사를 오려는 대기 수요가 많다. 이는 전세가 상승이 방증한다.

특이한 점은 우리의 상식과 달리 고등학교 학군이 아닌 중학교 학군에 주목해야 한다는 것이다. 고교 비평준화 시절에는 '고등학교 학군'이 중요했다. 하지만 지금은 평준화되어 고등학교 학군의 중요성이 비교적 낮아졌다.

대신 중학교 학군이 더 중요해졌다. 고등학교와 달리 중학교는 해당 지역에 거주해야만 입학할 수 있기 때문이다. 그리고 실제 공부를 잘하는 학생들은 지역 고등학교보다 특수목적고등학교(특목고)에 입학하려는 경향이 있다. 따라서 중학교의 특목고(영재고, 외고, 과학고, 민사고, 국제고 등) 진학률이 무엇보다 중요하다.

내가 사는 평촌의 귀인중학교는 지난해 3학년 졸업생 394명 중 68명이 특목고에 입학했다. 즉 한 학년에 17.2%가 명문고를 간 것이다. 영재고 9명, 과학고 5명, 외고·국제고 36명, 자사고 18명으로 한 반에 5~6명이 특목고에 간 셈이다. 부모라면 자녀가 이런 학교에 입학하길 바랄 것이다. 이미 학생들 스스로 열심히 공부하는 분위기가 조성됐을 가능성이 크고, 학습 능력이 상향 평준화되어 있을 거라고 생각하기 때문이다.

그래서 많은 부모가 자녀를 이곳 중학교에 입학시키기 위해 이 지역 아파트로 이사를 온다. 이를 반영하듯 이 지역의 아파트는 전세가와 매매가가 꾸준히 오르고 있다.

명문중을 찾는 방법은 어렵지 않다. '아파트 실거래가(아실)' 앱에서 왼쪽 탭의 [학군]을 누른 후 지역을 설정하고 검색하면 손쉽게 찾을 수 있다.

다음은 아실에서 제공한 경기도 특목고 진학률 및 학업성취도 평가 결과 자료다. 우수학군 위치를 파악하고 투자에 활용하는 데 유용하다.

경기도 특목고 진학률 및 학업성취도 평가 순위

순위	위치	학교명	국가 수준 학업성취도 평가 (평균/%)	특목고 진학률
1	가평군 설악면	청심국제중	99	65
2	고양시 일산서구	오마중	92	14
3	안양시 동안구 평촌동	귀인중	95	13
4	과천시 별양동	과천문원중	89	11
5	안양시 동안구 평촌동	평촌중	92	9
6	과천시 중앙동	과천중	87	13
7	고양시 일산동구 마두동	정발중	90	9
8	고양시 일산동구 식사동	일산양일중	86	7
9	군포시 산본동	궁내중	89	8
10	안양시 동안구 호계동	대안여자중	96	10
11	안양시 동안구 호계동	범계중	93	7
12	성남시 분당구 수내동	수내중	96	6
13	안양시 동안구 비산동	안양부흥중	87	5
14	안양시 동안구 관양동	부안중	79	12
15	용인시 수지구 상현동	서원중	93	5
16	수원시 영통구 망포동	망포중	91	5
17	성남시 분당구 수내동	내정중	96	5
18	김포시 풍무동	풍무중	89	4
19	동두천시 생연2동	생연중	72	10
20	안양시 동안구 호계동	대안중	92	8
21	고양시 덕양구 화정동	화정중	91	6
22	고양시 일산동구 마두동	백신중	88	6
23	고양시 덕양구	고양제일중	70	5
24	양주시 고읍동	덕현중	66	4
25	성남시 분당구 서현동	서현중	95	4
26	수원시 영통구 영통동	영덕중	94	5
27	부천시 상동	석천중	91	4
28	화성시 반송동	솔빛중	90	4
29	고양시 일산서구 주엽동	발산중	89	5
30	용인시 기흥구 영덕동	흥덕중	86	4

호갱노노 앱으로도 학군 좋은 곳을 찾을 수 있다. 호갱노노 앱에서 왼쪽 탭에 있는 [분석]을 누른 뒤 [학원]을 누르면 지도에서 학원의 개수와 비용을 확인할 수 있다. 이를 통해 어느 지역에 학원가가 형성되어 있는지, 규모가 얼마나 큰지 파악할 수 있다.

학원가가 몰려있으면 자녀가 원하는 양질의 교육을 제공할 수 있고, 자연스레 면학 분위기도 형성된다. 또 유해 시설이 들어올 수 없어 보다 안전하다.

특히 지방 아파트를 검증할 때는 일자리와 교통보다 학군이 더 중요하다. 지방에서도 우수학군과 학원가 지역을 찾아 투자하면 보다 나은 의사결정을 할 수 있다.

학원가 규모를 통해 관심 지역 내 면학 분위기 확인하기

검증 4: 인프라 및 환경

인간의 기본 욕구를 설명한 '매슬로의 욕구단계설'을 들어본 적 있는가? 이는 1943년 미국의 심리학자 에이브러햄 매슬로가 발표한 동기 이론 중 하나다.

인간의 욕구는 생리적 욕구, 안전의 욕구, 사랑과 소속의 욕구, 존중의 욕구 그리고 자아실현의 욕구가 있다. 그리고 인간은 이 욕구가 아래층부터 하나씩 채워질 때 비로소 다음 단계의 욕구가 나타나고, 이를 충족하려고 한다.

부동산도 욕구의 총체다. 나의 기본 욕구인 생존의 욕구를 충족시켜주는 회사에 편하게 왔다 갔다 할 수 있는 교통이 충족되면, 그

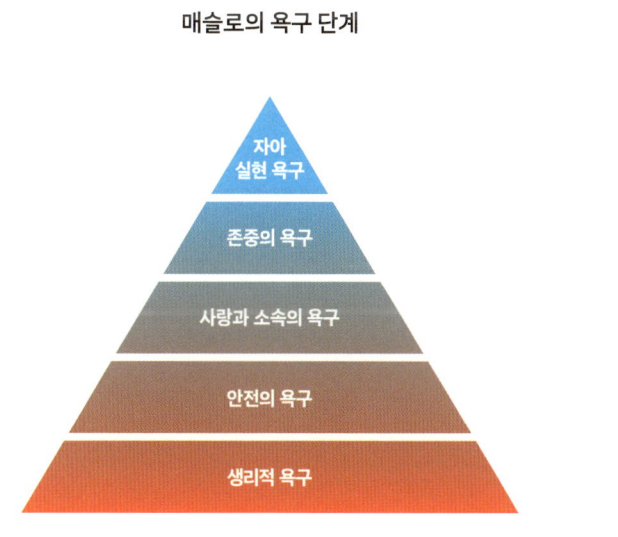

매슬로의 욕구 단계

다음 내 자녀가 좋은 학교에 다니길 바라는 학군에 대한 욕구가 생긴다. 이러한 주요 필수 욕구가 충족되면 또 다음 욕구가 생기기 마련이다. 부동산에 대해서도 마찬가지다. 일자리, 교통, 학군이 충족되면 마지막으로 편의성(인프라)과 환경을 원하게 된다.

인프라는 우리가 흔히 말하는 '슬세권'이다. 슬세권은 슬리퍼와 세권(勢圈)의 합성어로 슬리퍼 차림으로 카페, 편의점, 극장, 도서관, 쇼핑몰, 관공서 등 각종 편의시설을 이용할 수 있는 주거 권역을 의미한다. 특히 항아리 모양의 상권이 형성되어 있으면 누구나 원하는 인프라가 구축되어 있을 확률이 높다. 상권 주변을 주거 배후 세대가 둘러싸고 있는 모습이다. 1기 신도시인 평촌, 산본, 분당, 일산 등 계획도시가 이러한 형태를 지니고 있다.

이는 다음 쪽 그림처럼 호갱노노 앱에서 왼쪽 탭에 있는 [분석 → 상권]을 누르면 쉽게 볼 수 있다. 가운데 상권이 몰려있고, 그 주변에 아파트 주거 배후 세대가 있으면 '항아리 상권'이다.

인프라 다음으로 중요한 요소가 환경이다. 아파트 주변에 호수, 강, 산, 공원 등이 있으면 아파트의 가치가 더 올라간다. 한강 주변 아파트, 호수공원 아파트, 공원을 가지고 있는 아파트처럼 복잡한 도심 속에서 이러한 자연환경을 갖추고 있으면 적게는 5,000만 원에서 많게는 수억 원의 프리미엄이 붙기도 한다.

관심 지역 내 상권 확인하기

검증 5: 자부심(커뮤니티)

'일산' 사는 사람은 고양시에 살면서도 '고양시'에 산다고 말하지 않는다.

'평촌' 사는 사람은 안양시에 살면서도 '안양시'에 산다고 말하지 않는다.

'분당' 사는 사람은 성남시에 살면서도 '성남시'에 산다고 말하지 않는다.

'판교' 사는 사람은 분당구에 살면서도 '분당구'에 산다고 말하지 않는다.

'산본' 사는 사람은 군포시에 살면서도 '군포시'에 산다고 말하지 않는다.

'광교' 사는 사람은 수원시에 살면서도 '수원시'에 산다고 말하지 않는다.

대한민국에서는 사는 지역의 이름이 단순히 거주 지역만을 의미하지 않는다. 지역은 그들의 신분과 재정 상태를 대변한다. 우리에게 명함 그 이상의 역할을 한다.

요즘은 '삼성전자, 현대자동차에 다녀'라는 말보다 '강남에 산다'라는 말에 힘이 더 실리고 인정하는 분위기다. 이처럼 좋은 지역에 대한 욕망은 끝이 없다. 그리고 우리는 이러한 욕망이 모이는 곳에 투자해야 한다. 가수요가 많다는 것은 나 다음으로 더 비싼 값을 치르며 사줄 사람이 많다는 의미다.

이를 경제학에서는 '베블런 효과$^{Veblen\ Effect}$'라고 한다. 베블런 효과는 가격이 오르는데도 불구하고 수요가 증가하는 것을 말한다. 일반적으로 물건은 가격이 계속 오르면 수요가 점차 줄어 다시 적정 가격대로 내려오기 마련이다. 하지만 베블런 효과는 이를 부정한다.

높은 가격은 물건을 사는 데 장애 요인으로 작용한다. 그럼에도 불구하고 이를 소유한다는 것은 자신이 그 장애를 극복할 능력을 지녔다는 신호 효과를 발생시킨다. 이는 일반적인 소득 수준을 가진 사람은 구매하기 어려울 정도로 물건의 가격이 높을 때 그 효과가 배가 된다. 이러한 진입 장벽 때문에 강남 같은 일부 지역은 소득이 높은 사람들만 살 수 있고, 그러면서 자연스럽게 주거지역이 나뉘게 된다. 이는 외부 사람들로 하여금 더 가고 싶다는 욕구를 불러일으킨다.

지금까지 설명한 5가지 기준을 토대로 앞서 선별한 아파트가 이 기준에 부합하는지 하나하나 대조해보자. 그런 다음 내가 가장 중요시 여기는 것에 강점이 있는 아파트를 선별하면 된다. 사실 5가지 기준에 모두 만족하는 아파트를 찾기는 어렵다. 찾더라도 가격이 비싸 매수 불가능한 아파트일 가능성이 크다. 중요한 것은 내가 투자 가능한 선에서 최고의 아파트를 고르고 최선의 선택을 하는 것이다.

| 부동산 매매할 때 팁 1 |

임장 매뉴얼

FROM 2 MILLION
TO 1 BILLION

온라인 손품을 팔아서 많이 공부했을지라도 매매하기 전에 최소 2~3번 그 지역을 직접 방문해 주변 분위기와 매물을 살펴봐야 한다. 이렇게 실제로 현장에 가서 보고 파악하는 것을 '임장'이라고 한다. 임장을 해야 보이지 않던 리스크를 발견해 대응할 수 있고, 이를 통해 더 좋은 매물을 선별할 수 있다.

임장은 크게 투자하려는 아파트의 주변 분위기를 살펴보는 '분위기 임장'과 실제 매매하려는 물건을 살펴보는 '매물 임장' 2가지가 있다.

동네 한 바퀴 돌며 지역 분위기를 살핀다

분위기 임장은 말 그대로 지역의 분위기를 살펴보는 것이다. 매물이 좋은지 나쁜지 판단하는 것도 중요하지만, 부동산 투자에서 가장 중요한 건 분위기 임장이다.

아무리 좋은 신축 아파트라도 넓은 대형 아파트라도 집 인근에 유흥업소, 모텔, 소각장, 교도소 등 유해 시설이 있으면 꺼려지기 마련이다. 반면 아무리 오래된 아파트라도 주변에 강이나 공원이 있고, 우수학교와 학원가가 있으며, 거리가 깨끗하고 좋으면 선호되기 마련이다. 그리고 이러한 요소들은 모두 아파트 매매가격에 반영된다. 따라서 투자하기로 마음먹은 아파트가 있다면 아래의 요소들을 하나둘 체크해서 종합적으로 판단한 후 매매하는 것이 좋다.

역과의 거리

집을 구할 때 가장 중요한 점은 일터와 접근성이 좋아야 한다는 것이다. 일자리가 위치한 지역의 역과 매매하려는 아파트 주변 역과의 거리도 중요하지만, 역에서 집까지의 거리도 고려해야 한다. 지하철로 이동하는 시간보다 역에서 집까지 이동하는 시간이 더 소요되는 아이러니한 경우도 많다.

또 출퇴근 시간에 투자하려는 아파트에서 일자리 지역까지 직접 이동해보는 것도 필요하다. 대중교통 혼잡도 등 상황을 미리 살펴볼 수 있기 때문이다. 일부 지역에서 고속전철은 타는 곳까지 이동하는

데 시간이 오래 걸리고, 너무 많은 사람이 이용해 제시간에 탑승하지 못한 채 열차를 몇 개 보내기도 한다.

주변 상권 분위기와 업종

유흥업소나 PC방, 모텔 등 유해 시설이 있는 지역인지 파악하는 것이 좋다. 이는 안전과 직결된 사항으로, 내가 거주할 때뿐 아니라 임차인을 구하고자 할 때도 매우 중요하다.

주변 학교 유무

나의 자녀를 위한 것도 있지만, 다양한 임차인을 고려하려면 집 근처에 초등학교와 중학교가 있는지 살펴보는 게 좋다. 학군이 좋은 지역의 아파트는 항상 수요가 많다.

대중교통의 편의성

역과의 거리는 물론 역 외에도 주변 생활 인프라 시설에 도달할 수 있는 대중교통이 많은지 살펴봐야 한다. 버스 노선이 많고 배차 간격이 짧을수록 좋다.

주민 연령대

신혼부부가 많거나 젊은 세대가 많은 지역이 좋다. 앞으로 인구가 감소한다는 건 누구나 아는 사실이다. 생산 가능 인구가 많은 지역에 사는 것이 앞으로 매매가 인상에 도움을 줄 수 있다. 현재 모든 곳에서 양극화가 일어나고 있다. 노령화가 빨라지는 도시는 초등학교, 중학교, 학원 등 영유아나 청소년 필요 시설이 빠르게 사라지고 있는데, 이는 신규 유입을 막는 요인이 된다.

인프라

마트나 백화점 등 생활 편의시설과 시청, 구청, 병원 등 생활 인프라는 많을수록 좋다.

자연환경

공원이나 산 등 인근 자연환경을 활용할 수 있는 곳이 좋다.

아파트 임장을 다니며 위의 기준에 부합하지 않는 것이 많다면 투자를 다시 고려해볼 필요가 있다. 이런 내용은 인터넷으로는 알기 어렵고, 직접 가서 보고 경험해보고 느껴야 한다.

아파트 매물, 직접 보는 것보다 더 좋은 건 없다

원하는 지역의 분위기 임장이 끝나면 본격적으로 매물 임장을 할 시점이다. 여기서 언급하는 내용만 잘 활용해도 적게는 500만 원, 많게는 3,000만 원을 아끼거나 더 벌 수 있다.

로열동 파악

나홀로 아파트가 아니라면 보통 아파트 단지는 여러 동으로 구성되어 있다. 그리고 그 단지에서 가장 선호되는 동이 있고, 선호되지 않는 동이 있기 마련이다. 대개 로열동은 그렇지 않은 동보다 비싸지만, 간혹 다른 동과 같거나 저렴하게 매물이 나올 때가 있다. 그럴 경우 당연히 로열동 매물을 매매해야 한다. 조금 더 돈을 얹어주더라도 로열동 매물을 매입할 필요가 있다. 로열동은 역과 거리가 가장 가깝거나, 주 출입구와 가깝거나, 방 구조가 더 좋거나, 막힘없는 좋은 전망을 가진 동이기 때문이다. 부동산 사장님이나 호갱노노 같은 앱에서 파악해 수요 많은 로열동을 취득하는 것이 좋다.

로열층 파악

로열동은 단지별로 다른 기준을 가지고 있지만, 로열층은 어느 아파트나 기준이 비슷하다. 로열층은 아파트의 탑층을 100이라고 했을 때 50~80층 사이에 있는 층을 뜻한다. 20층 아파트라면 10~16층을 통상 로열층으로 간주한다. 반면 1층에서 10층까지는 저층, 꼭대기에서 10층까지는 탑층으로 보통 꺼려한다. 저층은 생활소음, 생활환경 노출, 벌레 유입, 답답한 전망이 비선호의 비유다. 고층은 냉난방 열손실, 엘리베이터 대기시간 증가 등이 원인이다. 그래서 통상 저층과 탑층은 주변 동일 매물보다 10%가량 저렴하고 거래량이 적다. 로열층과 저층·탑층의 가격 차이는 공시가격에도 나타난다.

향

향이란 아파트의 거실 베란다가 어느 방향을 바라보고 있는지 일컫는 단어다. 동쪽을 향하면 동향, 서쪽을 향하면 서향, 남쪽을 향하면 남향이다. 보통 빛이 잘 들고 오랫동안 햇볕이 머무는 남향과 남동향의 아파트가 선호된다. 반면 일조량이 부족한 북향은 선호되지 않는다.

복도식 vs. 계단식

복도식은 오래전에 지어진 아파트들이 주로 가진 형태로, 한 층에 적게는 6호 많게는 10호까지 있는 아파트다. 문을 열면 복도가 길게 있고 바로 바깥이 보여 환기가 잘 되는 이점이 있다. 하지만 생활 소음이나 사생활 침해, 전용면적 감소 등 단점이 더 많다. 반면 계단식 아파트는 계단을 사이에 두고 2가구 또는 3가구가 한 층에 있는 아파트다. 주로 신축이나 준신축 아파트가 계단식이다. 전용면적이 상대적으로 커 실사용 면적이 넓고, 사생활이 노출될 확률이 낮으며, 엘리베이터 이용도 편리하다. 요즘엔 계단식 아파트가 더 선호되는 편이다.

이 외에도 매물 임장을 통해 누수는 없는지, 구축 아파트의 끝 호실인 경우 결로나 냉난방이 취약하지 않은지, 엘리베이터 바로 앞에 있는 집인지 등 온라인으로 찾을 수 없는 정보들을 얻을 수 있다. 직접 매물 임장을 통해 좋은 물건을 선별해 매매 우위에 서야 한다.

| 부동산 매매할 때 팁 2 |
부동산 계약 필수 지식

FROM 2 MILLION
TO 1 BILLION

분위기 임장과 매물 임장에 대해 공부했다면, 이제 실행할 차례다. 분위기 임장은 별도의 준비 없이 혼자서도 가능하지만 매물 입장은 실제 매매하려는 아파트를 부동산에 요청해 보여달라고 해야 한다.

발품 팔기 전 반드시 네이버 매물 검색

무작정 부동산에 방문해 매물을 보여달라고 하면 시간이 맞지 않을 수 있고, 다른 부동산에서 좋은 물건을 갖고 있어 원치 않아도 좋지 않은 물건만 보고 올 수 있다. 미리 네이버 부동산을 통해 관심을 갖게 된 아파트 단지의 매물을 찾아보자.

　매물의 대략적인 정보를 점검하고 로열층, 로열동 물건의 가격과 비교한 후 적합하다고 생각되면 해당 매물을 클릭해 연계된 부동산에 전화한다. 물건의 상태, 호수, 매도자의 상황, 전세입자 유무, 전세 만기 시점 등 대략적인 정보를 묻고 주말이나 본인이 가능한 시간대에 물건을 보러 갈 수 있는지 확인 후 예약하면 된다. 레버리지 투자가 목적이라면 애초에 투자금 얼마를 생각하고 있다는 등 내 상황을 설명해도 좋다.

부동산 방문, 두려워할 필요 없다

일정이 정해지면 약속된 시간에 맞춰 부동산을 방문한다. 부동산 사장님과의 대화를 통해 요즘 매매 분위기가 어떤지, 매매 물건이 많은지 등 매수 우위 시장인지 매도 우위 시장인지 파악한다. 그리고 매도자가 집을 빨리 팔고 싶어 하는지, 얼마나 오랫동안 물건을 내놨는지 등 상세 사항까지 알아보자. 매도자가 빨리 팔아야 하는 상황이고, 매수자 우위 시장이면 급하지 않은 태도를 보여도 좋다. 나중에 거래할 때 유리하게 가격을 협상할 수 있다. 적게는 500만 원, 많게는 3,000만 원에서 5,000만 원 이상 가격을 낮출 수도 있다.

　매매 물건에 하자가 없고 괜찮은 상태라면 '네고(가격 낮추기)'를 제안해보자. 매수자 우위 시장이라면 복비(중개비) 이상 깎는 것을 목표로 한다. 가계약금은 계약 해지 방지를 위해 1,000만~2,000만 원을 바로 넣는 것이 좋다. 만약 500만 원만 넣었는데, 계약금 납부일 전 분위기가 뒤바뀌어 매도자가 계약을 취소하겠다고 하면 나는 물건을 놓치게 된다. 매도자가 계약을 취소하면 배액 배상을 해야 하는데, 내가 계약금을 500만 원 보내면 1,000만 원을 돌려받을 수 있다. 가계약금을 2,000만 원 정도 보냈다면 매도자는 계약 취소 시 4,000만 원으로 돌려줘야 한다. 이럴 경우 매매가 취소되기 쉽지 않고, 설령 취소돼도 앉아서 2,000만 원을 벌게 된다.

가계약금을 보내기 전 부동산 사장님이 해당 물건의 등기부등본을 보여줄 것이다. 당일 발행된 서류인지 점검하고 매도자가 등기부등본상 소유주인지 확인해야 한다. 그리고 해당 물건에 담보로 얼마의 대출이 있는지 확인한다. 대부분 부동산 사장님이 확인하지만, 직접 한 번 더 확인하는 것이 좋다. 사실 매매계약은 소유권을 이전하는 계약으로, 전세 사기 같은 일이 빈번히 일어나진 않는다.

가계약 이후 본계약을 한다. 통상 매매가액의 10%를 납부하고, 이후 중도금과 잔금은 협의에 따라 진행한다.

실전!
알짜 아파트 투자하기 1

FROM 2 MILLION
TO 1 BILLION

내 첫 투자는 아파트였다. 5,000만 원으로 첫 투자를 하고 4년 만에 약 2억 원의 수익을 일으켰다. 2021년 상승장 때는 매매가격이 매입가의 2배인 7억 2,500만 원까지 갔었다. 그리고 2022년 이후 다시 조정받았다. 그렇다고 해도 기특한 수익을 낸 만족스러운 투자였다. 여기서는 나의 첫 아파트 투자를 복기해보면서 실제 투자할 때의 과정을 설명하고자 한다.

산본이 아니라 평촌에 아파트를 매수한 이유

2019년 11월, 1억 원이 있으면 경기도 안양시 동안구 평촌신도시의 20평 아파트를 살 수 있다는 것을 알게 되었다. 당시 해당 아파트의 매매가는 3억 6,400만 원, 전세가는 2억 5,000만 원이었다. 그때 내가 가진 돈이 약 5,500만 원, 투자는 어려운 상황이었다. 하지만 나는 신용대출과 사내대출로 5,500만 원 정도를 받아 해당 아파트를 매수했다.

그때 대출 없이도 아파트 투자는 할 수 있었다. 평촌신도시에서 조금 더 남쪽으로 가면 있는 경기도 군포시 산본신도시에 있는 아파트의 매전차(매매가-전세가)가 5,000만 원 정도였다. 산본신도시도 수도권의 1기 신도시로 살기 좋은 지역이었기에 투자지역으로 눈여겨보고 있었는데, 나는 결국 추가로 대출을 받아 평촌신도시에 있는 아파트를 샀다. '가격은 입지를 반영한다.' 평당가격이 더 높은 평촌 아파트가 산본 아파트보다 사람들이 더 선호하고 찾는 곳이라 생각했고, 사람들이 많이 찾는 곳일수록 수익률과 환금성 면에서 더 안전하다고 판단했다.

확신에 확신을 더하는 투자 결정 과정

평촌신도시의 해당 아파트에 투자하기로 결정하게 된 과정을 이야기해보겠다. 실제로 투자 결정과 실행에 있어 이런 식으로 사고하게 되는구나 하고 참고하면 좋겠다.

① 평촌이라는 지역 설정

부동산은 내 가용 자금으로 가장 좋은 곳에 투자해야 한다. 여기서 '좋은 곳'이란 비싼 지역을 의미한다. 당시 내 투자금으로 매매할 수 있는 곳은 용인 수지, 안양(평촌신도시), 군포(산본신도시), 부천, 일산 정도였다. 산본을 비롯해 일산, 부천은 매전차 5,000만 원 내외로 접근할 수 있어 대출 없이 매매할 수 있었다. 하지만 나는 기왕이면 더 평당가격이 높은 상급지에 투자하는 것이 좋겠다고 판단했다. 부동산 투자에 있어 '강남 또는 업무지구와 얼마나 가까운가'는 앞서 말했듯 중요한 기준이다. 그렇다면 일산, 부천, 산본, 용인 수지보다 평촌이 훨씬 좋은 투자처라고 봤다. 그래서 신용대출과 사내 복지제도를 활용해 가용자금을 1억 원까지 만들고, 평촌 지역의 아파트들을 살펴보기 시작했다.

② 가장 평당가 높은 '평촌동' 선정

평촌이라는 지역에는 '평촌동', '관양동', '호계동', '비산동', 4개 동이 있었다. 이중 가장 평당 매매가격이 높은 곳이 '평촌동'이다. 우선 평촌동에서 투자 가능한 아파트가 있는지 찾아보기로 했다. 평당가 높은 지역을 검토할 때는 '부동산지인' 사이트를 활용했다.

③ 아파트의 세대수, 준공연도, 중소형 평수, 평당가 검토

평촌동 내 있는 아파트 목록은 호갱노노에서 모두 볼 수 있다. 나는 '400세대 이상'이라는 필터를 설정해 아파트를 나열해 봤다. 사실 준공연도, 평당가, 평형 모두 검토해야 하는데, 당시 평촌동 내 신축 아파트는 거의 없었기에 구축 위주로만, 또 내가 가진 투자금으로는 대형 평형 아파트는 매수할 수 없었기에 10평대부터 20평대 초반까지 소형 아파트도 고려했다.

④ 저평가 여부 검토

매입하려는 시점에 아파트가 저평가인지 고평가인지를 판단할 기준이 필요했다. 나는 매매가와 전세가의 비율을 그 기준으로 삼았다. 전세가율이 높으면 매매를 꺼리게 되어 비교적 저평가라고 생각했고, 전세가율이 낮으면 매매를 선호하게 되어 비교적 고평가라고 판단했다. 해당 아파트의 2006~2019년까지 전세가율 평균이 67% 였는데, 당시 아파트 평균 매매가는 3억 4,840만 원, 전세가는 2억 5,786만 원으로 전세가율이 74%로 비교적 저평가된 상태였다.

⑤ 향후 아파트 가격 변수 검토

매매 시점뿐만 아니라, 매매 후 가격 변화도 고려해야 했다. 아파트 매매가와 전세가에 큰 영향을 미치는 것은 공급량이다. 나는 부동산지인 사이트를 활용해 매입 이후 아파트 공급이 많은지 검토했다. 안양시의 적정 수요량은 0.2만, 신규 공급량은 2019년은 0.2만

호, 2020년은 0, 2021년은 0.7만 호였다. 2021년에 초과 공급이 있었지만, 안양시 동안구와는 상관성이 낮은 지역이라 판단했다. 미분양되는 청약 상황도 없어 추가로 검토할 내용은 없었다.

위와 같은 과정을 거쳐 선정된 아파트는 평촌역 근처 20평대 아파트였다. 하지만 여기까지는 오직 온라인으로, 객관적인 자료만을 검토한 것이었다. 추가적인 현장 검증이 필요했다.

바로 실행하게 만드는 투자물건 현장 검증

어느 곳에 투자할지 결정했으나 몇 가지 추가 검증이 남았다. 매수 전에 아파트 매매가에 지대한 영향을 미치는 주요 요인 5가지를 현장을 임장하며 재검토했다.

① 일자리

지역에 양질의 일자리가 얼마나 많은지 확인이 필요하다. 고소득을 보장하는 회사가 많다면, 구매력이 높은 사람들이 많아 아파트 가격 상승 가능성이 크다. 평촌은 다른 주요 업무지구에 비해 일자리 수는 적었지만, 근로자들의 평균 연봉이 높았다.

• 서울·수도권 주요 지역 일자리

경기도 분당구 직장인 평균연봉 4,940만 원, 종사자수 229,517명

안양시 동안구 직장인 평균연봉 4,200만 원, 종사자수 86,632명

서울시 강남구 직장인 평균연봉 4,110만 원, 종사자수 634,933명

경기도 과천시 직장인 평균연봉 3,760만 원, 종사자수 28,338명

경기도 군포시 직장인 평균연봉 3,640만 원, 종사자수 36,792명

• **경기도 안양시 동안구 내 일자리**

관양동: 전체 종사자 수 45,957명, 전체 사업체 수 2,549개

: 주요 회사 - LG유플러스, LS오토모티브테크놀로지(본사), 안양시청, 법원, 검찰청, (주)서연, (주)서연이화, (주)펄어비스, (주)국전약품, 프로텍(본사), 에스엘, 세방전지, 휴비츠, 평촌스마트스퀘어, 안양메가밸리 등

평촌동: 전체 종사자 수 9,632명, 전체 사업체 수 441개

: 주요 회사 - GS파워, (주)오뚜기, 한림대학의료원성심병원 등

호계동: 전체 종사자 수 23,531명, 전체 사업체 수 1,226개

: 주요 회사 - LS전선, LS일렉트릭, 롯데렌탈, LS엠트론 등

* 호재: 과천지식정보타운(제2의 판교), 의왕테크노파크 등 추가 일자리 발생

실제 가서 산업단지를 둘러보고 아파트 단지와의 거리, 역과의 거리 등 전반적인 분위기와 시설을 봤다. 고부가가치 첨단산업의 일자리가 즐비해 있어 깔끔하고 환경이 좋았다.

② 교통

강남, 여의도, 도심, 분당 등 주요 업무지구에 빠르게 도달할 수 있는지가 중요하다. 평촌은 4호선 '평촌역'을 통해 강남역까지 32분, 서울역까지 35분, 여의도역까지 45분으로 1시간 이내에 도달 가능했다. 또한, 판교까지는 버스로 18분 정도 걸렸다.

실제 아파트에서 전철역과의 거리, 버스 정류장과의 거리 등 직접 걸어 다녀보았다. 가는길 숲길이 있어 쾌적하고 실제 걸어갔을 때 그 거리는 더 짧게 느껴졌다.

- **평촌 A 아파트는 평촌역 초역세권에 위치**

  : 평촌역까지 360미터, 도보 6분

- **평촌역(4호선) 기준 서울 접근성**

  : 과천역까지 3개 역, 7분 소요

  : 사당역까지 8개 역, 19분 소요

  : 강남역까지 12개 역, 32분 소요(2호선 환승)

  : 수원역까지 8개 역, 32분 소요(1호선 환승)

  : 서울역까지 15개 역, 35분 소요

  : 여의도역까지 15개 역, 45분 소요(9호선 환승)

  : 판교역까지는 3330번 버스 이용 5개 정류장, 18분 소요

* 호재: 경강선 월곶-판교역 신설, 이수-과천 민자터널 신설

③ 학군

학군은 아파트 매매에 있어 매우 중요한 요소다. 특히, 인구 감소로 학교가 사라지는 상황에서 좋은 학군지는 더 인기가 높아진다. 내가 매매한 아파트 주변의 평촌중학교는 당시 졸업생 399명 중 43명이 특목고에 입학했을 정도로 우수한 학군을 자랑했다. 또한, 경기도에서 학원이 가장 많이 밀집된 학원가가 인근에 있었다.

학원가에 평일 저녁이나 주말에 가보니 장관이었다. 인근 산본, 과천에서까지 학생들을 학습시키기 위해 셔틀버스 수십 대가 행렬을 이루고 있었다. 학생도 많고, 젊은 사람도 많았다. 계속해서 수요가 있는 동네임을 체감하게 됐다.

평촌 학원가 모습

- 평촌 A 아파트 배정 중학교는 평촌중

- 해당 지역 학군

  : 귀인중- 총원 341명 중 52명(15.25%) 특목고 진학

  : 평촌중- 총원 399명 중 43명(10.78%) 특목고 진학

  : 범계중- 총원 265명 중 27명(10.19%) 특목고 진학

  : 부흥중- 총원 351명 중 33명(9.4%) 특목고 진학

  : 부안중- 총원 193명 중 16명(8.29%) 특목고 진학

  ⋮

- 평촌 학원가

  : 경기도 1위, 총 296개 학원이 밀집되어 있음

④ 인프라&커뮤니티

　평촌은 계획도시로서 상가를 둘러싼 항아리 상권이 형성되어 있어 인프라와 편의시설이 매우 잘 갖추어져 있었다. 백화점, 시청, 법원, 검찰청 등 주요 관공서와 한림대 대형병원 등의 인프라가 인근에 있었다. 또한, 안양천과 중앙공원이 있어 실거주 수요가 많은 이유를 이해할 수 있었다.

- 평촌 지역 인프라

  : 평촌로데오- 평촌 한림대병원, 이마트, 안양시청, 법원, 검찰청, CGV영

화관, 등 평촌역 상권

  : 범계로데오- 롯데백화점, 뉴코아아울렛, 홈플러스, 범계역 상권

- **평촌 환경**

  : 자연환경- 평촌중앙공원, 안양천, 관악산

  : 최고학군- 평촌중, 범계중, 귀인중, 부안중, 부림중, 백영고, 동안고 등

위의 5가지 요소를 검토한 후, 매매가격과 전세가격 상승률이 서울 아파트 상승률을 상회하는지 최종적으로 상품성을 살폈다. 해당 아파트는 2003년부터 2020년까지 연평균 매매가 7.37%, 전세가는 연평균 7.83% 상승하여 서울 평균보다 높은 상승률을 기록하고 있었다.

여기까지 검증을 마친 후에야 마침내 첫 아파트 매매에 나섰다. 이후에도 이와 같은 과정을 거쳐 아파트 2채를 추가 매수했다.

실전!
알짜 아파트 투자하기 2

FROM 2 MILLION
TO 1 BILLION

아파트 투자를 반드시 해야 한다고 강조하는 이유

주식과 같은 금융 투자는 자산 배분, 분산 투자를 강조한다. 하지만 광범위하게 분산투자 방식으로는 큰 수익을 만들기 어렵다. 그렇기에 나는 자산의 퀀텀 점프를 만들기 위해 아파트 투자를 한다. 애초에 자산가격 단위가 크기에 (게다가 레버리지를 활용해 자산가격 대비 적은 투자금으로도 가능하기에) 시장 평균 수익률만큼만 실현해도 거두는 수익액이 굉장히 크다.

그래서 앞서 설명한 것처럼 평당가격이 높고, 전세가율이 높아 저평가된 상태이며, 현장 검증 시 앞서 다룬 5가지 조건에 충족하는 부동산이 보이면 집중 투자한다.

'소유하는 것'으로 내 집 마련 시작하라

많은 사람들이 내 집 마련이라고 하면 직접 실거주를 해야만 한다고 생각한다. 하지만 실거주로만 내 집 마련을 고려하면 좋은 입지의 좋은 아파트를 평생 매매하지 못할 수 있다. 내가 실거주할 아파트를 매매하기 위해 해당 아파트 매매가격만큼 자금이 있어야 하는데, 그 돈을 모으는 동안 아파트 가격이 더 빠르게 상승하기 때문이다. 그러나 전세를 놓으면 필요자금이 전세금만큼 빠져 적은 돈으로도 매수 가능하다. 그래서 나는 전세제도를 활용해 현재 있는 자금으로 투자 가능한 가장 좋은 아파트에 '등기를 치는 것', 이렇게 내 집 마련하기를 추천한다. 그 이유는 다음과 같다.

① 실거주 목적보다 더 좋은 아파트를 매매할 수 있다

일반적으로 전세를 놓고 아파트를 매매하면 실거주로 매매하는 것보다 더 좋은 아파트를 매매할 수 있다. 예를 들어 1억 원의 투자금이 있을 때 실거주 목적으로는 70% 대출을 받아 3억 원 아파트를 매매할 수 있다. 하지만 매전차 1억 원인 아파트를 찾으면, 같은 금액으로 더 비싼 아파트의 주인이 될 수 있다. 전세가격이 5억 원, 매매가격이 6억 원인 아파트도 매매할 수 있는 것이다. 매전차가 1억 원이면 그 이상 매매가격의 아파트도 가능하다. .

② 좋은 아파트를 매매하면 시세 차익이 더 크다

서울 아파트의 연평균상승률이 5%라고 가정하면 3억 원짜리 아파트는 매년 1,500만 원의 시세 차익이 발생하지만, 6억 원짜리 아파트는 똑같이 5%가 올라도 3,000만 원의 시세 차익이 발생한다. 즉, 더 큰 자산일수록 시세 차익도 더 커지는 구조다.

③ 시간이 지나면 실거주가 가능하다

시간이 지나면서 월급이 오르고 저축 및 투자 자금이 늘어나기 때문에 이미 매수한 아파트의 가격 상승을 걱정할 필요가 없다. 자금이 충분히 모이면 주택담보대출을 활용하여 실거주로 전환할 수 있다.

아파트 투자금을 마련하는 방법

부동산, 특히 아파트 투자는 주식이나 채권 등 다른 투자에 비해 상당한 자본이 필요하다. 투자금이 많을수록 상품성이 좋은 아파트를 매매할 수 있는 기회가 많아지기 때문이다.

물론 아파트 투자도 파고들면 무피(무자본 투자)나 1,000만 원,

2,000만 원, 5,000만 원 미만의 소액 투자도 가능하긴 하다. 하지만 나는 이런 투자는 크게 추천하지 않는다. 상품성이 낮고 리스크가 큰 투자일 가능성이 크기 때문이다.

과거에는 5,000만 원으로도 상품성 좋은 아파트 투자처를 찾을 수 있었다. 지금은 물가 상승과 월급 인상, 그리고 전반적인 화폐가치 하락으로 인해 평균 투자금액이 높아졌다. 현재는 최소 1억 원의 현금을 확보해야 비교적 안전한 마진을 가지고, 시장 평균 수익률 이상의 수익을 제공하는 아파트를 매매할 수 있다.

그렇다고 해서 현금 1억 원을 모을 때까지 기다리라는 의미는 아니다. 약 5,000만 원 정도의 투자금을 확보하면 충분히 부동산 투자를 고려해볼 수 있다. 이때 추가로 자금을 크게 확보하는 방법이 있는데, 바로 '신용대출'이다. 확신할 수 있는 좋은 투자처를 찾았는데 자금이 부족하다면 이를 고려해보라. 일반적으로 신용대출은 내 연봉만큼 가능하다. 예를 들어 연봉이 4,000만 원이라면 4,000만 원 정도의 대출이 가능하다. 4,000만 원이라고 해서 엄청난 큰 부담처럼 느껴지지만, 금리가 5%일 경우, 월 16만 7,000원 정도의 이자를 부담한다. 한 달에 커피 마시는 값만 줄여도 충분히 감당할 수 있는 수준인 것이다. 이렇게 신용대출을 활용하면 투자금을 크게 확보할 수 있고 매수 시점을 비약적으로 당길 수 있다.

여기에 더해, 개인연금이나 청약통장을 활용하는 것도 방법이다. 주변을 보면 청약통장이나 개인연금 하나쯤은 들어놓은 사람이 많다. 이 중에서도 특히 청약통장은 해지하지 않고 대출이 가능하다.

만약 아파트 투자를 하기로 마음먹었다면 이를 잠시 해지하고 돈을 확보하는 것도 방법이다.

좋은 지역과 아파트를 익혀라

아파트를 비롯한 부동산 투자는 '입지'가 가장 중요하다. 좋은 입지를 선택할수록 수익성이 좋고 환금성도 좋다. 종종 주변을 보다 보면 신축 아파트의 휘황찬란함에 현혹돼 업무지구까지 2시간 가까이 걸리는 곳이나 대중교통을 몇 번은 갈아타야 하는 곳을 매수하는 사람을 보곤 한다. 집안에서 살기야 깨끗하고 편할지는 모르겠지만, 직장과 거리가 멀어 좋은 입지로 평가받지 못하는 곳의 아파트는 아무리 신축이라 하더라도 그 가치가 높게 형성되지 않는다. 같은 값이면 구축 아파트라고 해도 업무지구와 가깝고 교통이 편리한 입지 좋은 곳의 아파트를 매수해야 한다. 그렇다. '뱀의 머리'보다는 '용의 꼬리'를 선택해야 한다. 그러려면 무엇이 용이고 뱀인지 알아야 한다.

앞에서도 말한 적 있는 전국 아파트 평당가격 순위를 참고하면 된다. 서울과 수도권 지역만 간략하게 정리하면 입지 순위를 다음에 나오는 표처럼 정리할 수 있다. 가능한 이것을 익혀두라.

이것을 익혀두라고 하는 중요한 이유가 있다. 상황에 따라 본래 입지가 좋은 곳인데 낮게 평가되는 때가 종종 있기 때문이다. 이를

서울 및 수도권 지역 입지 순위

1급지	서초구, 강남구, 용산구, 과천시, 송파구, 성동구, 양천구, 광진구, 마포구, 성남시 분당구, 강동구, 영등포구, 중구, 종로구, 동작구, 성남시, 성남시 수정구, 서대문구, 강서구, 동대문구
2급지	하남시, 은평구, 성북구, 관악구, 안양시 동안구, 구로구, 노원구, 성남시 중원구, 광명시, 중랑구, 안양시, 구리시, 금천구, 강북구, 수원시 영통구, 용인시 수지구, 의왕시, 도봉구, 수영구, 수원시 팔달구
3급지	안양시 만안구, 부천시 원미구, 수원시, 용인시, 부천시, 고양시 덕양구, 군포시, 화성시, 부천시 소사구, 해운대구, 연수구, 고양시 일산동구, 수원시 장안구, 안산시 단원구, 고양시, 제주시, 용인시 기흥구, 안산시, 세종시, 동래구

*지역별 평당가격을 높은 순서대로 나열함.
*2023.07.31. 기준

테면 5급지 지역임에도 고려 시점에 공급되는 신축 아파트가 많다면, 그 지역이 원래 입지보다 더 좋게 보이기도 한다. 이런 착시 현상은 생각보다 자주 일어나는데, 이럴 때 입지 순위를 잘 알아두지 않으면 더 상급지 아파트에 투자할 수 있는데도 하급지 아파트를 선택하게 되는 불상사가 일어나기도 한다.

물론 입지라는 것이 영원히 변하지 않는 것은 아니지만, 또 짧은 시간에 바뀔 수 있는 것도 아니다. 때문에 입지 순서를 기억하고 '왜 그 지역이 해당 급지인지', '상급지 또는 하급지와는 어떤 차이가 있는지' 분석하는 습관을 가지면 좋다.

참고로 좋은 입지로 순위를 매기고 투자 분석하는 것은 시, 군, 구 단위뿐 아니라 동 단위, 아파트 단위에서도 마찬가지다. 평당가가 높은 순서로 고려하라.

부동산 앱과 친해져라

입지 분석과 아파트 분석에 능숙하더라도, 좋은 타이밍과 좋은 매물을 잡지 못하면 그 모든 노력이 소용없게 된다. 좋은 기회를 잡고 싶다면, 먼저 부동산 앱과 친해져야 한다. 관심 지역의 매매가, 전세가, 호가, 매물 수 등을 날씨 확인하듯 매일 확인하는 습관을 들이면 좋다. 그러면 투자 결정을 내린 시점에 시장 가격보다 낮게 나온 급매물을 잡을 기회를 얻을 수 있다.

부동산 앱을 자주 확인하고 관심 지역의 아파트를 트래킹하다 보면, 고평가와 저평가를 구분할 수 있는 안목이 생긴다. 예를 들어 매전차 1억 원 선에서 투자하려고 하는 사람이 입지 순위가 비슷한 A 지역과 B 지역을 두고 고민하고 있다고 가정해보자. 당신은 매일 A 지역과 B 지역의 매매 정보를 확인해왔다. 그러다 어느 시점에 A 지역 아파트가 B 지역보다 현저히 낮은 가격에 매매되는 것을 발견했다. 이는 A 지역이 저평가되었거나, B 지역이 고평가되었음을 의미한다.

이런 절호의 기회를 포착하기 위해서는 네이버부동산, 호갱노노, 아실, 아파트지인 같은 부동산 앱들을 자주 들여다봐야 한다. 관심 지역과 관심 아파트의 거래 정보가 업데이트될 때마다 보면서 시장 상황을 파악해야 한다.

부동산 정보를 빠르게, 자주, 자동으로 확인하게 되는 좋은 방법이 있다. 바로 앱에서 제공하는 알림 서비스다. 이 기능을 적극 활용하라. 특히 다음 2가지 알림 서비스는 필수로 설정하면 좋다.

호갱노노에서 알림 설정하기

호갱노노는 아파트 정보를 직관적으로 잘 보여주고 사용하기 편리한 앱이다. 또 부동산 투자하는 사람들이 많이 사용하고 있다. 실거래 정보뿐 아니라 아파트에 거주하는 사람들의 실제 후기도 제공하고 있어 여러모로 볼 게 많다.

호갱노노 알림 서비스를 설정하는 방법은 아파트 정보를 나타내는 화면 상단에 있는 '종' 모양 아이콘을 클릭하고 원하는 항목을 선택하면 된다.

나는 주로 호갱노노의 실거래 알림 서비스를 가장 유용하게 활용하고 있다. 하지만 실거래 정보는 거래가 완료된 후에 알림이 뜨기 때문에 실제 시장에서 매매 분위기를 반영하지 못하는 경우가 있다. 이를 보완하려면 실시간 매매·전세 호가를 확인해야 한다.

네이버부동산, 바탕화면 설정하기

호가는 주로 네이버부동산에서 확인하는데, 특히 나는 '매물 조회 바로가기 아이콘'을 휴대폰 바탕화면에 만들어서 매일 확인한다. 설정 방법은 다음과 같다.

1단계, 네이버부동산에서 관심 아파트를 검색하고, 매물 정보를 확인한다. 원하는 거래 유형(매매, 전세)과 평형을 선택한 후 화면 하단의 =(두 줄) 아이콘을 탭한다.

2단계, = 아이콘을 누르면 여러 옵션이 나타나는데, 그중 '홈 화면 추가'를 선택한다. 이후 아이콘을 쉽게 구분할 수 있도록 이름을 설정하고 추가를 누르면, 해당 아파트의 매물 정보를 바로 확인할 수 있는 아이콘이 홈 화면에 생성된다.

나는 이 기능을 활용해 평촌, 과천, 광명, 용인, 광교, 분당 등의 관심 지역 아파트를 매일 모니터링하고 있다. 비슷한 가격대를 유지하던 아파트가 갑자기 상승하거나 하락하는 변화를 즉각 포착하고 투자 기회로 삼기 위해서다.

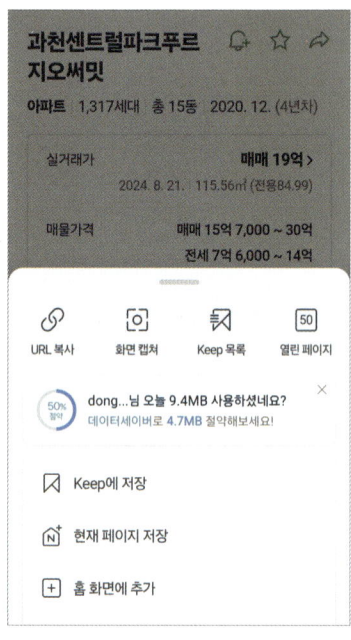
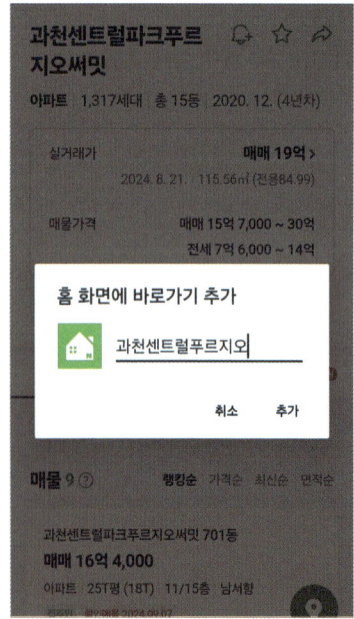

3장 | 시세 차익 × 내 집 마련 동시에 누린다! 알짜 아파트 투자

4장

월급 200만 원으로 10억 만드는 투트랙 투자 시스템

ETF와 아파트
투자를 병행하라

FROM 2 MILLION
TO 1 BILLION

2장과 3장을 할애해 내가 5년 만에 15억 자산에 도달하게 해준 ETF 포트폴리오 투자와 아파트 투자를 개괄했다. 이번에는 이 2가지 투자 방법을 어떻게 시스템화해 작동시켰는지 전체 과정을 이야기해 보고자 한다. 지난 5년간을 되짚어보면 투자 시기를 크게 3단계로 나눌 수 있을 것 같다.

첫 번째 단계
: 아파트 투자로 자산의 퀀텀 점프를 경험하다

앞에서도 말했지만 투자와 재테크에 확신이 없던 시절, 투자서를 읽으며 무작정 돈을 모아갔다. 때문에 투자 실행에 나선 2019년, 수중에 종잣돈 5,500만 원 정도가 있었다. 당시엔 갭 5,000만~1억 원 선에서 입지 좋은 지역 소형 아파트를 매수할 수 있었기에 나는 사내 복지프로그램과 신용대출을 활용해 가용자금을 늘린 후, 평촌신도

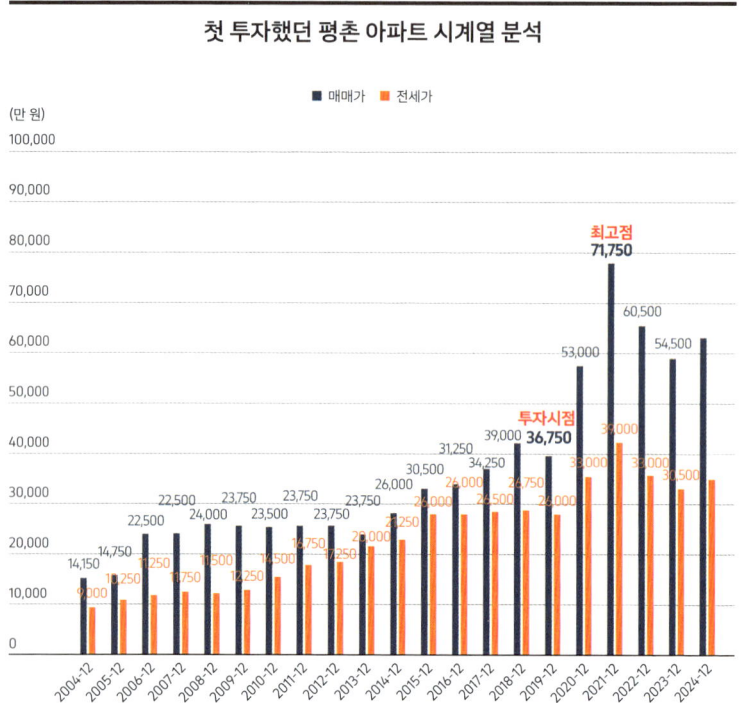

평촌 A 아파트	매수시점 2019.11	최고가 2021.09	현재 2024.08
매매가격	3억 6,400만	7억 2,500만	5억 6,700만
전세가율	68%	55%	59%
전세가격	2억 5,000만	4억	3억 3,600만
투자금	1억 1,400만		
전세가 상승분		1억 5천만	8,600만
시세 차익		3억 6,100만	2억 300만
투자수익률		316%	178%

시에 있는 A아파트를 매수했다. 당시 매매가 3억 6,400만 원, 전세가는 2억 5,000만 원이었다.

이 아파트는 2021년 9월 최고가 7억 2,500만 원을 기록하기도 했는데, 투자한 지 2년이 채 되기도 전에 수익률 316%, 자산가격이 2배 커지는 걸 경험하고 나니 아파트 투자가 자산을 퀀텀 점프시킬 수 있는 방법임을 확신하게 됐다.

이후, 나는 아파트 투자를 계속해나가자고 결심했다. 하지만 가지고 있는 모든 돈을 평촌 아파트를 매수하는 데 써버렸기에 다시 처음부터 자금을 모아야 했다.

이번에는 적금이 아니라 ETF 포트폴리오 투자를 중심으로 한 금융 투자를 하기로 했다. 적금만큼 안전한데, 적금보다 더 큰 수익률을 기대할 수 있었기 때문이다. 조금이라도 더 빨리 종잣돈을 모을 수 있다면 이것이 맞는 길이라 판단했다. 그래서 월급의 80% 이상을 ETF 포트폴리오 투자에 할애했다.

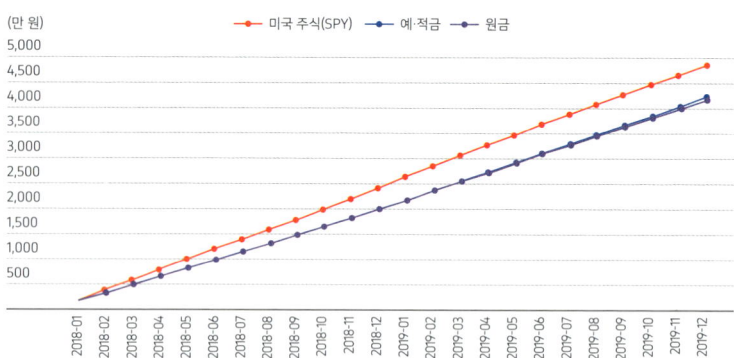

미국 주식 ETF vs. 예·적금 vs. 원금 수익 비교(2018.01~2019.12)

(원)

연도	원금	예·적금	SPY
2018-01-25	1,666,667	1,666,667	1,968,134
2018-02-26	3,333,334	3,333,334	3,974,512
2018-03-26	5,000,001	5,000,001	6,069,296
2018-04-25	6,666,668	6,666,668	8,175,839
2018-05-25	8,333,335	8,333,335	10,216,435
2018-06-25	10,000,002	10,000,002	12,256,529
2018-07-25	11,666,669	11,666,669	14,203,170
2018-08-25	13,333,336	13,333,336	16,111,050
2018-09-25	15,000,003	15,000,003	18,003,996
2018-10-25	16,666,670	16,666,670	20,041,815
2018-11-26	18,333,337	18,333,337	22,099,288
2018-12-26	20,000,004	20,000,004	24,321,966
2019-01-25	21,808,337	21,861,411	26,554,362
2019-02-25	23,616,670	23,722,818	28,677,025
2019-03-25	25,425,003	25,584,226	30,794,013
2019-04-25	27,233,336	27,445,633	32,816,695
2019-05-28	29,041,669	29,307,040	34,925,295
2019-06-25	30,850,002	31,168,447	36,947,118
2019-07-25	32,658,335	33,029,845	38,906,669
2019-08-26	34,466,668	34,891,261	40,947,867
2019-09-25	36,275,001	36,752,669	42,914,008
2019-10-25	38,083,334	38,614,076	44,854,204
2019-11-25	39,891,667	40,475,483	46,721,527
2019-12-26	41,700,000	42,336,890	48,524,649
수익	0	636,890	6,824,649
수익률		2%	16%
차이		10.7배	

두 번째 단계
: 적금만큼 안전하게, 적금보다 더 크게, 돈을 모으고 굴리다

그즈음 이직하게 되어 월급이 늘어났다. 월 투자가능액이 늘어난 것이다. 매월 적립식으로 ETF 포트폴리오 투자를 해나갔고, 배당금(ETF 종목 중에 배당금을 주는 상품이 있다)이 나올 때마다, 성과급 등을 받을 때마다 ETF를 매수했다. 때문에 나는 예·적금 이상의 수익률을 얻었다. 이때 나는 주식채권 6:4 포트폴리오 전략에 따라 'TIGER 미국 S&P500'와 'TIGER 미국나스닥 100' 합해서 60%, 'KODEX 미국10년 국채선물' 40% 비율로 꾸준히 매수해나갔다.

예비 신부와 함께 투자하기로 하다

2020년에 여자친구(현 아내)와 결혼을 준비하고 있었다. 그녀 역시 나와 비슷한 경제관을 가지고 있었고, 나는 자산을 늘리는 방법에 대해 그녀와 많은 이야기를 나누었다. 우리는 결혼 전부터 수입을 합쳐서 함께 투자하기로 했다. 둘이 합쳐서 한 달 30~40만 원으로 각자의 용돈과 데이트 비용을 해결했다. 여자친구의 월급 80%인 190만 원, 내 월급의 80%인 210만 원 합해서 매월 400만 원을 투자했다. 결혼 전부터 우리는 더 많은 투자를 위해 그때부터 같이 투자를 시작했다.

함께 자금을 모으니 자산이 더 빨리 늘어났는데, 그렇게 복리의 힘을 믿고 ETF 투자로 돈을 불려가 2019년 12월부터 2021년 1월까지 14개월 동안 5,000만 원이라는 가용자산을 확보하게 되었다.

세 번째 단계
: ETF와 아파트, 투트랙 투자 시스템 구축하다

2021년 1월, 여자친구와 나의 자산은 평촌 A 아파트 1채와 ETF 투자해놓은 5,000만 원 그리고 여자친구가 모아놓은 돈 3,000만 원이었다. 나는 두 번째 아파트 투자를 하기로 했다. 눈여겨본 아파트 역시 평촌에 있는 B 아파트, 매매가 3억 원에 전세가 1억 7,000만 원, 매전차가 1억 3,000만 원이었다. 이번에도 평촌 아파트를 매수하기로 한 것은 평촌 A아파트에 실거주하지 못하면 B 아파트로 들어갈 계획도 있기 때문이었다. 게다가 B 아파트는 A 아파트와 달리 재건축 호재가 있는 아파트였다. 이번에도 부족한 투자금 5,000만 원은 신용대출을 받기로 했다.

평촌 B 아파트는 여자친구 명의로 매수했다. '혼인으로 인한 1세대 2주택 비과세 특례'를 활용하기 위해서였다. 조금 복잡한 이야기가 될 수 있겠지만, 잠깐 이에 대해 설명해보겠다.

2020년 7.10 부동산 대책 나온 후, 당시 부동산 시장이 과열되어 1주택 이상 보유 시 취득세, 재산세, 양도소득세 등에서 불이익이 컸다. 취득세는 2주택 이상 매매 시 8%, 3주택부터는 12%로 상향되었고, 양도소득세는 2주택의 경우 기본세율에 20% 세금이 더 부과되고 3주택은 기본세율에 30% 세금이 부과되었다. 0.6~3.2%던 종부세 역시 1.2~6.0%까지 상향되었다.

그러나 결혼식을 앞두고 있던 우리는 소득세법 시행령 제155조(1세대 1주택의 특례)에 따라, 혼인 후 5년 이내에 한 주택을 매도하면 1세대 1주택으로 간주되어 비과세 혜택을 받을 수 있다는 사실을 알게 되었다. 참고로 2024년 세법 개정안에 따르면, 이 특례 기간이 5년에서 10년으로 확대될 예정이다. 우선 여자친구 명의로 매수하고, 결혼 이후 5년 안에 한 아파트는 매도하기로 했다.

그렇게 2주택자가 되었다. 다시 계좌 잔고는 0원, 다시 ETF 포트폴리오 투자로 목돈 만들기를 시작했다.

얼마 지나지 않은 2022년 9월, 2021년에 전세를 끼고 매수한 B아파트의 전세 계약이 만료되면서 약 1,000만 원 정도 전세상승분이 생기게 되었다. 예상했겠지만, 이 돈 역시 고스란히 포트폴리오 투자에 썼다.

전세가 상승·하락에 대하여

내 경우처럼 전세가가 상승하면 전세금 상승분이 생기고, 이를 다시 투자금으로 활용할 수 있다. 하지만 전세가가 하락하는 상황이 발생하기도 한다. 이런 상황도 미리 고려해둬야 한다.

나는 전세금 상승분을 고스란히 ETF에 투자했고, 포트폴리오 전략에 따라 안정적인 수익률을 거두고 있었기에, 그리고 ETF 특성상 비교적 현금화가 쉽기 때문에 전세가가 하락하는 상황에도 대비할 수 있었다. 운 좋게도 아직 그런 상황을 맞닥뜨리지는 않았지만 혹시 모르니 대비책을 알고는 있어야 한다.

ETF 투자로 돈을 모으고, 아파트 투자로 돈을 불린다

두 번째 아파트를 매수한 2021년 1월 이후 약 2년 동안 아내와 같이 매월 400만 원을 ETF 종목을 매수하며 만든 가용자산은 1억 원, 세 번째 아파트에 투자해야 할 때라고 판단했다. 2023년 6월 금리 상승 여파로 부동산 가격이 20~30% 하락한 상황, 나는 기회라고 생각했고 아파트를 추가로 매입하기로 결심했다.

다만 모든 보유 아파트가 평촌에 있었기에 지역 분산을 통해 리스크를 헷지할 필요가 있다고 생각했다. 앞서 언급한 것처럼 평촌과 비슷하거나 평당가가 더 높은 지역을 찾아 분석한 끝에, 서울과 가까운 광명의 역세권에 있는 중소형 아파트를 매수하게 되었다.

그다음은 모두 짐작할 것이다. 계좌 잔고는 다시 0원, 매월 400만 원으로 ETF 매수하며 다시 돈을 불려나가고 있다.

월급 200만 원으로 시작해 15억 자산을 만들기까지

두 번째로 매수한 평촌 B 아파트와 세 번째로 매수한 광명 C 아파트의 수익률을 투자 시점 대비해 살펴보면 다음과 같다.

특히 광명 C 아파트는 매수한 지 몇 달 지나지 않아 전세금을 5,000만 원 넘게 올려받을 수 있었는데, 이 전세금 상승분으로 순식간에 포트폴리오 투자금을 크게 확대할 수 있었다.

(원)

평촌 B 아파트	매수시점 2021.01	최고가 2022.05	현재 2024.08
매매가격	3억	5억 4,000만	3억 8,900만
전세가율	56%	44%	53%
전세가격	1억 7,000만	2억 4,000만	2억 1,000만
투자금	1억 3,000만		
전세가 상승분		7,000만	4,000만
시세 차익		2억 4,000만	8,900만
투자수익률		184%	68.4%

광명 C 아파트	매수시점 2023.06	현재 2024.08
매매가격	3억 8,900만	4억 900만
전세가율	57%	67%
전세가격	2억 2,500만	2억 7,500만
투자금	1억 6,400만	
전세가 상승분		5,000만
시세 차익		2,000만
투자수익률		17.5%

*실거래가 기준

그렇게 수도권 아파트 3채와 ETF 포트폴리오 투자금 등을 합해 현재 나의 자산은 15억 9,500만 원이 되었다(2024.09).

평촌 A 아파트　　　　5억 6,700만 원

평촌 B 아파트　　　　3억 8,900만 원

광명 C 아파트	4억 900만 원
ETF 포트폴리오 투자	2억 2,000만 원
총 자산	15억 8,500만 원

목표는 서울 강남

다음 스텝으로 여전히 아파트 투자를 고려하고 있다. 그러나 이번에는 예전과 조금 다르다. 내가 이미 3주택자이기 때문에 비과세 기간이 만료되는 시점까지는 아파트 추가 매수 없이 포트폴리오 투자로 자산을 키우고, 비과세 기간이 만료되는 시점이 되면 투자한 수도권 내 아파트 3채를 모두 매도해 서울 강남 또는 과천 지역의 20억 이상의 아파트를 매수할 계획이다. 그러면 지금 15억 정도의 자산이 다시 크게 퀀텀 점프할 것이다.

현명하게 '부채'를 활용하라

여기서 강조해 말하고 싶은 것이 있다. 어떤 사람들은 순자산이 아니라 부채를 포함한 자산을 이야기하면 이를 온전히 인정하지 않으려 한다. 나 또한 처음에는 부채 없이 돈을 모아 자산을 늘리는 것이 올바르고 정직한 방법이라고 생각했다.

그러나 자산을 효과적으로 불리기 위해서는 '반드시 부채를 활용해야 한다'는 것을 경험과 부자들의 사례를 통해 깨달았다. 자산은 복리로 성장하기에 자산의 크기가 정말 중요하기 때문이다. 그리고 부채를 활용해 상품성 좋고 더 큰 자산을 획득하는 것은 자산 크기를 키우는 좋은 방법 중 하나다. 게다가 상품성 좋은 자산을 매입한 후 시세 상승에 따라 수익이 발생하면 발생한 수익금으로 부채를 상환할 수 있다. 이것이 자산 증식의 핵심이다. 이상우 애널리스트도 이와 같은 의견을 제시했다.

"나이대별 금전적 목표를 세워라. 반드시 부채를 포함한 자산 목표로 설정해라. 순자산만을 이야기하면 평생 돈을 모을 수 없다. 자산은 부채와 자본의 합이며, 내 돈에 더해 빌린 돈도 포함된다. 예를 들어, 1조 원을 목표로 한다면, 그중 8천억 원은 빚으로 채워야 한다."

— 2023년 11월 부동산 세미나에서 이상우 에널리스트

또 〈2023년 KB부자보고서〉에서도 유사한 내용이 언급되어 있다.

"주변 사람들 대부분은 대출을 통해 자산을 증식하고 있으며, 그렇게 성공한 사람도 많습니다. 대부분 부동산은 갭투자를 통해 접근하죠. 많은 사람이 대출과 전세를 끼고 부동산을 매입한 후, 시세 상승에 따라 부채를 상환하여 순수 자본을 형성합니다. 저와 만나는 사람들의 대부분이 이러한 투자 패턴을 따르고 있습니다." _50대 후반, 금융자산 17억원 부자

"대출을 받아 허름한 주택을 5층으로 올렸습니다. 1층은 상가로, 나머지는 원룸과 투룸으로 구성했습니다. 여기서 나오는 수입과 아내와 제가 번 돈

을 모아, 근처의 허름한 건물을 또 매입했어요. 대출도 좀 받아서요. 이렇게 반복하며 임대소득과 함께 대출을 빨리 갚아 나갔습니다. 그 결과, 현금 자산이 많이 형성되었죠." _50대 중반 금융자산 10억 원

"지금 저는 부채가 없어요. 순수하게 자본만 가지고 있는 상태입니다. 처음 자산을 형성할 때는 은행 대출을 활용했지만..." _50대 중반 금융자산 17억 원

"경기도 쪽에 대출끼고 아파트 하나 샀는데, 살땐 6억이었는데 그게 지금은 2배 넘게 올라서 15억 정도 돼요. 지금은 월세로 돌렸는데, 항상 월세수입도 잘 나오고 좋아요." _60대 중반 금융자산 10억 원

— 〈2023년 KB부자보고서〉 중에서

이처럼 부채를 적절히 활용한 자산 증식이 성공적인 자산 형성에 중요한 역할을 하고 있음을 깨닫고 활용할 수 있어야 한다.

상황별로 추천하는
투자 로드맵

FROM 2 MILLION
TO 1 BILLION

부자가 되려면 저축만 할 게 아니라 투자를 해야 한다는 사실에 이제 모두 공감하리라 생각한다. 그런데 왜 하필 나는 미국 ETF와 한국 부동산, 이 두 자산을 모두 투자해야 한다고 이야기할까? 사려고 하는 수요가 많고, 구조적으로 이 두 자산은 망할 수 없기 때문이다.

이 자산이 폭락하면 국가가 파산할 위험에 놓이게 된다. 그래서 실패할 확률이 매우 낮다. 뒤에 나오는 표는 한국금융투자협회 조사국제부에서 2022년 8월에 작성한 자료로, 주요국 가계자산이 어떻게 구성되어 있는지 비교한 것이다. 가계의 자산 구성에 있어서 한국은 부동산이 64%를 차지하고 있다. 반면 미국은 가계자산의

주요국 가계자산 구성 비교

구분	한국	미국	일본	영국	호주
비금융자산 (부동산 등)	64.4%	28.5%	37.0%	46.2%	61.2%
금융자산	35.6%	71.5%	63.0%	53.8%	38.8%

자료: 한국금융투자협회

71.5%가 주식을 포함한 금융자산이다. 이 말인 즉슨, 이 자산들이 폭락하게 되면 가계 경제가 무너진다는 뜻이고, 이와 연관된 산업이 모조리 위기에 빠진다는 의미다. 쉽게 표현하자면, 이 자산들이 망할 위기에 놓이면 정부가 개입해서 이를 부양하려 할 것이라는 말이다. 따라서 우리는 이 두 자산에 더 적극적으로 투자해야 한다.

투트랙 투자 시스템의 핵심

① ETF 투자는 한국보다 미국

이 투자 로드맵에서 주의해야 할 것은 ETF 투자는 한국 자산이 아니라 미국 자산 위주로 하라는 것이다. 다음은 1987~2024년까지 미국 주식 S&P 500, 한국 주식, 서울 아파트의 가격 변화를 나타낸 표다.

자산군별 수익 성과(1987~2024)

구분	S&P500	코스피	서울 아파트
1987	100	100	100
2024	1764.10	634.80	749.70
복리수익률	8.42%	5.60%	6.05%
배수	17.6배	6.35배	7.49배

자료: Yahoo Finance, KB부동산 통계

미국 주식은 연평균 8.42%, 한국 주식은 연평균 5.6%, 서울 아파트는 연평균 6%씩 가격이 상승했다. 반면 예·적금은 최근 10년간 연평균 2% 이자를 제공했다. 이는 어디까지나 평균이고, 중간 과정에서 단기적으로 등락은 심할 수 있다. 투자할 때는 변동성이 크고 수익률이 저조한 한국 주식보다 수익률이 훨씬 높고 변동성이 적은 미국 주식이 더 유리하기에 권한다.

② 부동산 투자는 한국 아파트에

부동산 투자는 해외 부동산이 아닌 한국 부동산, 한국 아파트에 해야 한다. 한국에만 있는 '전세'라는 제도 때문에 레버리지를 쓸 수 있고, 경우에 따라서는 실거주 공간이 될 수 있기 때문이다.

게다가 한국에서 자산 증식의 종착지라고 하면 단연 부동산이다. 앞에서 본 것처럼 한국인 대부분의 자산 구성은 부동산에 집중되어 있다. 결국 부동산으로 자금이 몰릴 가능성이 크다. 무엇보다 부동산은 우리나라에만 있는 전세제도를 활용해 내 돈을 적게 들여서 투자할 수 있는 투자재다.

한 가지 더 덧붙이자면, 부모님 집에서 계속 거주할 생각이 아니라면 스스로 주거할 공간을 마련해야 한다. 이때 월세, 전세, 매매 3가지 형태 중 하나를 택해야 하는데, 월세와 전세는 투자가 아니라 비용이다. 하지만 매전차를 활용한 형태든, 매매 후 대출금을 갚는 것이든 둘 다 자산을 소유한 것이므로 투자다. 매매하기 전까지는 계속 거주 비용을 지불해야 한다. 따라서 되도록이면 부동산 투자를 우선순위에 두어야 한다.

나 또한 자금을 마련하자마자 바로 부동산을 매매했다. 논리는 위에 설명했지만, 부동산을 매매한 이유를 더욱 상세히 구분하면 다음과 같다.

이유 1. 투자금이 적게 든다(레버리지)

갭투자를 활용하면 매매가에서 전세금을 뺀 가격만 준비하면 된다. 3억 6,000만 원인 아파트를 나는 1억 원으로 매수했다. 우리나라에만 존재하는 전세제도 때문에 가능했다.

이유 2. 수익률이 상대적으로 높다

아파트는 연평균 6%의 수익을 제공해왔다. 비록 미국 주식의 연평균수익률 8.42%보다는 못하지만, 자산 크기 자체가 크기 때문에 6% 수익률로도 미국 주식 투자로 내는 수익금을 거뜬히 뛰어넘길 수 있다. 내가 매수한 평촌 A 아파트는 소형 평형임에도 불구하고 놀랍게도 연평균수익률 6%를 상회했고, 투자 이후 연평균 5,000만 원씩 상승했다.

이유 3. 거주 공간을 제공한다

나이 서른이 넘어가면 슬슬 독립을 준비해야 한다. 결혼이든 자취든 부모님과 떨어져 살아야 할 때가 온다. 나는 결혼 시점에 미리 매매한 아파트의 주택담보대출을 활용해 전세를 빼고 들어와 직접 거주하고 있다.

ETF와 부동산 투자를 반복해 루틴으로 만들어라

하지만 미국 자산과 한국 부동산에 투자하라고 강조해도 당장 무엇을 해야 할지 와닿지 않을 것이다. 크게 2가지 상황에 따라 투자 순서를 결정하길 바란다.

종잣돈 5,000만 원 이하인 직장인의 투자

1. 미국 지수 ETF를 활용한 포트폴리오 투자

2. 서울 및 수도권 부동산에 투자하기

3. 다시 미국 지수 ETF를 활용한 포트폴리오 투자

종잣돈 5,000만 원 이상인 직장인의 투자

1. 수도권 아파트 투자하기

2. 미국 지수 ETF를 활용한 포트폴리오 투자

가능하다면 부동산을 먼저 매입하는 것이 좋다고 본다. 부동산은 레버리지 활용이 가능해 자산을 비약적으로 늘릴 수 있기 때문이다. 하지만 부동산 투자는 최소 5,000만 원 이상의 초기 투자금이 필요하다.

그래서 투자금이 부족한 사람은 ETF 포트폴리오 투자를 먼저 권한다. 5,000만 원을 만들 시간이 필요한데, 단순히 예·적금만으로 자금을 모으기에는 시간이 너무 오래 걸린다. 그뿐 아니라 차근차근 돈을 모으는 도중에 주변의 다른 사람들이 부동산과 주식으로 수익을 내면 엄청난 '포모 FOMO(나 홀로 소외되는 것에 대한 불안감)'를 겪을 수도 있다. 이때 주식 ETF를 병행하고 있으면 적어도 시장에 뒤처지고 있다는 느낌은 들지 않는다.

해당 단계를 조금 더 구체적으로 정리해 말하면 다음과 같다.

1. ETF를 활용한 포트폴리오 투자

6:4 포트폴리오, 영구 포트폴리오, K-올웨더 포트폴리오 등 다양한 전략 중에서 본인의 성향에 맞는 포트폴리오를 선택하여 부동산 투자금 5,000만 원을 모을 때까지 월급을 전부 미국 ETF에 투자한다.

포트폴리오 투자는 리스크를 제한하고 안정적인 수익률을 추구하기 위해 중요하다. 특히 전세가가 예상보다 빨리 상승해 아파트 매매 기회가 앞당겨질 수도 있고, 투자 중 급전이 필요하거나 예상치 못한 상황이 발생할 수 있다. 이럴 때 큰 손실을 피하고자 마이너스 상태에서 투자를 철회하지 않도록 대비하는 것이다.

이러한 상황을 염두에 두고, 욕심을 내려놓고 꾸준히 투자금을 늘릴 방법을 고민하는 것이 중요하다. 소비를 줄이는 것은 물론, 야근이든 부업이든 추가 소득을 발생시킨다면 목표를 더 빠르게 달성할 수 있다.

2. 아파트 투자

포트폴리오와 같은 분산 투자는 리스크를 줄이고 일정 수익을 복리로 증가시킨다는 점에서 반드시 활용해야 할 방법이다. 그러나 자산을 빠르게 증식하려면 집중 투자가 필요한 순간이 온다.

아파트 투자가 그 집중 투자를 해야 할 때다. 아파트는 화폐 가치 하락을 상쇄하는 실물자산이고, 대한민국에만 있는 전세제도로 인해 어느 정도 하방 경직성이 확보된 자산이기 때문에 주식 같은 금융 투자보다 변동성이 적고 비교적 안전하게 우상향한다.

ETF 투자를 통해 5,000만 원 이상의 투자금을 확보한 후, 최대로 활용 가능한 투자금 범위를 확인하라. 그다음 명확한 기준에 맞춰 수요 높은 상품을 찾고 투자한다. 일단 5,000만 원 이상을 모았다면 매전차 1억 원 이상의 아파트부터 살펴보길 권한다. 그 이하의 매전차를 가진 아파트는 애초에 매매가치가 적은 곳일 가능성이 있기 때문이다.

3. 다시 ETF 투자, 그리고 아파트 매매 반복하기

아파트에 투자한 후에는 모든 가용자금이 투입되어 0원이 될 것이다. 이때부터 다시 처음으로 돌아가 ETF를 활용한 포트폴리오 투자를 반복하면 된다.

다만 아파트 투자까지 완료한 시점이 되면 승진이나 이직 등으로 인해 소득이 증가하거나 결혼을 했다면 가계소득이 크게 늘어나 투자금도 이전보다 더 늘릴 수 있을 것이다.

또 첫 번째로 매매한 아파트는 2년 또는 4년마다 전세를 재계약하게 될 텐데, 사전에 철저한 분석과 검증 끝에 투자한 아파트라면 높은 확률로 전세금이 상승할 것이다. 그러면 전세금 상승분만큼 다시 투자할 수 있다(ETF 포트폴리오에 재투자).

　매매가에 따라 다르겠지만 전세가는 연평균 5~7% 정도, 2년을 기준으로 하면 총 10% 이상 상승한다. 계약갱신권을 요구받게 되더라도 최소 5% 이상 올려받을 수 있다.

　만에 하나 역전세가 나서 받은 전세금 일부를 세입자에게 줘야 하는 상황이 되더라도, 잃지 않고 안정적인 수익을 내는 ETF 포트폴리오 투자 때문에 대응할 수 있을 것이다. 포트폴리오 투자는 금융시장 환경이 좋지 않아도 하락을 제한할 수 있고, 또 전세가와 주가가 동시에 하락하는 확률은 낮기에 역전세를 의식해 투자를 망설일 필요는 없다.

　임금인상분, 배우자의 소득, 전세금 상승분 등에 따라 투자금이 증가하고, 그만큼 빠르게 목돈을 마련될 것이다. 그러면 다시 아파트를 매수하라. 그리고 다시 ETF를 활용한 포트폴리오 투자를 반복하라.

　2채의 아파트를 보유한 시점이 되면 전세금 상승분도 크게 늘어난다. 내 경험에 빗대어 말하면 이 전세금 상승분만으로 몇천만 원을 얻게 된다. 이걸 다시 포트폴리오에 투자하면 목돈 마련 속도는 더더욱 빨라진다.

　참고로 아파트 투자는 2채까지는 적극 권한다. 하지만 그다음은 세 번째 아파트를 추가 매수하기보다는 보유 아파트를 매도하고 더 값비싼 상급지 아파트를 매수하길 권한다. 이처럼 보유하고 있던 부동산 자산을 매도하고 상급지 부동산을 매수하는 것을 흔히 '갈아타기'라고 한다. 여기서 내가 아파트 추가 매수보다 갈아타기를 권하는 것은 세금 때문인데, 2024년 현시점에서 2주택까지는 취득세를 매매가에 따라 1~3%를 납부하면 되지만 3주택부터는 급격히 증가한 8~12%의 취득세를 내야 하기 때문이다.

그리고 처음 매수했던 아파트보다 몇 단계 위의 상급지 아파트는 매매가와 전세가 모두 이전에 보유했던 아파트보다 훨씬 높다. 다시 말해 자산 증식의 폭이나 전세금 상승폭도 훨씬 크다는 것이다. 수천만 원, 심지어 몇억 원대의 현금이 생길 수 있다.

갈아타기 방법

평소 부동산 앱을 자주 들여다보면 갈아타기 할 지역을 물색하는 것이 중요하다. 매물과 시세를 체크하면서 거래량과 매매가 수준, 필요자금을 가늠해야 한다. 상급지 아파트를 매수하기 위해서는 보유 아파트를 매도한 금액 외 추가자금이 필요할 것이다. 이는 ETF 투자를 하면 계속 돈을 모으고 불려나가며 준비하라.

필요자금이 준비되었고 시장 상황상 갈아타기 해도 좋을 시점이라고 생각한다면, 먼저 보유하고 있는 아파트를 매도해야 한다. 그 다음 상급지 아파트를 매수해야 한다. 순서가 바뀌면 잔금날을 맞추지 못하는 불상사가 일어날 수도 있다. 부동산 거래는 큰 금액이 오가는 만큼 최대한 안전하게 과정을 이행해야 한다.

그렇다면 갈아타기 해도 좋은 시점은 어떻게 알 수 있을까? 보유한 아파트와 상급지 아파트의 가격 차이가 좁혀졌을 때다. 그러니

평소 보유한 아파트와 상급지 아파트의 시세를 자주, 수시로 추적하고 체크해야 한다.

투자한 아파트에 실거주로 들어가고자 한다면

실거주할 아파트가 필요하다면, 대출 상환 한도를 검토한 후, 가장 나은 아파트에 실거주하면서 앞의 단계를 반복하면 된다. 그게 아니면 월세를 살면서 아파트 투자를 위와 같이 해나갈 수 있다. 이때는 월세와 이자 상환 금액을 비교해 합리적으로 의사결정한다.

| 투자 밸류업 1 |

투자 시 반드시 챙겨야 할 '세금'

FROM 2 MILLION
TO 1 BILLION

'부자가 되려면 투자를 해야 한다'라는 명제 안에는 다양한 내용이 함축되어 있다. 주식 투자, 채권 투자, 금 투자, 비트코인 투자, 원자재 투자, 아파트 투자, 땅 투자, 분양권 투자, 갭투자, 경매, 빌딩 투자, 절세 등등. 이처럼 부자가 되는데 필요한, 또 활용할 수 있는 투자 물건과 방법은 무수히 많다.

사실 너무 많아 무엇부터 챙겨야 할지 앞이 막막할 것이다. 그중에서 가장 먼저 챙겨야 하는 것이 있는데. 바로 '세금'이다.

'월가의 살아 있는 전설'이라 불리는 존 템플턴도 늘 세금의 중요성에 대해 강조했다.

"모든 장기 투자자들에게 있어 단 하나의 목적은 '세후 최대의 실질 총수익률'을 올리는 것이다."

앞서 소개한 미국 주식 투자 또는 한국 상장 미국 지수 추종 ETF 투자를 하게 되면 국내 주식처럼 세금을 면제받지 못한다. 미국 주식은 양도소득세 22%를 물어야 하고, 한국 상장 미국 지수 추종 ETF는 15.4%의 배당소득세를 내야 한다. 사회 초년생에게는 너무 큰 금액이다. 투자금도, 투자수익도 크지 않기 때문에 이렇게 떼이면 정말 남는 게 없다. 하지만 다행히 이 세금을 아끼는 방법이 있다.

정부가 저소득층이나 서민층을 위해 재산형성 세제지원 프로그램을 마련했다. 그리고 최근 이 프로그램의 수혜 대상 범위가 확대되어 더 많은 사람들이 이용할 수 있게 되었다.

절세할 수 있는 2가지 방법

세제 혜택이 좋은 대표적 금융 프로그램으로 'ISA(개인종합자산관리계좌)'와 '개인연금저축'이 있다. 맞다. 우리가 활용해야 할 것이 바로 ISA와 개인연금저축계좌다. 용어가 낯설고 친숙하지 않아 접근하지 않는 사람들이 많은데, 이 2가지는 반드시 챙겨야 한다.

ISA를 활용하면 수익에 대해 200만 원 비과세 혜택과 9.9% 분리

과세 혜택을 받을 수 있다. 개인연금저축계좌는 연말정산 때 세액공제를 12~15% 받을 수 있다.

알다시피 미국 주식과 S&P500 ETF 같은 상품에 투자해 수익이 나면 비과세 한도 250만 원을 공제하고 나머지 수익분에 대해서 22% 양도소득세를 내야 한다.

다시 말해 1억 원의 수익이 나면 250만 원 공제 후 9,750만 원의 22%, 즉 2,145만 원을 세금으로 내야 한다. 이는 세금이기 때문에 피할 수 없다. 그러나 ISA를 활용해 투자하면 그 세금을 대폭 줄일 수 있다.

ISA 활용의 기술

ISA는 2016년 정부가 국민에게 자산 형성의 기회를 제공하고 노후 대비 자금 마련을 돕기 위해 시행하는 제도로, 일종의 특혜다. 그래서 반드시 활용해야 한다. 한도를 정해놓은 것도 그 때문이다.

이 계좌에는 매년 2,000만 원, 5년간 최대 1억 원을 투자할 수 있다. 이 계좌로 수익을 내면 일반형일 때 200만 원 비과세를 받을 수 있다. 이때 급여가 5,000만 원 이하라면 서민형으로 계좌를 변경할 수 있는데, 일반형보다 더 큰 400만 원 비과세 혜택을 받을 수 있다.

또 비과세 한도를 넘어선 수익에 대해서는 9.9% 분리과세 혜택을 받을 수 있다. 미국 S&P500 ETF에 직접 투자하면 22%를, 한국

ISA계좌 바로 알기

구분	내용
ISA	개인종합자산관리계좌
가입 조건	만 19세 이상
비과세 한도	일반형 200만 원 서민형 400만 원(총급여 5,000만 원 이하 근로자)
납입한도	연간 2,000만 원, 최대 1억 원
초과분	9.9% 분리과세
최소 가입 기간	3년

상장 미국지수 추종 ETF는 15.6% 양도소득세를 내야 하지만 이 계좌를 활용하면 절반 수준인 9.9%만 과세한다. 3년마다 다시 해지하고 가입할 수 있으므로 이를 활용해 절세하며 투자하는 것도 하나의 방법이다.

ISA를 통해 투자할 경우 얼마만큼의 세금 감면 혜택을 받을 수 있는지 시뮬레이션을 돌렸다. 순이익이 200만 원일 때 30만 원, 1,000만 원일 때 74만 원, 2,000만 원일 때 129만 원의 세금을 아낄 수 있다. 이보다 수익이 더 커지면 공제 혜택도 덩달아 커진다. 반드시 챙겨야 한다.

ISA 활용시 세금감면효과

(원)

순이익	개별 상품별 투자 시 세금 (손익 구분 후 이익에 과세 15.4%)	ISA에서의 세금 (손익 합산 후 '순이익-200만원'에 과세 9.9%)	세금 감면 효과 (개별 상품별 투자 시 세금-ISA에서의 세금)
200만	308,000 (200만 원*0.154)	0 (순이익 200만 원 비과세)	308,000
500만	777,000 (500만 원*.0154)	297,000 (순이익 300만 원*0.099)	473,000
1,000만	1,540,000 (1,000만 원*.0154)	792,000 (순이익 800만 원*0.099)	748,000
1,500만	2,310,000 (1,500만 원*0.154)	1,287,000 (순이익 1,300만 원*0.099)	1,023,000
2,000만	3,080,000 (2,000만 원*.0154)	1,782,000 (순이익 1,800만 원*0.099)	1,298,000

조건: 일반형(만 19세 이상 거주자), 비과세 한도 200만 원

ISA에 가입하는 방법은 매우 간단하다. 어느 증권사든 상관없이 앱으로 들어가 [계좌 개설]을 누른 후 [ISA 계좌 개설]을 누르고 신청하면 된다.

모르면 손해, 연금저축계좌

ISA는 손해 볼 게 하나도 없는, 무조건 챙겨야 하는 계좌다. 이에 못지않게 좋은 계좌가 또 있는데, 바로 '연금저축계좌'다.

연금저축계좌는 파격적인 세액공제 혜택을 준다. 취지는 ISA와 유사하다. 정부가 국민의 안정적인 노후를 온전히 보장하기 어려우니 개인이 준비하도록 촉진하기 위해 세액을 공제해주는 것이다.

연금저축계좌는 누구나 가입할 수 있다. 월 최대 50만 원씩 납입할 경우 최대한의 혜택을 받을 수 있다. 한 해에 최대 600만 원까지 세액공제를 받을 수 있는데, 소득이 5,500만 원 이하는 16.5%, 5,500만 원 이상은 13.2% 공제를 받을 수 있다.

다시 말해 내가 내 돈을 계좌에 넣고 투자하는데, 그 투자금에 대해서 13~16%의 세액을 공제해주는 것이다.

소득이 5,500만 원 이하인 사람은 1년에 600만 원을 이 계좌에 넣고 투자하면 연말에 99만 원을 돌려받는다. 여기에 투자수익도 축적되기 때문에 시간이 갈수록 유리하다.

나도 매달 25만 원씩 납입해서 매년 46만 원 정도 세금을 돌려받

연금저축계좌 바로 알기

구분	내용
연금저축계좌	일정 기간 납입 시 세액공제 혜택을 주고 연금 형태로 인출할 경우 연금소득으로 과세되는 세제 혜택 금융상품
가입 대상	누구나 가능
세액공제	공제한도: 연 납입액 600만 원 급여액 5,500만 원 이하: 16.5%(Max 99만 원) 급여액 5,500만 원 초과: 13.2%(Max 79만 2,000원)
연금 수령 요건	가입 후 5년 or 55세 중 나중일
연금 수령 세율	연금소득세(5.5~3.3%)로 과세

연금저축계좌 활용 시 연말정산 환급

총: 937,506원 공제

2022년	2023년
471,308원 공제	466,198원 공제

		공제대상금액	세액공제액
연금계좌	「과학기술인공제회법」에 따른 퇴직연금	0	0
	「근로자퇴직급여 보장법」에 따른 퇴직연금	0	0
	연금저축	3,142,055	471,308
	⑩-1 개인종합자산관리계좌 만기 시 연금계좌 납입액	0	0

		공제대상금액	세액공제액
연금계좌	「과학기술인공제회법」에 따른 퇴직연금	0	0
	「근로자퇴직급여 보장법」에 따른 퇴직연금	0	0
	연금저축	3,107,987	466,198
	⑩-1 개인종합자산관리계좌 만기 시 연금계좌 납입액	0	0

고 있다. 2년간 총 93만 원을 공제받았다.

이 공제액은 다음 연도 연말정산 때 돌려받는다. 연말정산으로 돈을 돌려받은 후 이 돈을 다시 재투자하면 복리가 더 커진다.

연금저축계좌에 돈을 납입하면 세액공제도 받지만, 납입한 돈을 투자에 활용할 수 있다. 연금저축계좌에 쌓인 돈을 가만히 놔두지 말고, 이 돈으로 투자해서 수익을 극대화해야 한다.

특히 연금저축계좌로 미국 지수 추종 ETF와 미국 채권 ETF 매매가 가능하다. 앞서 소개한 주식·채권 6:4 포트폴리오를 운영하면 세액공제도 받고, 포트폴리오 수익도 발생한다.

나도 이 계좌를 활용한 지 2년밖에 되지 않았지만, 포트폴리오 투자로 연평균 10% 이상 수익을 내고 있다. 여기에 앞서 말한 것과 같이 세액공제도 90만 원 정도 받았으니 실제 수익은 그보다 크다. 수익을 계산해보니 2년간 총 880만 원을 납입했는데, 세액공제 93만

연금저축계좌 수익률 현황

← 수익률(2022.01~2024.07)

손익현황

투자손익	3,219,945
잔액기준 수익률	38.15%
평잔 수익률	63.54%
순자산 수익률	38.15%

비교지수대비 수익률현황

총입금액 수익률	36.58%
코스피 수익률	3.88%
코스피 초과 수익률	32.70%
코스닥 수익률	-5.82%
코스닥 초과 수익률	42.40%

원, 투자수익 321만 원으로 수익 합계가 415만 원이다. 투자금 대비 47% 수익을 낸 셈이다.

   단, 연금저축계좌는 월 최대 50만 원 정도까지만 활용하는 게 좋다. 퇴직연금을 포함하면 900만 원까지 세액공제 한도가 올라가지만, 50만 원 이상 납입하는 것은 추천하지 않는다. 이 자금은 55세까지 묶이는 돈이라 너무 많은 현금이 묶이면 부동산 투자나 다른 투자를 이어가기 어렵다. 만약 소득이 월 300만 원 미만이거나 아직 부동산 같은 자산이 없다면, 우선 연금저축계좌보다 ISA로 투자하

연금저축계좌 실적

총 납입액	8,800,726원
운용손익	3,219,945원
단순수익률	36.58%
연말정산 환급	937,506원
순이익	4,157,451원(47.24%)

* 2022.02~2024.07

는 것을 권장한다. 사회 초년생은 절세보다 시드머니를 만드는 것이 먼저다.

| 투자 밸류업 2 |

자산 폭락에 대비하는 법, MDD 고점 대비 하락률 활용

FROM 2 MILLION
TO 1 BILLION

보통 투자가 어렵고 두려운 이유는 내가 투자한 자산이 얼마나 떨어질지 모르기 때문이다. 흔히 사람들은 투자한 자산의 가치가 계속 떨어지면 바닥인 줄 알았는데 지하실이 있었다며 후회하면서도 더 떨어질까 이러지도 저러지도 못한다. 그렇게 가만히 있다가 후에 더 하락하면 전 재산을 다 잃을 수 있다는 생각에 덜컥 겁이 나 팔아버리곤 한다. 그런데 신기하게도 내가 팔자마자 귀신같이 저점을 찍고 반등하기 시작하더니 쭉 상승해 두 번 눈물을 흘리게 만든다.

하지만 내가 투자한 자산이 얼마나 떨어질지 대략 알 수 있다면 어떨까? 아마 걱정하지 않을 것이다. 자산 가격이 더 떨어지면 추가 매수해서 평균 단가를 낮추거나, 그저 하락기가 지나가길 기다리며 마음 편히 본업에 집중할 것이다.

부자들은 보통 자신이 투자한 자산의 가치가 얼마나 떨어질지 하락폭을 대략 알고 있다. 그래서 본인이 투자한 자산별로 하락폭을 계산해 투자 비중을 결정한다.

투자자산이 얼마나 오르고 떨어질지 알 수 있다고?

부자들은 어떻게 자산의 대략적인 하락폭과 상승폭을 알까? 이 비밀은 바로 앞에서 소개한 MDD에 있다.

다시 설명하면 MDD란 우리말로 '최대 낙폭'을 뜻한다. 우리가 흔히 자산이라고 정의하고 투자하는 대상인 주식, 부동산, 채권, 금, 은 등은 대개 30년 이상의 역사를 갖고 있다. 그 오랜 기간 동안 경제 호황과 불황 등 모든 상황을 경험하는데, 그 시기에 이 자산들이 얼마나 상승하고 하락했는지 알면 대략 그 자산의 전체적인 상승폭과 하락폭을 가늠할 수 있다.

지속해서 수요가 있는 이 자산들은 대개 일정 수준 하락하면 이를 싼값에 매매하려는 사람들이 생겨 그 자산의 매력이 더 올라간다. 이를 '하방 경직성'이라고 표현하는데, 자산들은 하방 경직성 영향으로 위기 상황이 닥치면 다시 가격이 올라가는 경향이 있다. 이를 활용하면 전략적인 투자가 가능하다.

앞서 소개한 미국 대표 자산 S&P500의 MDD는 2008년 금융위기 당시 -47%였다. 그해 첫 거래일 종가 기준으로 최대 낙폭을 측정해 나온 수치다. 그리고 1993년부터 2023년까지 모두 측정했을 때 평균 하락폭은 -9.58%다.

이는 S&P500에 투자하면 매년 -10% 하락을 경험하게 된다는 의미다. 반대로 이를 활용해 S&P500 지수가 연초 종가 대비 -10% 이상 하락할 때 투자하면 기대이익이 더 커질 수 있다는 뜻이기도 하다.

나스닥100지수 추종 ETF인 QQQ는 S&P500보다 변동성이 크

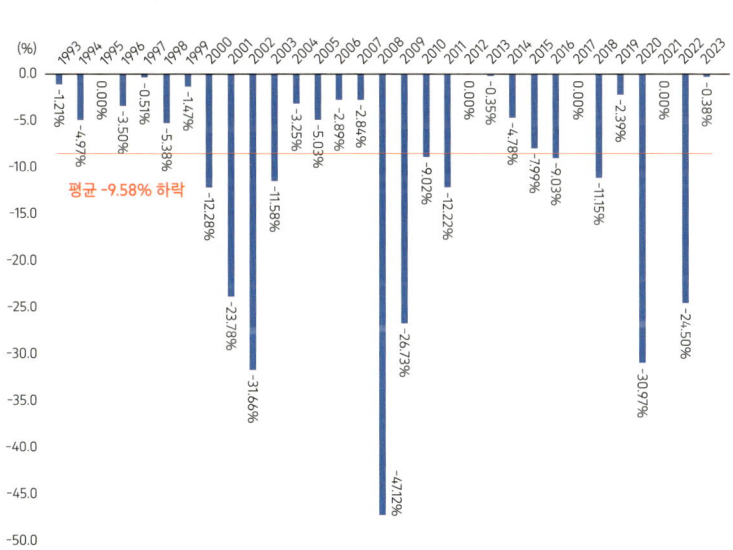

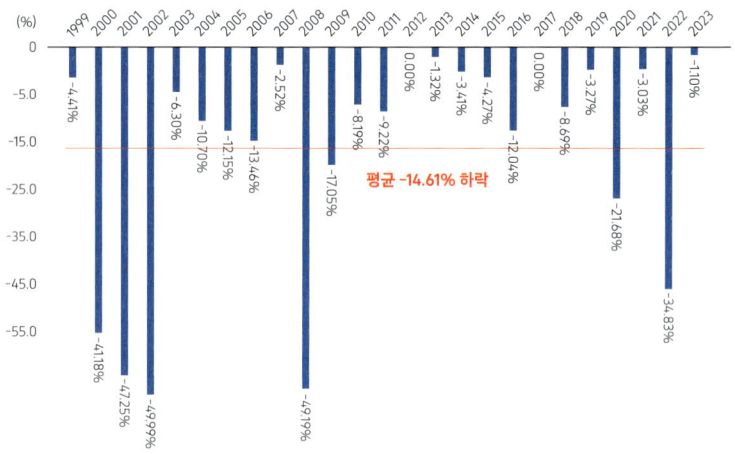

다. 1999년부터 2023년까지 QQQ의 최대 낙폭 평균은 −14.61%다.

비단 주식뿐만 아니라 부동산, 채권, 금, 구리, 리튬 등 자산들의 MDD도 확인할 수 있다. 이에 따라 변동성을 측정해 투자자산을 적절히 섞으면 높은 수익률을 추구하면서 최대 낙폭을 낮출 수 있다. 그뿐만 아니라 각 투자자산의 매입 시기를 결정할 때도 낙폭률을 보조도구로 활용하면 도움이 된다.

리밸런싱 때 MDD를 적극 활용하라

나의 경우 특히 리밸런싱을 할 때 MDD를 적극적으로 활용한다. 미국 주식 S&P500 ETF가 당해 평균 하락률만큼 하락하면 그때 주식과 채권 비중을 기준값(주식 60%, 채권 40%)으로 되돌린다.

앞서 소개한 것처럼 나는 주식 60%, 채권 40% 포트폴리오를 주로 이용한다. 포트폴리오 투자는 1년에 한 번씩 주식과 채권 비중을 60%, 40%로 다시 조정해야 한다.

처음 포트폴리오 투자를 하면 알게 되겠지만, 시간이 지나면서 주식과 채권이 각각 오르거나 떨어지는데 서로 다르게 움직이는 모습을 볼 수 있다. 그러다 1년이 되는 시점에 오른 자산을 팔고, 내린 자산을 사는 리밸런싱을 해야 한다. 다만 1년이 안 된 시점이라도 MDD 평균만큼 미국 S&P500 ETF가 하락하면 그때 리밸런싱을 실시한다. 그러면 보다 싼 가격에 S&P500을 매매할 수 있다.

반면 아무것도 모르는 일반 개인 투자자들은 이러한 개념이 없어서 -30% 이상 손실이 나면 기회임에도 불구하고 대부분 손절매하고 나온다. 그러니 자산의 역사, 낙폭, 상승률을 미리 알고 투자해야 한다. 그러면 전략적 접근이 가능하고 뇌동매매(남을 따라 하는 매매)하지 않을 수 있다.

| 투자 밸류업 3 |

가능한 빨리, 그리고 자주 투자하라

FROM 2 MILLION
TO 1 BILLION

적립식 매수 vs. 저점 매수

분명 투자하기로 마음먹었더라도, 막상 월급을 받아 증권계좌에 돈을 입금하면 무엇을 사야 할지 알아도 굉장히 망설여진다.

나도 그랬다. 예·적금 같은 저축만 하던 내가 하락할 수도 있고 원금 보전도 안 될 수 있는 ETF에 월급 대부분을 넣어도 될지 고민됐다. 혹여 매매한 이후 다음 달도 그다음 달도 계속 하락만 하면 어쩌나 전전긍긍했다. 하지만 뉴스를 보면 매번 증시가 신고가를 경신했다는 소식이 들리는데 나만 바보같이 예·적금만 하는 것 같았다.

어찌 됐건 투자하기로 마음먹었으니 투자를 해야 하는데, 언제 해야 할지 몰라 고민이 많았다.

바닥이 언제인지 꼭대기가 언제인지 아무도 모른다

나뿐만 아니라 누구라도 주식이나 부동산 등 자산에 투자할 때 가장 고민되는 부분이 바로 '타이밍'일 것이다. 누구나 가장 싼 가격에 자산을 사고 싶어 한다. 나 역시 마찬가지였다. 가장 쌀 때 사서 가장 비쌀 때 팔고 싶었다. 바닥(최저점)에서 매수하면 수익률을 극대화할 수 있으니 바닥일 때 자산을 사려고 연구하며 노력했다. 하지만 현실은 달랐다. 분명 차트와 과거 흐름을 보고 저점이다 싶어 투자했는데 내가 매매한 이후 가격이 속절없이 하락했다.

그리고 이내 깨달았다. 최저점은 현시점에서 판단하기 매우 어렵다는 사실을, 그리고 최저점에 사고 싶어도 그 기회가 좀처럼 오지 않는다는 것을 말이다.

주식에 투자하는 많은 사람들 역시 나와 같은 욕심에 마냥 하락세가 오기만을 기다린다. 하지만 주식 가격은 계속 올라가 결국 내가 봤던 가격보다 높은 곳에서 매수해야 하는 상황이 벌어진다. 이때 일부는 매수를 감행하지만, 안타깝게도 대부분의 사람들은 과거 가격을 생각하며 매수하지 못한다.

아직도 많은 사람들이 역사적으로 최악의 하락을 기록한 1987년 블랙 먼데이, 2000년대 닷컴버블, 2008년 서브프라임 모기지 위기 때처럼 가장 낮은 시점에 투자하고 싶어 한다.

하지만 현명하게 투자하려면 그때를 마냥 기다려선 안 된다. 저점을 기다리는 사이 저만치 주가가 높아져 있는 상황을 목격하게 될 확률이 높기 때문이다. 그리고 혹여나 운 좋게 그때처럼 폭락이 찾아와도 이전에 내가 매수할 수 있었던 시점보다 주가가 높은 가격일 확률이 크다.

저점을 기다리지 마라

다시 한번 강조하지만, 누구도 언제가 최저점인지 알 수 없다. 신이 아닌 이상 최저점을 맞출 수 없다. 나중에야 그때가 최저점이었음을 깨닫게 될 뿐이다.

따라서 투자자산이 계속 우상향한다는 전제하에, 투자를 할 때 저점을 기다렸다가 투자하는 '바이더딥$^{Buy\ the\ Dip}$(저점매수)' 전략을 구사하기보다 가능하면 투자금을 적립식으로 꾸준히 투자하는 것이 좋다. 돈을 계속 모아가며 기다리다가는 지금의 가격도 보기 어려울 수 있기 때문이다. 또 적립식으로 계속 투자하면 시간이 지날수록 '복리 효과'가 적용되어 자산의 증가 속도가 더 빨라진다.

《저스트.킵.바잉》의 저자이자 데이터 과학자 닉 매기울리는 실제 이를 검증했다. 그는 때를 기다렸다가 저점 매수하는 것보다 적립식으로 매수하는 것이 결과가 좋다고 밝혔다. (여기서 저점은 녹색으로 표기된 선에서 두 번의 사상 최고가 사이 중 가장 큰 하락지점을 뜻함.)

그는 이 결과를 내놓으며 다음과 같이 말했다.

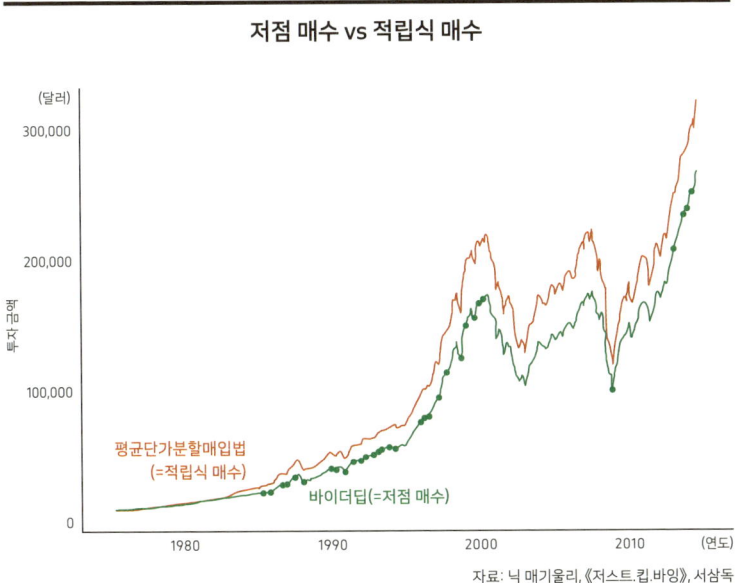

"가능하면 빨리 투자를 시작하라. 그리고 가능하면 자주 투자하라."

이 명제야말로 투자의 핵심 주제이며, 모든 시간과 공간을 뛰어넘는 투자의 금언이다.

지금 매수 vs. 분할 매수

수백만 원, 수천만 원의 목돈이 있다면 어떻게 투자하는 게 좋을까? 적립식 혹은 분할로 매수하는 게 나을까? 아니면 한 번에 투자하는 게 나을까? 어떤 방법이 더 효과적일지 이것도 궁금할 것이다.

월급을 적립식으로 넣는 것과 목돈을 한꺼번에 넣는 것은 또 다른 느낌이다. 투자금이 적게는 몇백만 원부터 크게는 몇억 원이 될 수도 있다.

나 역시 2년간 커피도 안 사 마시고 피땀 흘려 모은 목돈을 지금 바로 투자해도 될지 망설였다. '혹시 내가 사자마자 떨어지면 어쩌지… 그렇다고 놔뒀다가 나중에 하락하면 사야지 하고 마음먹었는데, 연일 상승하면 그때 살 걸 후회하게 될 것 같기도 하고…' 이런저런 고민이 많았다. 아마 대부분의 사람이 처음 투자를 시작하면 나와 같은 고민으로 밤잠을 이루지 못할 것이다.

결론부터 이야기하면, 목돈을 투자할 때는 여러 번에 걸쳐 나눠서 사기보다 한꺼번에 '일시 투자'하는 것이 좋다.

닉 매기울리는 이 사실을 실험하고 통계로 이미 검증했다. 미국 주식 S&P500 ETF에 돈을 투입하고 비교·실험하는 방식을 사용했다. 한 계좌에는 1만 2,000달러를 한 번에 투자하고, 다른 계좌에는 매달 1,000달러씩 투자했다. 그리고 결과를 지켜봤다.

그 결과 시기를 막론하고 '분할 매수$^{Average\ In}$'가 '지금 매수$^{Buy\ Now}$' 보다 수익이 저조하다는 결과를 얻었다. 분할 매수는 지금 매수에 비해 12개월 모든 구간에서 평균 4% 정도 낮은 수익을 올렸다.

다음 쪽 그래프는 1997년 이래 모든 12개월 구간에서 분할 매수와 지금 매수 방식으로 각각 S&P500에 투자했을 때 어떤 방식이 더 높은 수익을 올렸는지 나타낸 것이다.

지금 매수 vs. 분할 매수

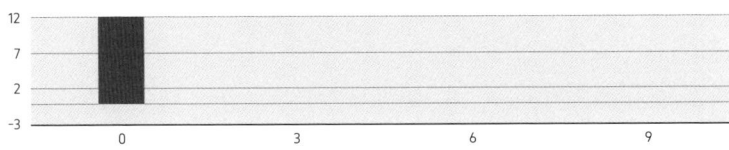

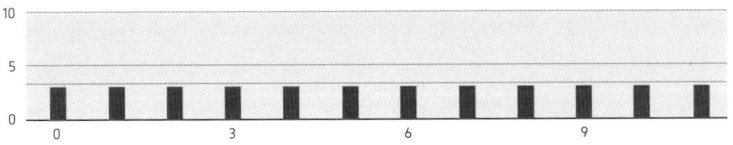

자료: 닉 매기울리,《저스트. 킵.바잉》, 서삼독, 2022

    2008년 8월, 분할 매수가 지금 매수보다 30% 더 높은 수익을 거둔 적이 있다. 2008년에 경제위기가 있었기 때문이다. 이때만큼은 분할 매수의 수익률이 높았다. 하지만 우리가 주목해야 할 것은 이러한 예외적인 상황이 아니다.

    확률적으로 지금 매수 전략이 더 효과적이다. 다시 강조하지만 1997년부터 2020년까지 데이터를 살펴봐도 지금 매수 전략이 더 우세한 확률은 76%다. 하지만 24%의 경우도 무시할 수 없다. 따라서 이에 대응하기 위해서는 지금 매수를 하되 채권, 금, 달러 같은 안전자산에 함께 투자하는 방식을 추천(주식·채권 6:4 포트폴리오 투자)한다.

    나의 경우 성과급을 받거나 혹은 전세금을 올려 받아 2,000만 원

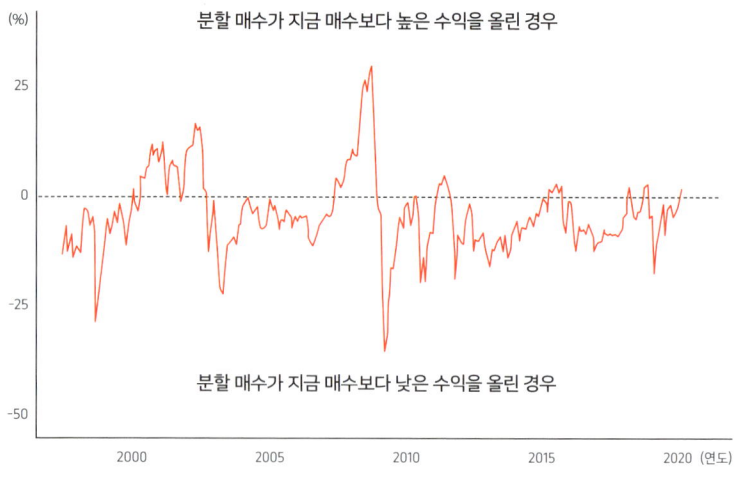

자료: 닉 매기울리, 《저스트. 킵. 바잉》, 서삼독, 2022

이나 5,000만 원 정도의 목돈이 생기면 그날 바로 투자한다. 하락을 대비해 자산을 배분하는 포트폴리오를 구성해 투자하면 바로 떨어지지 않을까 하는 걱정을 덜 수 있을 것이다.

분명 며칠 뒤 경제지표가 발표되면 더 떨어질 것 같다는 생각이 들 때가 있다. 그러면 매매 시점을 예측해서 투자해보고 싶다가도 위에 설명한 통계를 믿고 바로 실시한다. 늘 결과적으로 타이밍을 노리려 했던 내 판단보다 통계를 믿고 투자한 것이 현명했었다.

월가의 예측률도 겨우 30%

투자를 해본 사람들이라면 한 번쯤은 어떤 기업과 사랑에 빠져 그 기업의 제품을 써보고, 그 기업의 재무제표를 읽어보고, 그 기업 대표의 영상을 찾아보고, 네이버 블로그나 관련 뉴스를 꼼꼼히 읽어보며 투자해본 경험이 있을 것이다.

나도 그런 적이 있다. 한때 현대차에 관해 설명하라고 하면 5분 동안 쉬지 않고 설명할 수 있을 정도로 현대차에 해박했다. 그야말로 현대차와 사랑에 빠졌었다. 나는 현대차의 차량 수석 디자이너부터 엔진 설계자를 비롯해 1차 벤더(협력사)로 어떤 기업들이 있는지까지 속속들이 공부한 적이 있었다.

현대차라는 기업에 관해서라면 모르는 게 없었다. 그래서 투자를 단행했다. 하지만 내가 현대차에 투자했다고 하자 주변 사람들은 어디서 주워들은 정보들을 갖고 떠들기 시작했다. 이제 매출이 줄 거라는 둥, 파업할 거라는 둥, 리콜로 영업손실이 커진다는 둥 별의별 이야기를 늘어놓았다. 처음에는 신경 쓰지 않았지만, 계속 듣다 보니 귀를 기울이게 되고 나중에는 잡음에 불과한 작은 뉴스 소식을 듣고 겁을 먹어 결국 매도하게 됐다. 그러나 슬픈 예감은 틀린 적이 없다. 내가 매도한 후 주가가 급등해 땅을 치고 후회했다.

이 이야기를 하는 이유가 있다. 투자할 때 가장 조심해야 할 것이 있는데, 바로 남의 말을 듣고 그 말을 맹신하는 것이다. 특히 지인뿐 아니라 경제 또는 산업 뉴스, 분석 보고서도 무작정 믿어서는 안 된다. 뉴스나 분석 보고서는 어떤 사실적인 근거를 토대로 만들어지지만, 그것이 곧 정답은 아니기 때문이다. 게다가 글을 기고한 사람도 그 주제에 대해 심도 있는 이해가 부족한 경우도 많다.

많은 사람들이 호재와 악재 등 투자와 관련한 내용을 담은 기사와 뉴스, 분석 보고서를 너무 맹신해 이를 보고 의사결정을 한다. 전망이 안 좋다는 한 개인의 의견을 믿은 나머지 주식이나 부동산을 죄다 팔아버리거나 사는 경우도 종종 볼 수 있다.

그런데 과연 전문가들의 예측이나 의견이 실제로 잘 들어맞을까? 금융 투자의 정점에 있는 월스트리트 대표기관들의 정답률을 분석한 글이 있다.

샘 포터라는 인물은 미국의 대표적인 금융투자사 몇 곳의 자료를 표본으로 취합했다. 골드만삭스, 모건 스탠리, J. P. 모건, 뱅크오브아메리카, 시티그룹, 바클레이스, 크레딧스위스, 도이체방크, UBS, 웰스 파고 등이 그 대상이다.

대형 기관들은 매년 초 당해 전망을 쏟아낸다. 샘 포터는 이들의 전망을 모두 취합한 후 그해 말 그들의 전망이 맞았는지 분석했다. 이 작업을 2010년부터 2020년까지 매년 진행했다.

결과는 놀라웠다. 그들의 정답률은 36%였다. 동전을 던져도 앞뒤를 맞출 확률이 50%인데, 그들의 예측 정답률은 36%로 일반인들의 정답률과 비슷하거나 낮았다.

다시 말해 전문가들의 정답률도 초보 투자자인 우리와 별반 다르지 않다. 전문가들의 글을 읽다 보면 정말 그럴듯해 보여서 그들의 주장대로 투자해야 할 것 같지만, 경제 예측은 신이 아닌 이상 매번 정답을 맞히기 어렵다. 이를 분명히 인지해야 한다.

거시경제의 대가 레이 달리오도 미래를 알 수 없으니 자산을 배

샘 포터의 월가 금융투자사들의 예측에 관한 보고서

분해서 투자한 것이다. 남의 말 또는 뉴스를 보고 의사결정 하지 말고 나만의 주관을 갖고 투자를 이어가야 한다. 설령 그들의 말대로 현상이 발생하더라도 남의 생각과 기준이 아닌 나만의 기준이 있어야 한다. 그래야 투자하는 과정에서 내 생각이 틀리더라도 이에 대해 반성하고 성장할 수 있다.

앞으로 투자하는 동안에도 무수히 많은 잡음이 들려올 확률이 높다. 타인에 의존하지 않고 내가 흔들리지 않으면서 투자할 수 있는 수준까지 발전해야 평생 걱정 없이 투자를 이어갈 수 있다. 이 사실을 꼭 기억하자.

월가 금융투자사들의 예측

연도	기관 전망건수	정답	오답
2020	9	4	5
2019	8	4	4
2018	6	5	1
2017	8	2	6
2016	8	2	6
2015	7	3	4
2014	10	3	7
2013	7	2	5
2012	7	3	4
2011	8	1	7
2010	5	1	4
합계	83	30	53
확률		36%	64%

| 투자 밸류업 4 |
정기적으로 찾아보면 도움되는 자료

FROM 2 MILLION
TO 1 BILLION

내가 주식, 부동산, 채권, 비트코인 등 다양한 자산에 투자하면서 빠르게 지식과 정보를 획득하고 대응할 수 있었던 비결은 바로 레버리지를 잘 활용했기 때문이다.

나는 투자자이기에 앞서 우선 회사원이다. 물리적으로 8시부터 17시까지는 투자에 시간을 쓸 수가 없다. 그래서 완성도 높고 신뢰할 만한 자료를 빠르게 찾아보는 것이 무엇보다 중요했다.

부자들의 투자 종목이 담긴 보물창고

나에게는 매일 찾아보는 자료, 간혹 찾아보는 자료, 그리고 어쩌다 한번 찾아보는 자료들이 있다. 아래는 자주 찾아보는 자료 순으로 정리했다.

미래에셋증권 리포트

가장 자주, 아니 매일 찾아보는 자료다. 나는 한국 주식보다 미국 주식 투자에 중점을 두고 있다. 그래서 아침에 일어나면 밤새 나온 이슈나 특이사항에 대해 정보를 찾아보는데, 미국의 이슈인 만큼 주요 뉴스에서 즉각적으로 정보를 제공하지 않는 경우가 많다.

하지만 다행히 미래에셋증권에서 매일 〈데일리 마켓 브리핑Daily Market Briefing〉을 발간한다. 이 보고서를 작성하는 애널리스트가 전날 있었던 국내외 주요 이슈들을 요약할 뿐 아니라 특정 종목, 채권·외환 및 상품, 한국 증시 전망 순으로 깔끔하고 이해하기 쉽게 정리해준다.

이 자료를 보면 대략 해외 주요 나라에서 전날 무슨 일이 있었는지 빠르게 살펴볼 수 있다. 심지어 FOMC(미국 연방공개시장위원회) 회의 내용과 각종 경제지표 발표에 관한 내용도 상세히 다뤄주기 때문에 정보를 이해하는 데 큰 도움이 된다. 그뿐만 아니라 정기적으로 투자 전략을 비롯해 참고할 만한 투자 인사이트 등이 올라오는데, 제법 활용할 만하다.

미래에셋증권 리포트

김석환 seokhwan.kim@miraeasset.com

MIRAE ASSET
미래에셋증권
글로벌 투자 파트너

글로벌 주식시장 변화와 전망
미 국채 수익률 10주 만에 최저…S&P, 나스닥 '또' 신고가

Key Takeaways

- S&P500, 나스닥 3거래일 연속 신고가
- 엔비디아, 브로드컴 등 반도체 강세
- 주간 신규 실업수당 청구 10개월 만에 최고, 5월 PPI 예상 밖 둔화

Summary

- S&P500과 나스닥은 엔비디아, 브로드컴 등 반도체 업종 강세에 힘입어 3거래일 연속 신고가 기록. 5월 생산자물가지수(PPI)가 예상 밖 '둔화'를 기록해 물가에 대한 우려가 크게 경감된 가운데, 주간 신규 실업수당 청구 건수가 전주 대비 1만 3천 명 증가한 24.2만 명을 기록하며 예상치(22.5만 명) 상회는 물론 2023년 8월 이후 최고치를 기록. 이에 미 국채 수익률 하락 압력이 높아진 가운데 10년물은 지난 4월 이후 최저 수준을 기록. 반면, 달러 인덱스는 유로화 약세 영향으로 오히려 전일 대비 상승. 유럽 증시는 유럽 의회 선거의 후폭풍이 지속되는 모습. 특히, 프랑스는 마크롱 대통령이 의회 해산과 함께 조기 총선을 실시하기로 한 이후 나온 첫 여론조사에서 여당이 19%의 지지율로 3위를 차지해 정치적 불확실성이 확대되는 모습. 이에 프랑스 CAC40 지수는 4개월래 최저 수준을 기록하였고 프랑스 신용위험 척도인 독일 10년물 국채와의 스프레드는 2017년 이후 최고인 70bp 수준까지 상승하였음. 비트코인 가격은 한 달 만에 최저를 기록. (다우 -0.2%, 나스닥 +0.3%, S&P500 +0.2%, 러셀2000 -0.9%)

특징종목

- 브로드컴(+12%)은 회계연도 2분기 실적이 시장 예상을 상회하고 1:10 액면 분할을 발표. 또한 AI 및 VMware 부문의 지속적인 성장에 힘입어 올해 매출 가이던스도 소폭 상향 조정. 이에 엔비디아(+3.5%), 아리스타 네트웍스(+3.5%) 및 슈퍼 마이크로컴퓨터(+6.5%) 등 관련주도 강세. 특히, 엔비디아는 다시 한 번 신고가를 경신하며 시가총액이 3조 2천억 달러에 달해. 또한, 필라델피아 반도체 지수도 1.5% 상승하며 4거래일 연속 신고가를 경신하였고 S&P500과의 상대지수도 1.03을 기록하여 역대 최고 수준을 기록. 테슬라(+2.9%)는 일론 머스크 CEO가 560억 달러 급여 패키지와 텍사스로의 법인 이전에 대해 일반 주주들의 찬성 의견이 높다는 트윗에 강세. 또한 유럽 연합 집행 위원회의 중국산 전기차 관세에 대응해 유럽에서 Model 3의 가격을 인상할 가능성도 주가에는 긍정적으로 작용. 킵밀리 클라크(+3.1%)는 뱅크오브아메리카가 투자의견과 목표주가를 상향하자 강세. 버진 갤럭틱(-14%)은 20:1 규모의 액면 병합 발표에 급락. 데이브 앤 버스터스(-11%)와 시그넷 주얼러(-15%)는 부진한 실적 발표에 크게 하락.

채권, 외환 및 상품 동향

- 5월 PPI가 전일 대비 0.2% 감소하며 예상 '밖' 둔화에 미 국채 수익률은 이틀 연속 하락. 미 국채 10년물은 4.24%를 기록하며 10주 만에 최저 수준을 기록. 특히, 기술적 지지선을 모두 하회하면서 추가 하락에 대한 가능성을 열어 놓아야 하는 상황. 반면, 달러 인덱스는 유로화 약세 영향으로 전일 대비 0.6% 상승 기록. 유럽 의회 선거 이후, 프랑스를 중심으로 정치적 불확실성이 커지고 있는 가운데 프랑스와 독일 간 10년물 국채 수익률 스프레드는 2017년 이후 최대인 70bp까지 커진 상황. 한편, 비트코인은 한 달 만에 최저치를 기록하였고 유럽 천연가스 선물 가격은 LNG 시설 가동 중단과 재고 확보에 대한 우려로 6개월래 최고 수준 기록.

다만 투자가 낯설고 익숙하지 않은 사람은 다소 전문적인 용어와 표현들로 머리가 어질어질할 수도 있다. 하지만 계속 보다 보면 흐름이 보이고 익숙해지기 시작할 것이다.

나도 처음에는 국채 수익률이니, CPI(소비자물가지수)니 아무것도 몰랐다. 그러나 이런 용어와 현상 때문에 자산 가격이 움직인다는

사실을 깨닫고 하루에 한 개씩이라도 검색해 찾아보고 배우려 노력했다. 그렇게 두 달 정도 공부하자 이 리포트에서 이야기하는 모든 현상을 이해하고 해석할 수 있게 되었다.

무엇보다 이 경험을 통해 얻은 지식은 투자할 때 대단히 많은 인사이트와 통찰력을 갖게 해준다. 딱 두 달이면 된다. 평생 경제 현상을 이해하거나 해석하는 데 어려움이 없을 것이다.

찾아보는 법

미래에셋증권 홈페이지(http://securities.miraeasset.com)→상단 [투자 정보] 탭→[리서치 리포트]

거장들의 투자 방법(웨일위즈덤)

워런 버핏, 피터 린치, 레이 달리오, 존 보글 같은 투자 대가들이 나를 대신해 투자해준다면 얼마나 좋을까? 당신도 이런 상상을 해본 적이 있을 것이다.

나 역시 이들이 대신 투자해준다고 하면 마음 편히 투자에 신경 쓰지 않고 일만 열심히 할 것 같다. 그들이 투자를 대신해주면 수익률도 당연히 내가 직접 한 것보다 수천~수만 배 높을 테니 말이다.

그런데 이 상상을 실현하는 방법이 있다. 비록 그들이 대신 투자해주지는 않지만, 그들이 어떤 종목에 투자하고 있는지 찾아볼 수 있다.

생각해보라. 개별 종목에 투자한다고 했을 때 워런 버핏, 피터 린치, 레이 달리오, 존 보글 등 전문가들이 투자한 종목을 따라 사면 내가 아무 종목이나 선택해서 투자하는 것보다 결과가 월등히 좋을 수밖에 없다.

미국은 주식시장에서 1억 달러(한화 1,300억 원) 이상 자산을 관리하는 기관 투자자에게 〈Form 13F〉라는 보고서를 SEC(증권거래위원회)에 제출하게 한다. 이 보고서에는 기관 투자자들의 투자 현황이 모두 담겨있다. 그들의 포트폴리오에 포함된 주식과 채권 등을 모두 볼 수 있는 것이다. 이를 통해 워런 버핏, 빌 애크먼, 레이 달리오, 조지 소로스 등의 회사 전략을 모두 확인할 수 있다.

이 자료들은 분기마다 공개한다. 다만 분기가 끝난 후 45일 내에

투자 현황을 볼 수 있는 유명 투자회사 목록

No	회사명	대표적 인물
1	버크셔 해서웨이	워런 버핏
2	블랙록	로렌스 핑크
3	뱅가드 그룹	X
4	피델리티 인베스트먼트	아비게일 존슨
5	스테이트 스트리트 코퍼레이션	론 오한리
6	퍼싱스퀘어 캐피털 매니지먼트	빌 애크먼
7	아이칸 캐피털	칼 아이칸
8	브리지워터 어소시에이츠	레이 달리오(자문)
9	소로스 펀드 매니지먼트	알렉스 소로스
10	티 로우 프라이스	X

제출하므로 약간의 시점 차이가 발생한다. 매매할 때 이를 유의해야 한다. 그럼에도 불구하고 대가들은 지금 어디에 투자하는지, 또 어떤 종목의 비중을 높이고 줄이는지 등 다양한 인사이트를 주므로 참고할 만하다.

물론 워런 버핏은 개별 종목 중심으로 투자하기 때문에 포트폴리오 투자를 하는 우리에게 그다지 큰 인사이트를 주지 못할 수 있다.

워런 버핏의 포트폴리오(2024.5.15)

순위	종목	종목	보유 주식 또는 원금 금액	포트폴리오 비율	이전 포트폴리오 비율	주식 변동	변동률	소유 비율
1	AAPL	Apple Inc.	789,368,450	40.81%	50.19%	-116,191,550	-12.83%	4.84%
2	BAC	Bank of America Coporation	1,032,852,006	11.81%	10.01%	No Change		12.81%
3	AXP	American Express Company	151,610,700	10.41%	8.18%	No Change		20.02%
4	KO	The Coca-Cola Company	400,000,000	7.38%	6.79%	No Change		9.23%
5	CVX	Chevron Corporation	122,980,207	5.85%	5.41%	-3,113,119	-2.47%	6.31%
6	OXY	Occidental Petroleum Corporation	248,018,128	4.86%	4.19%	4,302,324	1.77%	26.47%
7	KHC	The Kraft Heinz Company	325,634,818	3.62%	3.47%	No Change		26.58%
8	MCO	Moody's Corporation	24,669,778	2.92%	2.77%	No Change		13.31%
9	CB	Chubb Limited	25,923,840	2.03%		25,923,840	New	6.08%
10	DVA	DaVita Inc.	36,095,570	1.50%	1.09%	No Change		37.48%

반면 올웨더 포트폴리오 창시자이자 거시경제의 대가 레이 달리오의 브리지워터 어소시에이츠BRIDGEWATER ASSOCIATES, LP의 포트폴리오는 참고할 만하다. 레이 달리오가 자산배분의 대가인 만큼 그가 주식 비중을 줄이면 그를 따라 축소해도 좋다. 채권 비중을 늘리면 그

레이 달리오의 브리지워터 어소시에이츠 포트폴리오(2024.5.15)

순위	종목	섹터	보유 주식 또는 원금 금액	포트폴리오 비율	이전 포트폴리오 비율	주식 변동	변동률	소유 비율
1	IVV	FINANCE	2,096,972	5.57%	5.67%	-25,242	-1.19%	
2	IEMG	FINANCE	18,663,470	4.87%	5.29%	-29,080	-0.16%	
3	GOOGL	COMMUNICATIONS	5,368,853	4.10%	1.60%	3,324,416	162.61%	0.04%
4	PG	CONSUMER STAPLES	4,106,729	3.37%	3.81%	-536,793	-11.56%	0.17%
5	NVDA	INFORMATION TECHNOLOGY	704,599	3.22%	0.74%	436,110	162.43%	0.02%
6	META	COMMUNICATIONS	994,051	2.44%	1.32%	327,992	49.24%	0.04%
7	JNJ	HEALTH CARE	2,843,233	2.27%	2.43%	68,546	2.47%	0.11%
8	WMT	CONSUMER STAPLES	6,886,092	2.10%	2.24%	-745,275	-9.77%	0.08%
9	COST	CONSUMER STAPLES	534,828	1.98%	2.54%	-152,744	-22.21%	0.12%
10	KO	CONSUMER STAPLES	6,288,687	1.95%	2.64%	-1,714,657	-21.42%	0.15%
11	PEP	CONSUMER STAPLES	2,141,024	1.89%	2.32%	-300,826	-12.32%	0.15%
12	SPY	FINANCE	714,394	1.89%	2.19%	-108,857	-13.22%	
13	MCD	CONSUMER DISCRETIONARY	1,218,039	1.74%	2.25%	-137,625	-10.15%	0.16%
14	AAPL	INFORMATION TECHNOLOGY	1,842,154	1.60%	0.00%	1,841,045	166009.47%	0.01%
15	MRK	HEALTH CARE	2,090,256	1.39%	1.19%	133,194	6.81%	0.08%

를 참고해 비중을 다소 높여보는 것도 좋다. 이처럼 그의 투자 비중을 보고 나의 투자 전략에 참고해보라. 이 자료는 분기별로 보고되므로 분기마다 찾아보면 도움이 될 것이다.

찾아보는 법

웨일위즈덤 홈페이지(https://whalewisdom.com/)→상단 [Research] 탭→[13F State]→[Most viewed filers]→원하는 기업 포트폴리오

부자보고서

앞에서 말했듯 매일 보는 리포트와 분기별로 보는 〈Form 13F〉 보고서가 있지만, 나에게 가장 많은 인사이트를 주는 자료는 바로 금융기관에서 발간하는 부자보고서다.

KB금융지주와 하나은행에서 각각 〈부자보고서〉, 〈대한민국 웰스 리포트〉라는 이름으로 매년 발간하고 있다. 해당 기관에서 보통 부동산 자산을 제외하고 금융자산이 10억 원을 넘는 고객들을 대상으로 지금 자산이 어떻게 구성되어 있는지, 어떻게 부자가 되었는지, 지금은 무엇에 투자하는지, 앞으로 어떤 투자를 할 것인지 등 다양한 질문과 응답을 토대로 보고서를 만든다.

부자가 되려면 부자가 어떻게 하는지 보고 따라 해야 한다. 이를 일목요연하게 정리한 게 바로 부자보고서다. 매년 찾아보면서 내 방향성을 다시 정렬하고 다음 투자는 어떻게 이어가야 할지 목표를 잡는 데 유용하다.

대개 투자하다 보면 하나의 종목이나 물건에 몰두해 큰 그림을 보지 못하는 경우가 생긴다. 그럴 때마다 부자보고서를 찾아보면 다시 한번 나의 투자를 되돌아보고 목표를 재정립할 수 있다.

나도 매년 다양한 기관에서 발행하는 보고서를 보며 로드맵을 그려보곤 한다. 부자들이 자산 5억 원 미만일 때는 어떻게 자금을 마련했는지, 그리고 그 자금을 어떻게 불렸는지, 나아가 5억 원을 초과하는 자산을 보유하게 됐을 때는 어떤 투자로 이어갔는지 등등. 이를 통해 나의 다음 단계에선 어떤 것에 투자해야 가장 효과적인지 인사이트를 얻을 수 있다.

찾아보는 법

- KB금융지주 경영연구소 홈페이지(https://www.kbfg.com/kbresearch/index.do) 상단 [연구 보고서] - [고객 분석] 탭 → '부자 보고서' 검색

- 하나금융연구소 홈페이지(https://www.hanaif.re.kr/) → 상단 [정기 보고서] 탭 → [대한민국 웰스 리포트]

| 투자 밸류업 5 |

공모주 투자로 소소하지만 확실하게 용돈 버는 법

FROM 2 MILLION
TO 1 BILLION

'티끌 모아 태산'이라는 말이 있다. 적은 돈도 소중히 여기고 계속 모으면 나중에 큰돈이 된다는 뜻이다. 그런 점에서 아주 큰 수익을 기대하기는 어렵지만 소소하게 한 달에 10만 원 정도 돈을 버는 방법이 있다.

물론 100% 확률로 돈을 버는 것은 아니다. 손실이 날 확률도 있고 원금만 겨우 보전할 때도 있다. 하지만 매우 높은 확률(약 90% 이상)로 돈을 벌 수 있다.

보통 주식에 투자할 때 대상 기업이 어떻게 돈을 벌고, 어디에 돈을 쓰고, 미래에는 얼마나 성장할지, 부채는 없는지, 전도유망한 사업인지 등 공부하고 알아봐야 할 내용이 많다. 하지만 이번에 소개할 투자는 복잡한 요소를 다소 등한시한 채 수급을 이용해 비교적 쉽게 돈을 버는 방법이다.

특히 사회 초년생이라면 꼭 도전해보길 바란다. 이는 바로 '공모주 투자'로 기업공개IPO를 하는 회사의 주식을 사는 투자다.

수익률 100%대? 도전력 불러일으키는 투자

'공모'는 회사가 주식시장에 상장하기 위해 기업공개를 하고 투자자를 모집하는 것이다. 기업공개란 쉽게 말하면 대주주 개인이나 가족, 투자자 등이 가진 주식을 새로 발행해 일반인들에게 널리 팔아 지분을 분산시키고 기업경영 상태를 공개하는 것이다. 기업공개를 하는 회사는 기관 투자자뿐 아니라 불특정 다수인 일반 투자자를 대상으로 주식을 발행하고 투자자를 모집하는 공모 과정을 거친다. 이때 기업이 발행하는 주식을 '공모주'라고 한다. 우리는 기업공개를 하는 회사의 공모주를 청약하고 매입할 수 있다. 덧붙여 투자자가 공모주를 사겠다고 최소 청약 증거금을 주고 동일한 주식 수량을 배정받는 것을 '공모주 청약'이라고 한다.

공모주는 대상별로 배정 물량이 정해져 있다. 비율을 살펴보면 우리사주조합이 20%, 기관 투자자 20%, 일반 청약자 25%, 하이일드펀드 5%, 벤처기업 투자신탁이 30%다.

일반 투자자 역시 아파트를 분양받듯 청약을 통해 공모주를 살 수 있다. 일반 투자자를 대상으로 하는 공모주 물량의 50%는 비례 방식, 50%는 균등 방식으로 배정한다. 돈이 없는 초보 투자자들도 공모주 청약을 신청하기만 하면 균등 방식으로 1주 이상 배정받을 확률이 매우 높다.

이렇게 1주라도 배정을 받고 매입하면 상장 전에 주식이 입고된다. 그러면 상장 첫날 장 초반에 매도하는 방식으로 비교적 쉽게 수익을 낼 수 있다.

아래에 있는 표는 나의 공모주 투자 실적이다. 2023년부터 2024년 6월까지 공모주에 투자해 본 수익률은 93%다. 그리고 전체 평균 수익률은 107%다. 연말까지 실적을 더하면 수치는 이보다 좋을 수도 있다.

2023년 공모주 투자로 한 해 동안 번 수익은 114만 원, 2024년 6월까지 투자수익은 62만 원이다. 공모주 투자는 상대적으로 수익이 날 확률이 높다. 처음부터 유리한 고지에서 시작하는 투자이기 때문

공모주 투자 실적

구분	공모주 청약 건수	수익난 건수	성공률	수익률	수익금
2023년	69	62	90%	85%	1,114,025원
2024년	23	22	96%	128%	626,160원
평균			93%	107%	

이다.

모든 재화는 '수요와 공급의 원칙'에 따라 가격이 결정된다. 공모주는 시작할 때 수많은 사람에게 하이라이트를 받으며 '수요>공급' 상태로 게임이 시작된다. 그뿐만 아니라 기업별로 차이는 있지만, 상장 주식의 꽤 많은 물량이 의무 보유 수량으로 묶여 있어 공급이 제한적이다.

더구나 한국거래소의 '신규상장일 가격 결정방법 개선을 위한 업무규정 시행 세칙'이 개정되면서 상한가 30% 제한을 넘어 당일 최대 300%까지 공모주의 주가가 상승할 수 있게 바뀌었다. 반면 최악의 경우 공모주 상장 첫날의 하락폭은 -40%로 제한했다.

다시 말해 가장 많이 떨어지면 -40% 손실, 최대폭으로 오르면 300%의 수익률을 올릴 수 있다는 뜻이다. 손익비가 매우 좋다고 볼 수 있다. 이런 이유로 많은 투자자가 공모주를 주목하기 때문에 수익이 날 확률이 매우 높다.

인생에 100%는 없지만 확률적 우위의 상황은 존재하기 마련이다. 어차피 한 주 받기도 어려운 게 공모주 투자다. 그래도 공모주 투자를 잊지 않고 하면 한 해에 100만 원 정도는 추가로 만들 수 있다. 물론 공모시장의 투자심리에 따라 이 같은 환경이 얼마든지 변할 수 있다는 사실을 잊지 말자.

공모주 청약 실적

(원)

NO	상장일	종목명	공모가	시초가	수익률	수익
69	2023.12.22	DS단석	100,000	370,000	270%	270,000
68	2023.12.13	블루엠텍	19,000	55,300	191%	36,300
67	2023.12.12	LS머트리얼즈	6,000	19,940	232%	13,940
66	2023.12.06	케이엔에스	23,000	71,000	209%	48,000
65	2023.12.05	와이바이오로직스	9,000	23,450	161%	14,450
64	2023.12.01	에이텀	18,000	56,900	216%	38,900
63	2023.11.28	에이에스텍	28,000	85,000	204%	57,000
62	2023.11.24	그린리소스	17,000	29,500	74%	12,500
61	2023.11.24	한선엔지니어링	7,000	16,600	137%	9,600
60	2023.11.21	에코아이	34,700	46,100	33%	11,400
10	2023.02.20	이노진	3,000	6,000	100%	3,000
9	2023.02.16	제이오	13,000	19,900	53%	6,900
8	2023.02.15	샌즈랩	10,500	21,000	100%	10,500
7	2023.02.09	꿈비	5,000	10,000	100%	5,000
6	2023.02.07	스튜디오미르	19,500	39,000	100%	19,500
5	2023.02.03	삼기이브이	11,000	22,000	100%	11,000
4	2023.01.30	오브젠	18,000	36,000	100%	18,000
3	2023.01.27	미래반도체	6,000	12,000	100%	6,000
2	2023.01.19	한주라이트메탈	3,100	4,115	33%	1,015
1	2023.01.19	티이엠씨	28,000	27,950	0%	-50
23년 69건 공모주 청약 中, 62개 수익 발생 (89%)					85%	1,114,025

소소한 수익이라 해도 모아놓고 보면

나도 조금이라도 돈을 더 벌기 위해 증시에 상장하는 대부분의 공모주에 투자하고 있다. 1주도 받기 어려운 기업이 있지만, 1주라도 받으면 보통 2만 원 이상의 수익이 발생한다. 적은 돈이라고 할 수도 있지만, 나는 여기에 그치지 않고 아내와 자녀도 공모주에 투자하도록 권유한다.

그렇게 한 명당 1주씩 공모주를 배정받으면, 수익이 배가 된다. 간혹 공모가가 10만 원이 넘는 공모주 투자 기회가 오는데, 이 주식이 100% 수익률을 기록한다고 가정하면 1주당 10만 원 이상의 수익이 발생하는 셈이다. 가족 3명이 모두 1주씩 받았다면 30만 원 이상 수익이 날 수도 있다. 제법 쏠쏠한 이익을 낼 수 있다는 뜻이다.

---에필로그---

커다란 목표를
구체적으로 잡아라

나에게는 이따금 저장해놓고 다시 꺼내 보는 글귀들이 있다. 하나는 고(故)정주영 현대그룹 회장이 말한 내용이다. 그리고 또 하나는 소설가 폴 부르제의 말이다.

> "무슨 일이든 할 수 있다고 생각하는 사람이 해내는 법이다. 의심하면 의심하는 만큼밖에 못 하고, 할 수 없다고 생각하면 할 수 없는 것이다."
>
> — 정주영

> "생각대로 살지 않으면, 사는 대로 생각하게 된다."
>
> — 폴 부르제(프랑스 소설가)

나는 메타인지 능력이 떨어져서인지, 아니면 현실 감각이 없는 건지 아니면 뭘 잘 몰라서인지 그런지 공무원 시험에 수차례 낙방하고, 학창 시절에도 순위권 안에 들어본 적 없는 열등생이었다.

그런데 꿈만큼은 항상 남달랐던 것 같다. 9급 경찰공무원 시험도 못 붙으면서 경찰청장을 꿈꿨고, 잠깐이지만 스페인어를 공부하며 외교관도 꿈꿨다. 취준생 때는 구글이나 마이크로소프트 입사를 꿈꾸기도 했다. 이 중 무엇 하나 이룬 것은 없지만 꿈만큼은 원대했기 때문에 누구보다 오래 앉아서 공부했다.

그리고 중소기업에 취직한 이후에도 원대한 목표가 있었다. 40대에 100억 원 자산가가 되겠다고 결심을 했다. 다만 이전과 다른 점은 이번에는 보다 구체적인 목표 금액을 세우고 달성 시점을 정했다는 것이다.

나는 이 목표를 수립한 후부터 연봉을 더 높여야겠다는 이유로 남들처럼 자소서를 고쳐 쓰고 연차를 내서 면접을 보는 등 이직을 준비하지 않는다. 애초에 100억 원을 목표로 하는 순간 월급으로는 이 목표를 '절대! 절대!' 달성할 수 없다는 사실을 알기 때문이다.

구체적으로 금전 목표와 시점을 수립하고 나니 가능한 것과 불가능한 것, 그리고 해야 할 것과 하지 말아야 할 것이 명확하게 구분되었다.

우선 월급을 300만 원 받든 400만 원을 받든 월급만으로 100억 원 모으기 목표 달성은 불가능하단 사실을 확실히 알았다. 그리고 더하기가 아닌 곱하기로 자산을 불리려면 투자를 해야 한다는 것을 깨닫고 다양한 방법론을 공부했다.

나의 자본소득

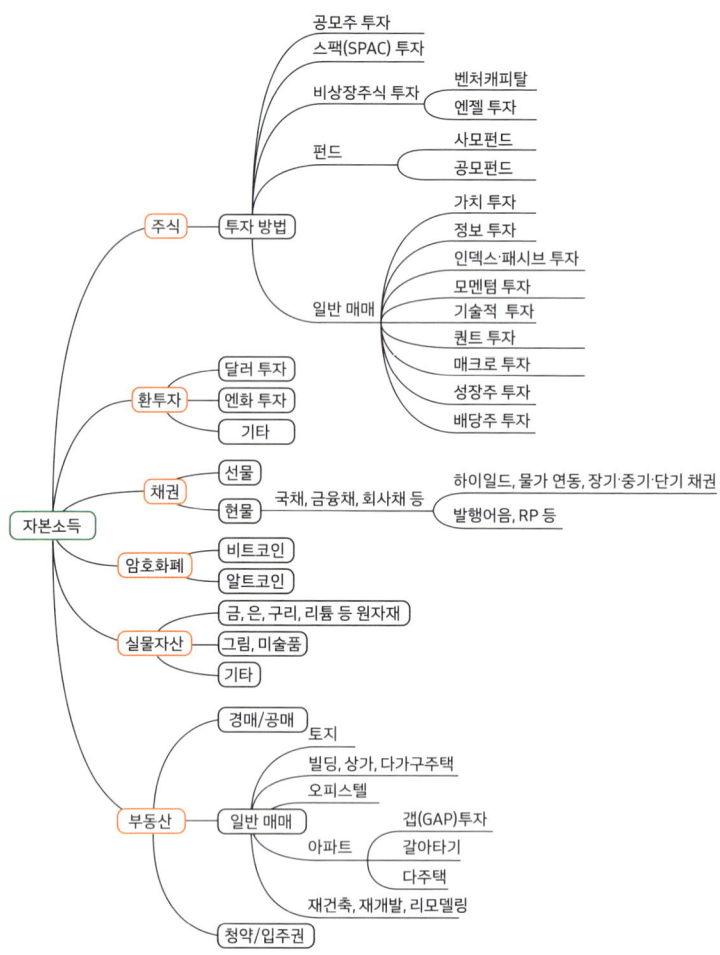

그 결과 부동산을 비롯해 주식, 채권, 금, 비트코인 등 다양한 자산군에 투자하게 되었다. 아직 목표에는 훨씬 못 미치지만, 그 덕에

15억 원 이상 자산을 만들었다.

그리고 이내 목표 설정의 중요성을 깨닫고 사회 초년생들에게 당부하고 싶은 말이 생겼다. '만약 내가 진정으로 달성하고 싶은 목표가 있다면 목표를 훨씬 더 크고 구체적으로 적어봐야 한다'는 것이다. 목표의 크기가 가능성의 크기이고, 살아가는 방법을 결정하기 때문이다.

아래는 내가 어떤 목표를 품는지에 따라 방법과 전략이 달라진다는 예시다. 이해를 돕기 위해 인터넷에서 본 글을 인용했다. 가령 펜을 만들고 판매한다고 가정해보자.

> 펜을 1명에게 팔려면, 가족에게 가져가 팔면 된다.
>
> 펜을 10명에게 팔려면, 친구에게 가져가 팔면 된다.
>
> 펜을 100명에게 팔려면, 지하철에 가져가 팔면 된다.
>
> 펜을 1,000명에게 팔려면, 상가에 가게를 차려 팔면 된다.
>
> 펜을 10,000명에게 팔려면, 온라인 스토어를 개설해서 팔면 된다.
>
> 하지만 만약 1,000만 명에게 팔려면? 아마존을 해야 한다. 전 세계 시장을 목표로 해야 하기 때문이다.

하지만 모두 이렇게 살 필요는 없다. 만약 평생의 목표가 10억 원을 만드는 것이라면 다니는 직장만 잘 다니면 된다. 머리 아픈 투자는 잊고 직장에만 몰두해도 충분하다.

소비를 억제해 한 달에 200만 원씩 저축하면 1년에 2,400만 원을 모을 수 있다. 10년이면 2억 4,000만 원, 40년이면 9억 6,000만 원이다. 목표한 10억 원을 달성할 수 있다. 저축하면서 아끼고 살면 누구나 달성할 수 있다.

하지만 목표가 100억 원이라면 상황은 달라진다. 200만 원씩 저축할 경우 416년이 필요하다. 의학이 아무리 발달해도 우리가 400년을 살며 저축할 수는 없다. 200만 원을 저축해서는 절대 목표를 달성할 수 없을 것이다.

대한민국에서 가장 연봉이 높은 삼성전자 DX부문 대표이사 부회장의 연봉이 40억 원이다. 소득세 49.5%를 공제하면 실제 20억 원 조금 넘는 돈을 받을 것이다. 한국에서 연봉이 가장 높은 삼성전자 부회장으로 5년을 일해야 100억 원 목표를 달성할 수 있다. 그런데 그 길은 내가 갈 수 없는 길이다.

부자들은 이미 이 사실을 알고 있었다. 그래서 이들은 아예 근로소득으로 부를 불릴 생각은 하지도 않았다. 2023년 300억 원 이상을 소유하고 있는 슈퍼리치를 대상으로 한 부자보고서의 조사에 따르면, '큰 부를 일구는 방법'에 대한 설문에서 '투자를 통해 부자가 되겠다'라고 응답한 비율이 96% 이상으로 집계됐다. 반면 일반 대중은 50% 이상이 '근로소득으로 부를 이룰 계획'이라고 대답했다. 아직 자본주의를, 투자를 모르기 때문에 그와 같은 답변을 했다고 생각한다.

근로소득은 반드시 필요하다. 그리고 투자소득도 반드시 필요하다. 당신이 현재보다 더 나은, 그리고 돈 걱정 없는 노후를 이루고

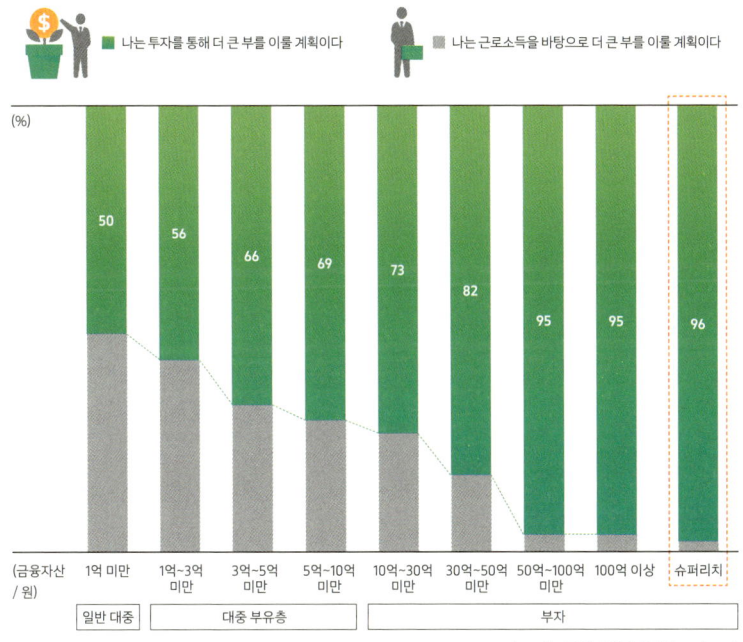

싶다면 말이다. 부모에게 물려받은 자산이 없다면, 서울 혹은 수도권의 괜찮은 아파트에서 살고 싶다면, 결혼을 하고 아이를 어느 정도 좋은 환경에서 키우고 싶다면, 반드시 투자를 해야 한다. 강조하지만 근로소득만으로 그 길로 들어서기는 힘들다.

투자를 시작하고 지금까지를 돌아보면 지난 몇 년간의 삶을 세 글자로 정의할 수 있을 것 같다. '꾸준함.' 하루하루 한 걸음씩, 꾸준하고 성실하게 자본주의와 투자를 공부했다. 연구했고, 행동했고, 복기했고, 또 앞으로 나아갔다. 앞으로 사는 동안 계속해서 여러 부침과 어려움이 있을 것이지만, 그럼에도 불구하고 나는 지금처럼 계속 조금씩 나아갈 것이다.

   책을 쓰면서는 이 책을 함께한 분들과 꾸준히 나아가고 싶다고 생각하게 되었다. 정말로 그렇게 되길 간절히 바란다.

월급 200만 원으로
10억 만드는 투자 공식

월급 200만 원으로
10억 만드는 투자 공식

초판 1쇄 발행 · 2024년 10월 23일
초판 3쇄 발행 · 2024년 11월 13일

지은이 · 김동면
발행인 · 이종원
발행처 · (주)도서출판 길벗
브랜드 · 더퀘스트
주소 · 서울시 마포구 월드컵로 10길 56(서교동)
대표전화 · 02)332-0931 | **팩스** · 02)322-0586
출판사 등록일 · 1990년 12월 24일
홈페이지 · www.gilbut.co.kr | **이메일** · gilbut@gilbut.co.kr

기획 및 책임편집 · 송은경(eun3850@gilbut.co.kr), 유예진, 오수영 | **제작** · 이준호, 손일순, 이진혁
마케팅팀 · 정경원, 김진영, 김선영, 정지연, 이지원, 이지현, 조아현, 류효정 | **유통혁신팀** · 한준희
영업관리 · 김명자 | **독자지원** · 윤정아

디자인 · 알레프 | **교정교열** · 장문정
CTP 출력 및 인쇄 · 정민 | **제본** · 정민

- 더퀘스트는 길벗출판사의 인문교양&비즈니스 단행본 출판 브랜드입니다.
- 이 책은 저작권법에 따라 보호받는 저작물이므로 무단전재와 무단복제를 금합니다. 이 책의 전부 또는 일부를 이용하려면 반드시 사전에 저작권자와 (주)도서출판 길벗(더퀘스트)의 서면 동의를 받아야 합니다.
- 잘못 만든 책은 구입한 서점에서 바꿔 드립니다.

©김동면, 2024

ISBN 979-11-407-1108-6 03320
(길벗 도서번호 090242)

정가 21,000원

독자의 1초를 아껴주는 길벗출판사

(주)도서출판 길벗 | IT교육서, IT단행본, 경제경영, 교양, 성인어학, 자녀교육, 취미실용 www.gilbut.co.kr
길벗스쿨 | 국어학습, 수학학습, 어린이교양, 주니어 어학학습, 학습단행본 www.gilbutschool.co.kr